Mit Sprit zu Spirit

THOMAS HEIMBERG

Mit Sprit zu Spirit

Handwerker auf Weltreise

Bibliografische Information der Deutschen Nationalbibliothek:
Die Deutsche Nationalbibliothek verzeichnet diese Publikation in der
Deutschen Nationalbibliografie; detaillierte bibliografische Daten sind im
Internet über dnb.dnb.de abrufbar.

Lektorat: Kathrin Wohlgemuth
Umschlaggestaltung und Bildbearbeitung: Esther Heimberg
Satz, Herstellung und Verlag: BoD – Books on Demand, Norderstedt
ISBN: 978-3-7526-3641-3

Alle geschilderten Personen in der Geschichte sind echt.
Nur ihre Namen wurden geändert.

Inhalt

Die Geschichte 7

Zeit für Veränderung 9

Steiler Auftakt 18

Kunst der Improvisation 32

Kraftvolle Wünsche 62

Freiheit – Entscheidung oder Widerspruch 89

Die liebe Liebe 116

Perfekte Zeitpunkte 141

Einfach leben 171

Herausforderung schenkt Erfahrung 195

Sicherheit als Werkzeug 218

Neue Horizonte verändern 237

Mauern trennen Welten 273

Aufbruch zum Neustart 299

Der Autor 312

Die Geschichte

Nach einem Unfall hinterfragt Thomas sein Leben. Er realisiert, dass er ruhelos und mit konstanter Leistung immer dabei statt bei sich sein wollte. So fasst er den Beschluss, aus der beschleunigten und erfolgsdominierten Arbeitswelt auszubrechen. Er bricht alle Zelte ab und wagt sich auf ein Abenteuer ohne konkretes Ziel. Von Japan führt ihn sein Weg nach Neuseeland und danach durch den gesamten amerikanischen Kontinent von Feuerland bis Kanada. Unterwegs taucht er in fremde Kulturen ein, lässt sich von ungewöhnlichen Handwerken, sowie anderen Arbeits- und Lebensweisen faszinieren und hilft Menschen in ihrem Alltag, sei es beim Bau eines Strohballenhauses, beim Präparieren von Teststrecken aus Eis oder bei einem Einsatz im Kinderheim.

Unerklärliche Ereignisse und Begegnungen prägen ihn und bewirken ein Umdenken wichtiger Lebensgrundsätze.

Die Reise bewahrt ihn nicht vor neuen Grenzerfahrungen, so er- und überlebt er einen Angriff von Riesenwespen im Dschungel, einen Sturz in den Fluss und eine Fahrt durch einen Waldbrand in Gluthitze.

Thomas, der Individualist, erkennt gerade deshalb, dass es keinen Grund für Angst vor dem Ungewissen gibt. Im Gegenteil: An entlegenen Orten entdeckt er einen ungeahnten Reichtum.

Nach dem Motto »weniger ist mehr« verzichtet er auf vieles. Dadurch gewinnt er wertvolle Zeit sowie die Erkenntnis, mit Wertschätzung und Dankbarkeit dem Leben mit all seinen wunderbaren Facetten zu vertrauen.

Seine Geschichte zeigt eindrucksvoll, dass sich mit etwas Mut, Entschlossenheit und dem Willen, etwas selbst in die Hand zu nehmen, unbezahlbare Lebenswege öffnen.

**Meine einzigartige Begleiterin,
die umgebaute KTM EXC 450 Jahrgang 2010.**

Zeit für Veränderung

No risk, no fun.

Ausbrechen, nicht normal sein und Verrücktes tun. Das bestimmt in den Neunzigerjahren mein Leben als Teenager. Der Rhythmus der Musik gilt als Gradmesser. Hauptsache härter, schneller und lauter. Snowboarden, immer schneller, immer höher und Hauptsache: je steiler, je geiler. Risiko und Adrenalin verbinden mich mit Freunden in den endlos scheinenden Jugendjahren. Gemeinsam erlebte Glücksgefühle schaffen enge Seilschaften. Action und Party sind die Devise. Jedes Wochenende. Man will dabei, statt bei sich sein. Die Freizeit stets ausgebucht, sind Ruhe und Erholung Fremdwörter. Zugehörigkeit und Anerkennung sind fester Bestandteil im Leben. Freestyle ist unser Lifestyle.

Das Wochenende ist meine Zwei-von-sieben-Tagen-Freiheit. Freizeit bedeutet für mich, aus dem Alltag auszubrechen. Spätestens ab Mitte Woche werden Schnee- und Lawinen-Bulletins studiert und Pläne geschmiedet. Wenn ich auf einem Berggipfel stehe, den ich soeben erklommen habe, erlebe ich in diesem kurzen Moment ein euphorisches Gefühl. Leider hält dieses Glücksgefühl nicht länger als bis Dienstag an, dann bin ich schon wieder hungrig nach neuen Abfahrten am kommenden Wochenende. Im selbst erschaffenen Hamsterrad, stresse ich in der Freizeit von einem Ort an den nächsten.

Genauso geht es nach der Ausbildung zum Landmaschinenmechaniker in beruflicher Hinsicht weiter: vom Barkeeper über Skiservice bis zum Lastwagenfahrer. Nebenbei organisiere ich für den Lifestyle stets sportlich-kulturelle Veranstaltungen. Die Jahre vergehen im Eilflug.

So richtig erfüllen mich die verschiedenen Berufserfahrungen jedoch nie. Vielmehr bin ich motiviert, selbständig etwas Eigenes auf die Beine zu stellen.

Mit dem Töffli hat im Jugendalter die Faszination für Geländesport mit Motorrädern angefangen. Während zehn Jahren nehme ich mit Freunden an Motocross- und Enduro-Veranstaltungen teil. Ich liebe die Herausforderung mit Maschine und Mensch. Der intensive Sport verlangt höchste Konzentration und Ausdauer. Das Beste, um den Alltag auszublenden, so finde ich.

Besessen von der neuen Idee, einen Vertrieb von Elektromotorrädern aufzuziehen, findet mein Verstand keine Ruhe mehr. Leistungsorientiert wie ich bin, stecke ich jetzt gern all meine Energie in dieses Projekt. Komischerweise kriege ich bereits zu Beginn von einem Tag auf den anderen einen unerklärlichen Durchfall, der mich die nächsten vier Jahre auf Trab hält. Niemand findet medizinische Gründe dafür. An den gesundheitlichen Zustand gewöhnt, ignoriere ich alles und funktioniere im vollverplanten Alltag weiter. Ich bin nicht mehr zu bremsen und starte meine neue Firma. Die neue Technologie fasziniert mich. In der festen Überzeugung, diesmal etwas Seriöses aufzuziehen, besuche ich zusätzlich eine Weiterbildung zum technischen Kaufmann.

Nebenbei arbeite ich drei Tage pro Woche in einer Werkstatt, um meine Brötchen zu verdienen. Der Tag hat kaum genügend Stunden. Am Abend arbeite ich zuhause weiter, schreibe Konzepte und schmiede bis tief in die Nacht Pläne. Wenn ich morgens um zwei den Computer ausschalte, sollte ich genauso wie die Maschine abschalten und kurz schlafen, bis sich um sechs Uhr der Wecker wieder meldet. Doch die Gedanken drehen ununterbrochen und ich kann ein Jahr lang fast nicht mehr schlafen. Trotzdem verlässt mich meine Energie, den Alltag zu meistern nie, oder ich merke es nicht. Ich funktioniere weiter, bis ich im Frühling 2010 meine Arbeitsstelle mit der Begründung kündige, ich hätte keine Zeit mehr zur Arbeit zu kommen. Denn um den Bekanntheitsgrad der neuen Mobilität zu steigern, steht primär viel Öffentlichkeitsarbeit an.

Zehn Tage später startet die weltweit erste Motocross-Meisterschaft in der neuen Kategorie Elektro. Dieses Rennen ist an ein langjährig etabliertes mit tausenden von Besuchern angeschlossen. Meine Zielstrebigkeit lässt keinen Raum für Umwege. Meine Ausstellung mit Probefahrten für Interessierte steht an bester Lage. Der größte Werbeeffekt ist aber, wenn ich selbst an der Spitze mitfahre und um den Sieg kämpfe. Zwar plagt mich ein stechender Schmerz in der Schulter, als sei sie bei einem Sturz letztes Wochenende kurz ausgerenkt. Aber hochkonzentriert im Rennen wird das ignoriert. Denn jetzt gilt es ernst.

Im Training Bestzeit gefahren, bin ich voller Zuversicht auf ein Top-Ergebnis. Nur der Erfolg zählt. Nach der ersten Runde an dritter Stelle endet der große Traum schlagartig. Beim Sprung mit Vollgas in die Zieleinfahrt gelandet, zerbricht das Fahrgestell in zwei Teile. Ich lande auf dem Kopf und bleibe bewusstlos vor allen Zuschauern liegen.

Im Spital kaum wieder bei Bewusstsein, bin ich verärgert. Was für ein Werbeauftritt! Mit zwei angerissenen Brustwirbeln kehre ich zwei Tage später nach Hause zurück. Drei Monate liegen und ruhen, so die Anweisung der Ärzte. Stattdessen stehe ich am folgenden Wochenende im Stützkorsett bereits an der nächsten Veranstaltung und präsentiere die neue Elektro-Mobilität. Ohne mich zu hintersinnen, was eigentlich mit mir geschieht, funktioniere ich wie ferngesteuert weiter.

Ich will Motorräder verkaufen und das klappt nur, wenn ich fleißig weiterarbeite. Natürlich bin ich erleichtert, dass ich nicht im Rollstuhl gelandet bin oder das Genick gebrochen habe. Das stärkste Gefühl ist aber die Wut auf den Motorrad-Hersteller. Anstatt gelungene Werbung vor tausenden Besuchern, verbreitet sich die Nachricht vom Rahmenbruch rasend schnell im Internet.

Hart mit mir selbst, zwänge ich mich trotz allem in die Stiefel und fahre weiterhin mit den Kindern die Fahrtechnikkurse. Ich stiere zielstrebig und ohne Umwege mein Programm durch. Ich funktioniere weiter.

Nach Ablauf der sogenannten Ruhephase werde ich in ein dreimonatiges Rehabilitationsprogramm der Unfallversicherung eingeliefert, ja, dieses Wort ist Absicht, ich fühle mich wie angekettet und werde bei meiner Arbeit völlig blockiert. Ich muss sogar in der Klinik übernachten und darf nur am Wochenende nach Hause. Ich bin frustriert, fühle mich als Versager und verstehe nicht, warum mir dies passiert. Es gibt noch so viel zu tun und habe keine Zeit, die ganze Woche hier zu sein. Ich sehe nur noch schwarz. Mein ganzes Leben wird über den Haufen geworfen. Der Klinikpsychologe sagt, mit meiner Lebensweise sei ich auf Energie-Raubzug. Er findet, dass ich wie eine Maschine Leistung erbringe und fragt mich, wo im Leben ich meine Kraft wieder auftanke. Keine Ahnung.

Mir wird bewusst, dass ich die letzten fünf Jahre bei Stürzen mit dem BMX in der Halfpipe, mit dem Mountain Bike, dem Motorrad oder Ski regelmäßig Hirnerschütterungen erlitten habe. Warum lande ich nur noch auf dem Kopf und werde derart gebremst? Was sind die Ursachen der Schlaflosigkeit, des Durchfalls und meines verkrampften, schmerzenden Rückens? Ist dieser Wirbelbruch nun die letzte Warnung? Was haben all die gesundheitlichen Probleme zu bedeuten? Die Fragen drehen sich in meinem Kopf und machen mich halb wahnsinnig. Alles ist so verwirrend und die dunkle Spirale scheint ohne Ende. Jeder negative Gedanke bringt mich auf zwei weitere, die ebenso deprimierend sind. Keine Spur mehr von einem positiven Moment. Die Lebensfreude ist im Keller.

Trotzdem kämpfe ich weiter, büffle für die Ausbildung, schließe sie erfolgreich ab und absolviere danach ein einjähriges Praktikum als Geschäftsführer. Der Inhaber dieser Firma ist vor kurzem sehr überraschend verstorben. Als ich den täglichen Stress und vor allem die Unehrlichkeit und die knallharten Strategien im heutigen Markt am eigenen Leib spüre, beginne ich mich zu fragen: Wenn man sich dem ständigen Druck aussetzt, spielt man dann mit dem Tod?

Meine Motivation, in der hektischen Wirtschaftswelt selbständig zu sein, zerfällt mit dieser Erfahrung endgültig.

Ein alter Freund braucht Verstärkung in seiner Dienstleistungsfirma für Kommunikation und Marketing. Als Projektleiter neue Erfahrungen zu sammeln gefällt mir, und so unterstütze ich ihn während der nächsten zwei Jahre. Ein Großteil meiner Arbeit ist die Akquisition von Neukunden. Adressaufbereitung und Korrespondenz fressen viele Stunden. Ich schreibe Konzept um Konzept und präsentiere diese bei Firmen. Aber eigentlich hat niemand Zeit für mich. Unsere Dienstleistungen muss ich im gestrafften Modus kurz und knackig in einem Zeitfenster von einer halben Stunde erläutern. Dann steht beim Geschäftsleiter der nächste Termin an.

Einmal denke ich nach einem Meeting auf dem Rückweg ins Büro darüber nach, was ich soeben getan habe. Ich habe versucht, unsere Dienstleistung zu verkaufen. Ist mein Angebot wirklich wichtig? Besteht eine essenzielle Nachfrage oder ist es nur ergänzender Luxus, sodass Unternehmen interne Aufgaben nicht mehr selbst ausführen müssen?

Der Markt ist übersättigt und wird künstlich aufgeblasen am Leben erhalten. Mit Public Relations wird Bekanntheitsgrad und anschließend mit anderen Tools Nachfrage generiert. Es geht nicht mehr um ein Angebot auf eine natürliche Nachfrage. Wir stecken zutiefst im Überfluss und trotzdem sollte Ende Jahr ein Wachstum verzeichnet werden. Ist der überlaufende Angebotstopf nicht die unnötigste Ressourcenverschwendung, während man das Modewort Nachhaltigkeit vorschiebt, um weiterhin zu expandieren?

In diesem Moment ertönt im Radio *Nothing Else Matters* (nichts anderes ist von Bedeutung) von Metallica. Ich drehe die Lautstärke hoch und fühle mich gerade happy in meiner alten Karre. Während ich die schönen Melodien mitsinge, schießt mir ein Gedanke durch den Kopf: Es ist die leistungsorientierte Lebensweise, die mich krank macht. Meine körperlichen Leiden sind doch Warnsignale. Das kommt doch nicht von ungefähr. Mir wird ohne zu überlegen klar:

Ich will gesund werden. Die Zeit der Veränderung ist jetzt.

Auf einmal hupt es hinter mir. Ich schaue in den Rückspiegel. Dieser ist komischerweise so verstellt, dass ich mich selbst im ungewohnten Anzug sehe. Es scheint gerade, als halte mir jemand den Spiegel vor Augen, damit ich sehe, was ich eigentlich tue. Leistung und Anerkennung in der Gesellschaft haben bisher mein Leben zu einem gravierenden Teil bestimmt. Die Ereignisse der letzten Jahre sitzen noch immer tief, Mutlosigkeit und Angst in Bezug auf meine zukünftige berufliche Tätigkeit überkommen mich auf einmal wieder. Ist das meine Welt? Blühe ich im Anzug an Meetings auf? Lebe ich meine Passion darin? Nein. Außer einem verkrampften Rücken und der abgewetzten Tastatur sind nach Feierabend praktisch keine Resultate ersichtlich. Meine kostbare Zeit und die Gedanken, die ich täglich in die Arbeit stecke, sehe ich plötzlich als reine Ressourcenverschwendung. Als Verschwendung der persönlichen Energie.

Der restliche Tag im Büro verläuft der Stimmung entsprechend. Auf dem Heimweg im Feierabendverkehr warte ich wieder in der Kolonne der heimwollenden Arbeitsschafe. Da reicht es mir. Ich will meine Freizeit nicht im Stau steckend verbringen. Ich habe alles satt. Ich entscheide mich spontan, die laufenden Projekte dieses Jahres abzuschließen und nach getaner Arbeit die Stelle nach zwei Jahren wieder zu verlassen.

An diesem Punkt fängt die Reise mit mir selbst an, ich beginne anders zu denken als je zuvor. Was ist meine Lebensaufgabe, welche auf einer natürlichen Nachfrage basiert und mir zugleich Freude im Alltag bereitet? Ich will es herausfinden und breche noch einmal aus. Jetzt aber so richtig. Lebensfreude soll mein Alltag werden. Ich will frei werden, die alten Laster und Angewohnheiten ablegen und mir eine neue Zukunft gestalten. Ich selbst bin für meine Gesundheit verantwortlich. Nur – wie erreiche ich eine Verbesserung und was muss ich dafür alles riskieren?

Im Laufe der Zeit entwickelt sich folgender Gedanke und wird schlussendlich zum Grundstein einer prägenden Reise mit mir selbst.

EINFACH LEBEN

Reduziert auf meine persönlichen Bedürfnisse, einfach und mit weniger von allem leben, darum mehr leben. Und wie verdiene ich das nötige Geld, um in der heutigen Welt zu leben? Auch einfacher und unkomplizierter als bisher. Nämlich mit dem, was ich kann und mit dem, was ich habe. Mit meinen Fähigkeiten als Handwerker und dem eigenen Werkzeug werde ich mich draußen in der großen Welt sicher durchschlagen können. Ich werde Arbeit finden und Neues lernen, das mich zusätzlich weiterbringt. Es soll eine Reise ohne Zeitplan werden. Nichts planen und organisieren, das tönt spannend und ist neu für mich als bisher strukturierter Organisator. In verschiedenen Kulturen andere Lebens- und Arbeitsformen erfahren, die Welt auf eine andere Art sehen lernen und mein Leben selbst als Abenteuer erleben.

Im Prinzip will ich nur weg von der wirtschaftlichen Denkweise. Mir ist klar, dass ich nicht komplett aufhören kann wirtschaftlich zu denken. Hauswirtschaften ja, soviel wie es eben braucht um zu leben. Gewinnorientierte Betriebswirtschaft nein, weil die kostbare Zeit für mich selbst im stetigen Wachstum immer seltener wird. Mit geringerem Besitz von Gütern und mit Verzicht auf unnötigen Konsum kostet mein Leben weniger. Fazit: Es bleibt mehr Zeit für mich.

Ich räume radikal auf. In der Vergangenheit hat sich mit all meinen Tätigkeiten viel Material angesammelt. Ein Jahr dauert meine Vorbereitung für diese einmalige Reise der Reduktion. Die Reiseplanung selbst gibt weniger zu tun, als meine Zelte in der Schweiz abzubrechen.

Dezember 2013, es ist so weit, ich packe endlich meine Werkzeugkisten und bereite mich für die Reise als Handwerker vor. Die Reduktion auf meine dringendsten Bedürfnisse ist nicht so einfach wie gedacht. Viele Ideen brauchen auch viel Material und so wird meine Ladung schlussendlich fast fünfhundert Kilogramm schwer. Nach wie vor betreibe ich gerne meine verschiedenen Sportarten. Motorrad, Fahrrad, Camping- und Skiausrüstung sind mit von der Partie, um einige Berge zu besteigen und das Abenteuer in der großen Welt richtig auszuleben. Es kann ja sein, dass ich irgendwo sesshaft werde und auswandere. Ich wünsche mir, irgendwo im Frieden zu landen und nicht mehr ins alte Muster zurückzukehren. Obwohl ich keine Ahnung habe, was mir die Zukunft an Arbeit beschert, denke ich mir alle möglichen Situationen aus und stelle so mein Reisegepäck zusammen. Ein freies Gehen ist schwierig, wie ich bereits jetzt feststelle. Mein Verstand kontrolliert mich, er will planen.

Wer weiß, wo mich der Wind hintragen wird. Um so leicht wie ein Vogel unterwegs zu sein, sollte ich wohl besser gar kein

Material mitschleppen. Ein bereits gefüllter Rucksack hat ja keinen Platz für Neues. Da ich jedoch aus einer durchorganisierten Gesellschaft stamme, denke ich zu diesem Zeitpunkt nicht einmal daran, mit leeren Taschen aufzubrechen.

Die folgenden Jahre werden voller Überraschungen, neuen Erkenntnissen und Lebensansichten sein, die ich mir zuvor nie hätte vorstellen können. Mit Freude und großer Ehrfurcht vor dem Leben und dessen Energie, erfahre ich zum Teil schmerzvoll, nervenraubend und immer in der Ungewissheit schwimmend, was es heißt einfach zu Leben.

Viva la vida.

Steiler Auftakt

Meine vollbeladene Holzkiste ist mit dem Spediteur auf dem Weg nach Rotterdam, von wo aus sie während zweier Monate mit dem Schiff nach Neuseeland unterwegs sein wird. Erst jetzt weiß ich ungefähr, wann meine Fracht ankommen sollte, und will nun meinen Flug buchen.

Zuerst verabschiede ich mich heute Abend noch von zwei Freunden. Wir treffen uns wie immer in unserer Hausbar. Zum Glück ist der Flug noch nicht gebucht, denn eine Schnapsidee wirft meine Pläne über den Haufen. Anstatt direkt nach Neuseeland, fliegen wir erst einmal zu dritt nach Japan. Der Schnee, der aus dem sibirischen Norden auf die Insel rieselt, soll traumhaft sein. Begeistert von dieser Idee, buchen wir am nächsten Tag die Flüge. Unsere Reiseroute wird sich mit dem Wetter ergeben. Wir wollen die Bergwelt Japans mit Skitouren erkunden und dabei den perfekten Pulverschnee finden und Steilhänge von Berggipfeln mit zehn Metern Schnee herunter *powdern*. Lokale Reservationen und Buchungen lassen wir beiseite. Ein fixer Plan hindert uns daran, dem Neuschnee zu folgen.

Drei Wochen später, in Sapporo auf der Nordinsel Hokkaido, stehen wir drei erstmal müde auf der Straße. Der Wind bläst uns eisige Kälte und Neuschnee um die Ohren. Es ist richtig ungemütlich hier draußen. Für unsere Skitouren das perfekte Wetter, nur, wo schlafen wir denn heute? Mit dem ganzen Gepäck streifen wir durch die zugeschneite Innenstadt und suchen einen warmen Ort für die Nacht. Nach längerer Suche finden wir eine kleine Unterkunft. Wie angenehm, nach der Kälte die Beine unter einen Kotatsu zu stecken. Diese tiefen Tische sind mit einer Decke überzogen, unter der sich eine Heizung verbirgt.

Am nächsten Morgen begegne ich in der Küche einem Kanadier, der sich hier bereits bestens auskennt und mit dem gleichen Ziel wie wir angereist ist: den besten Schnee auf der Insel zu finden. Unser Zusammentreffen ist eine Win-win-Situation. Er ist auf der Suche nach Tourenpartnern und wir können mit einem Ski-Guide unterwegs sein. Da er im Besitz eines japanischen Führerscheins ist, darf er im Gegensatz zu uns Autos mieten.

Auf dem Weg machen wir viele neue Erfahrungen. Zum ersten Mal in meinem Leben sitze ich auf einer beheizten Klobrille. In einem Restaurant singen die Serviertöchter uns am Tisch Lieder vor und eine schlägt ein rohes Ei über meinem Kopf auf, das sie dem Salat beifügt. »Das bringt dir Glück«, übersetzt sie freundlich mithilfe ihres Smartphones. Auf diese Weise erklärt sie uns auch, was wir alles auf unserem Tisch finden: Von rohem Pferdefleisch, roher Fettschwarte, Tintenfisch bis zu diversen Fischen mit Gemüse und Reis fehlt es nicht an Abwechslung. Nur, dass ich manchmal lieber nicht genau weiß, was ich esse. Trotz etwas Befremden probieren wir uns kreuz und quer durch die japanische Küche. Mit Fischeiern, rohem Fisch und Fleisch, Algen, Ingwer, Soja und Wasabi soll sie die gesündeste der Welt sein. Vorläufig gibt es weder Landjäger, noch Käse, Brot oder Schokolade auf unseren Bergtouren. In unseren Rucksäcken finden sich einen Monat lang mit Fisch gefüllte Reisbälle, die in Meeresalgen eingewickelt sind.

Auch die Körperpflege ist immer wieder ein Erlebnis. Die Onsen sind nach Geschlechtern getrennte Nacktbäder und haben eine lange Tradition. Wir sind es uns gewohnt, unsere Haare und Bärte einfach wachsen zu lassen. Hier wird allerdings ein gepflegtes Erscheinungsbild erwartet und oft wird uns in den Garderoben der Onsen alles dafür Notwendige zur Verfügung gestellt: Rasierklingen, Nagelschere, ja sogar Zahnbürste und Haargel. Auf tiefen Hockern in einer Reihe sitzend schneiden wir uns die verrücktesten Schnäuze und Frisuren und lachen wie Kinder. Wann immer möglich baden wir nach den Skitouren in Onsen oder draußen in heißen Quellen. Duschen ist out.

Per Bus reisen wir nach Sounkyo. Was wir vom Berg Kurodake und seinen verschiedenen Abfahrtsmöglichkeiten gehört haben reizt uns. Spätabends treffen wir im kleinen Bergdorf ein. Wir fragen uns, ob man hier Ski fahren kann, da nirgends Skier zu sehen sind. Schnell stellen wir fest, dass die Touristen nur hier sind, um ein Eisschloss zu besichtigen. Wir haben die Berge also für uns! Zwei Tage lang setzen wir Spuren in den frischen Pulverschnee. Die Gondel fährt für uns alleine und wir genießen die sagenhaften Verhältnisse.

Von den tollen Abfahrten übermütig geworden beschließen wir, am dritten Tag auf den Gipfel zu steigen, um von da eine zwölf Kilometer lange Gebirgsüberquerung zum Berg Asahidake zu wagen. Nach zwei Stunden Aufstieg auf dem höchsten Punkt angekommen gönnen wir uns eine kurze Pause, dann geht's gleich weiter. Die Tage sind kurz, es wird früh dunkel und wir müssen in Bewegung bleiben, um das Ziel rechtzeitig zu erreichen. Doch während der Überquerung ziehen auf einmal viele Wolken auf, die Sicht wird zunehmend schlechter.

Verbissen ziehen wir unsere Skier durch den kalten, windigen Nebel und denken nur noch daran, unser Ziel zu erreichen. Zur Orientierung können wir uns nur auf einen Kompass verlassen und auf eine kopierte Karte, die eher einer Handzeichnung gleicht als den detaillierten Tourenkarten, die wir aus der Schweiz kennen. Die Sicht wird nicht besser. Der Vorderste entscheidet, wo es lang geht und die anderen drei stapfen hinterher in eine aussichtslose, weiße Leere, ohne eine Ahnung zu haben, wohin wir genau unterwegs sind. Ich sehe keine fünfzig Meter weit.

Ist es ein Warnsignal, dass einen Kollegen plötzlich die Kraft weiterzugehen verlässt, und er von einem üblen Magen geplagt wird? Jedenfalls entscheiden wir in Wind und Nebel gehüllt, diese Überquerung den vorbeiziehenden Wolken zu überlassen und den Heimweg anzutreten. Am nächsten Tag umfahren wir das ganze Gebiet, um den Asahidake mit einem großen Umweg von der anderen Seite her zu erreichen.

Wieder auf den Skier unterwegs, steigen wir über tausend Höhenmeter auf, um den Gipfel zu erreichen, wo wir zwei Tage vorher ankommen wollten. Dabei wandern wir durch eine unheimliche Geysir-Landschaft mit Dampfwolken, die aus der Schneedecke geblasen werden. Die stark nach Schwefel stinkenden Wolken vernebeln uns immer wieder die Sicht.

Wir stellen uns vor, wie es wohl hätte enden können, wenn wir hier vor zwei Tagen hindurch gefahren wären, ohne etwas zu sehen. Wir hätten die vulkanischen Aktivitäten vielleicht nicht einmal bemerkt und wären möglicherweise wortwörtlich in die heiße Hölle gestürzt.

Höchst konzentriert suchen wir vorsichtig unseren Weg durch dieses Labyrinth aus Dampfwolken und Erdlöchern, immer auf der Hut, den Vertiefungen von bis zu fünf Metern Durchmesser nicht zu nahe zu kommen. Wer weiß, wie tief ins Erdinnere wir fallen könnten? Von welchem Ausmaß sind die Hohlräume unter uns? Könnte der Schnee einbrechen, wenn wir darüber gehen? Vielleicht überqueren wir ein geflechtartiges Gaskanalsystem. Die Landschaft wirkt umso bedrohlicher, weil das, was unter unseren Füssen liegt, komplett unserer Phantasie überlassen bleibt. Mein Körper schüttet Adrenalin aus, Schritt für Schritt setze ich behutsam einen Fuß vor den anderen, um baldmöglichst dieses Geysir-Feld überquert zu haben. Danach wieder durchatmen und sicheren Boden unter den Füssen spüren.

Die Bergflanke steigt bis zum Gipfel steil an. Es wird zur

Kletterpartie. Der Fels ist komplett mit Eis überzogen, das eine raue Oberfläche hat und vom konstanten Wind in eine Richtung geformt ist. Auch hier müssen wir weiterhin auf jeden unserer Schritte achten, jeder Fehltritt kann verheerend enden. Als wir den Gipfel erreicht haben, können wir die Überquerungsroute von Kurodake sehen, die wir zwei Tage vorher in Angriff genommen haben. Wir sind erleichtert, dass wir damals umkehrten, denn von dieser Seite aus betrachtet wird uns erst richtig bewusst, welches Risiko wir eingegangen wären. Das Hochplateau ist durchsetzt mit Felsbändern, die wir von der anderen Seite nicht sehen konnten. Danke, Magen, dass du dich gemeldet hast!

Später liegt auf der Hauptinsel unsere letzte gemeinsame Skitour vor uns. In der Umgebung von Nagano steigen wir einen weiteren Bergkamm hoch Richtung Gipfel, das Wetter ist bereits frühlingshaft, wir sind spät dran und in den Südhängen sind vor ein paar Tagen große Lawinen ins Tal heruntergedonnert. Oberhalb der zwei Meter dicken Abrisskante können wir die gewaltige Schneemenge, die in Klumpen weiter unten im Tal liegt, nur erahnen.

Die noch im Schatten liegenden Nordseiten locken uns. Steile und enge Couloirs führen zwischen den Felsen in gerader Linie tausend Höhenmeter ins Tal hinunter. Wir klettern am Grat entlang weiter hinauf. Ich schwinge mich um einen Felsen und halte mich am nächsten Stein fest, um zu sehen, wohin ich als nächstes treten könnte. In dem Moment bricht der Schnee unter meinen Füssen und ich stecke bis zu den Schultern fest. Die Angst löst einen Adrenalinausstoß aus, der mir unglaubliche Kräfte verleiht. Da ich noch Bewegungsfreiheit habe, schaffe ich es, mich selbst zu befreien. Mein Puls ist beschleunigt und ich muss kurz verschnaufen. Dabei überfällt mich ein mulmiges Gefühl, ich stehe auf wackligen Beinen.

In mir blockiert etwas, ich fühle mich als ginge ich auf rohen Eiern. Habe ich gerade so viel Energie verbraten, dass ich keinen sicheren Stand mehr habe? Ich bin erstaunt, denn ich bin solche Überraschungsmomente, in denen ich im Schnee stecken bleibe, eigentlich gewohnt und im Normalfall komme ich gut damit klar. Jetzt fühle ich mich jedoch anders, als wäre ich gelähmt.

Was ist mit mir los? Ich teile den anderen Jungs mit, dass ich nicht mehr weiter möchte. Anfangs sind alle enttäuscht, dann akzeptieren sie aber meine Entscheidung. Anstelle der verlockenden Nordseite fahren wir die wohl genauso gefährliche Südseite hinunter und achten darauf, nicht zu weit hinten im Tal anzukommen, da es keinen Weg ins Dorf zurück gibt und wir noch mit den Fellen herausgehen müssen. Immer auf der Hut, nicht eine weitere Lawine auszulösen, gelangen wir schließlich sicher ins Tal. Die Aussicht und die Dimensionen des Gebirges sind überwältigend. Wir sehen unzählige Möglichkeiten an hammermäßigen Abfahrten in diesem wilden und engen Tal.

Bis zum Eindunkeln sind wir zurück an der Straße und fahren mit dem Bus zurück in den Skiort, wo wir in einer günstigen Arbeiterunterkunft einquartiert sind. Sogar hier finden wir ein warmes Sprudelbad, in dem ich vor dem Nachtessen einen ruhigen Moment mit mir selbst genieße und über das heutige Erlebnis nachdenken kann.

Auf dem Bergkamm hat sich meine Einstellung zum Risiko auf einen Schlag geändert. Ich will mich dieser Art von Risiko nicht mehr aussetzen. Es genügt. Der Zeitpunkt für eine erste Veränderung scheint gekommen. Mir kommt in den Sinn, was in meinem Leben noch alles vor mir liegt. Vieles wird es sein, wovon ich noch keine Ahnung habe, spannende Erlebnisse, die ich nicht verpassen möchte. Meine Reise ist für mich nicht nur ein Ski-Trip, von dem ich danach zurückkomme in ein alltägliches Umfeld. Nein, alles ist bei mir ungewiss, ich habe kein Zuhause mehr. Ich weiß nicht, was als Nächstes auf mich zukommt. Werde ich deshalb vorsichtiger und zurückhaltender in meiner Lebensweise? Bis heute galt für uns der bekannte Leitspruch:

Je steiler, je geiler.

Seit heute heißt es für mich aber auch:

Je steiler, je kürzer und *Je flacher, je länger.*

Folglich setze ich meine Grenzen auf der Risikoskala einige Punkte herab. Es reicht vollkommen, wenn ich mein Leben lang im Mittelfeld fahre, dafür aber konstant. Ohne die Spitze des Risikos zu suchen und freiwillig das eigene Limit auszureizen, wird es auch so genug Momente des Auslotens von Grenzen auf meinem weiteren Weg geben, davon bin ich nun plötzlich überzeugt.

Die letzten drei Tage unseres Ski-Trips verbringen wir in Tokyo. Wir freuen uns, in das verrückte Nachtleben der riesigen Stadt einzutauchen. Partys wie hier haben wir in den Berggebieten nirgends gesehen. Die Japaner feiern und tanzen in der Regel nicht in einem Raum mit fremden Leuten. Man könnte ja erkannt werden. Für ihre Partys mieten sie Karaoke-Zimmer, um sich mit Freunden hemmungslos auszutoben. In der Metropole Tokyo herrscht eine andere Welt.

In einer dieser Nächte vergesse ich, was mir kürzlich über die Risikobereitschaft bewusst wurde – als wäre ich zurück in die vergangene Jugendzeit katapultiert. Zu später Stunde in einem Dance Club lasse ich mich auf ein Breakdance Battle mit jungen Japanern ein. Wir tanzen wie wild, jeder will die besseren Moves präsentieren als der andere. Ich stehe am Zenit des Möglichen, ohne zu merken, dass ich bereits jenseits meiner Grenzen tanze, setze ich zu einem Überschlag an. Die Landung bringt mich nicht nur physisch auf den Boden zurück, sondern auch auf den Boden der Realität. Mein Fuß schlägt hart auf und tut wahnsinnig weh. Mein Puls pocht im Fuß. Aber der Schmerz wird ignoriert. Als wäre nichts geschehen, tanze ich weiter, bis ich nicht mehr gehen kann. Noch eine ganze Weile sitze ich auf der Seite und schaue der tanzenden Menge zu. Als es bald hell wird, legen meine Freunde meine Arme über ihre Schultern und schleppen mich zurück ins Capsule Hotel, wo wir erst einmal in unseren nebeneinander in die Wand eingebauten Schlafsärgen ruhen. Einmal mehr werde ich durch mein Verhalten gewaltsam unterbrochen und gebremst.

Am nächsten Tag meldet sich mein Verstand wieder. Ich stehe im Widerspruch mit mir selbst. In der Nacht hatte ich einen Wahnsinns-Spaß, wie wild getanzt. Es war schön, an einem fremden Ort Zugehörigkeit zu finden. Es scheint mir jedoch, als verunmögliche mein altes Muster nach wie vor die eigenen Grenzen zu spüren und das alles bloss, um gesellschaftliche Anerkennung zu erhalten. Ich wollte den Leuten etwas zeigen, alle standen im Kreis um mich und haben mich dabei angefeuert, eine unvergessliche Show abzuliefern. Wie soll ich in einer solchen Situation auf mich selbst hören? Nicht einmal den eigenen Puls konnte ich spüren. Ich hätte wohl getanzt bis zum Kollaps.

Meine Freunde machen sich auf die Suche nach Krücken, was den ganzen Morgen in Anspruch nimmt. Schlussendlich kommen sie zurück mit einem Gehstock für alte Leute und einer einzelnen Krücke. In einem Seniorengeschäft hätten sie diese gefunden.

Unglaublich, aber in solch einer Millionen-Metropole einen Arzt zu finden scheint ein Ding der Unmöglichkeit zu sein. Der Fuß ist dick geschwollen und sollte vor unserer Weiterreise kontrolliert werden. Nach mehreren Stunden Suche landen wir am Nachmittag bei einem Fußreflexzonen-Masseur. Er spricht kein Englisch, mit Händen und Füssen erklären wir ihm meine

Situation. Er nimmt meinen Fuß grinsend in die Hand und drückt auf verschiedene Punkte. Dabei verspüre ich keinen zusätzlichen Schmerz. Gut eingesalbt mit einem Stützverband lässt er mich wieder gehen, anhand meiner Reaktionen sei sicher kein Knochen gebrochen. Nur Ruhe müsse der Fuß jetzt haben. Beim Rausgehen klopfe ich Sprüche und versuche, die Situation mit Humor zu sehen.

»Einem Skifahrer passiert am Berg nichts, am Abend in der Bar wird's gefährlich. Also halte ich wohl besser Distanz zur Bar.«

Die Jungs lachen, ich jedoch habe schon wieder eine neue Erkenntnis, die zu Veränderung führt. Ich bin dankbar für die erfüllenden Zeiten mit den vielen Steilhängen und dem wilden Nachtleben, das ich jahrelang erlebte. Schlussendlich ist es aber immer wieder dasselbe, egal wo auf der Welt. Ich habe genug davon erlebt, mir reicht's. Ich will offen für neue Ideen sein, die mich auf meinem Lebensweg weiterbringen. Wenn eine Party spontan steigt, bin ich natürlich dabei, und wenn ich auf einem Berg stehe, genieße ich die Abfahrt und bin glücklich mit dem, was ich antreffe. Aber ich will nicht mehr nach dem höchsten Gipfel streben. Ich will, ohne zu suchen, dankbar die Erlebnisse genießen, die mir begegnen.

Ein neuer Zeitabschnitt als Alleinreisender beginnt. Die Wege von meinen Freunden und mir trennen sich nun am Flughafen. Eigenartige Gefühle begleiten mich, als wir uns am Flughafen verabschieden. Als wäre es ein Stück Heimat, das mich verlässt. Verwirrt stehe ich da und schaue den beiden zu wie sie gehen.

Vor zehn Jahren lernte ich Sayako bei einem Sprachaufenthalt kennen. Sie ist Japanerin und lebt in der Nähe von Osaka. Wir sind seit damals in sporadischem Kontakt geblieben, einmal hat sie mich in der Schweiz besucht und kennt somit meine

Familie. Da ich nun in ihrem Heimatland bin, nutze ich die Gelegenheit, sie und ihre Familie für eine Woche zu besuchen.

Beim Check-in werde ich den Eindruck nicht los, dass die Angestellten mich beobachten und über mich reden. Ich denke, dass mich Probleme wegen meines Übergepäcks erwarten. Doch weit gefehlt! Plötzlich werde ich freundlich, aber bestimmt von einer Dame in einen Rollstuhl gesetzt und durch die langen Gänge zum Gate geschoben. Im Flugzeug hat man für mich einen Spezialplatz in der vordersten Reihe reserviert und ich kann sogar die Beine hochlagern.

In Osaka angekommen schleppe ich das Gepäck mühsam vom Förderband und mache mich mit mehreren Pausen auf den Weg zum Ausgang. Im Empfangsbereich treffe ich Sayako. Sie ist verblüfft, dass ich mit Stock und Krücke auftauche.

Seit unserem letzten Treffen vor fünf Jahren ist viel passiert. Wir haben uns jede Menge zu erzählen. Zusammen mit ihrer Familie schauen wir uns verschiedene Sehenswürdigkeiten von Kyoto an. Einen Einblick in eine japanische Familie mit ihren Gewohnheiten zu kriegen, ist sehr interessant. Verständigen kann ich mich nur mit Sayako, sie ist die einzige der Familie, die Englisch spricht. Trotzdem haben wir es lustig. Das Fremde und teilweise Unverständliche einer anderen Kultur, das wir als Reisende nur von außen sehen, relativiert sich. Die Ruhe und Gelassenheit, mit der Sayakos Eltern ihren Mitmenschen begegnen, und die Freundlichkeit, die sie ausstrahlen, scheinen mir tief in ihnen verankert. Die Mutter fragt sehr fürsorglich, wie es meinem Fuß geht, und gestaltet alles so angenehm wie möglich. So gut aufgehoben vertraue ich ihnen bald auch intime Details an, wie zum Beispiel, als ich eines Morgens freudenstrahlend vom Klo zurückkomme und berichte, dass ich jetzt zum ersten Mal seit vier Jahren ein dickes Erlebnis hatte. Es ist der Hammer! Wofür die Ärzte und auch ich in meinem Alltagsstress nie einen Grund finden konnten, das löst sich nun von alleine ohne Untersuchung oder Analysen – nach nur einem Monat Abstand und trotz ungewohnter Ernährung. Was für eine Freude endlich zu sehen, dass ich durch andere Wege wieder gesund werde!

Bei der Abreise verabschieden sie sich von mir, als wäre ich ihr Sohn. Sayako fährt mich zurück nach Osaka in ihre kleine Studiowohnung. Auf der zweistündigen Fahrt unterhalten wir uns über die vergangenen Tage.

»Mich beeindruckt, wie ihr miteinander lebt. Mir fallen viele Momente auf, bei denen wir Schweizer anders reagiert hätten. Woher kommt das wohl?«

Daraufhin antwortet sie: »Ich glaube, dass unsere Verhaltensweisen, wie auch die euren aus dem Westen, von unseren ursprünglichen Traditionen und von unserem Glauben stammen. Das japanische Reich entstand mit dem Shinto und später mit dem Buddhismus. Einige dieser Grundsätze sind bis heute tief verwurzelt. Ich habe bereits als Kind gelernt: Was man selbst ausstrahlt, kommt in irgendeiner Form zu einem zurück, indem man es eben mit der eigenen Ausstrahlung anzieht. Das ist das Gesetz der Resonanz. Daher gehen wir mit allen Menschen so um, wie wir selbst am liebsten von ihnen behandelt werden wollen.«

Auch wenn wir aus total unterschiedlichen Welten kommen, beschäftigen uns ähnliche Themen. Sayako erzählt mir von ihrer Arbeit in einer Kindertagesstätte, in der sie Englisch unterrichtet. Oft kann sie nicht hinter dem stehen, was von ihr an der Schule verlangt wird.

»Bei meiner Arbeit mit den Kindern wird mir alles vorgeschrieben, meine persönliche Meinung ist nicht gefragt. Die Kinder sind drei Jahre lang bei mir. Ich habe eine enge Beziehung mit ihnen und kenne die persönlichen Stärken und Schwächen von jedem einzelnen wahrscheinlich besser als ihre eigenen Eltern. Die Schulleitung handelt nach dem Schema: Alle werden gleich behandelt.«

Sayako ist eine sehr emotionale Person. Obschon sie im Alltag gelernt hat, ihre Gefühle zu verdrängen, hinterfragt sie das System während sie angefangen hat, die armen Kinder pauschal zu betrachten. Wie Maschinen, alle gleich, das Individuum ist Geschichte.

Es klingt für mich, als hätte sie sogar die eigene Persönlichkeit aufgegeben, um ihren eigentlich geliebten Job weiter auszuführen.

Die Gefühlswelt, von der Sayako mir erzählt, klingt für mich vielversprechend. Auch ich möchte lernen, bewusst auf meine Gefühle zu hören und dementsprechend zu handeln. Vielleicht wird mir das von Nutzen sein auf meinem weiteren Lebensweg. Meine Unfälle und Krankheiten der letzten Jahre wären vielleicht nie passiert.

»Wie hast du eigentlich gelernt so gut auf deine Gefühle zu hören?«

Darauf antwortet sie: »Indem ich mich immer wieder frage, wie ich mich fühle bei dem, was ich gerade tue. Auch am Abend beim Zubettgehen und morgens beim Aufstehen frage ich mich, wie es mir geht. Ich nehme die Antwort, ohne darüber nachzudenken oder zu werten einfach an. Denn nur so kann ich das Gefühl wirklich erkennen. Es braucht keinen Verstand dafür.«

Das tönt eigentlich ganz gut und müsste doch machbar sein. Ich befürchte aber, dass ich Schwierigkeiten haben könnte einfach anzunehmen, ohne zu urteilen oder zu werten. Nur ein paar Momente später beweist mir jedoch ein überraschendes Erlebnis das Gegenteil.

Wir reden über meine Familie, die sie damals in der Schweiz kennengelernt hat. Ich erzähle von den Beziehungen zu meinem Bruder, meinen Eltern und der Großmutter. Sie erinnert sich gleich, wie wir uns damals in Großmutters Stube über das Häkeln von Tischtüchern unterhielten, ein gemeinsames Hobby der beiden.

Aus heiterem Himmel fange ich plötzlich an zu weinen, so stark, dass mir die Tränen vom Gesicht tropfen. Das kenne ich so gar nicht von mir. Sayako reicht mir Taschentücher und sagt, all dies müsse jetzt raus. Ein wenig später habe ich mich beruhigt und sie fragt mich, was ich jetzt gerade fühle. Ich kann ihr jedoch nicht mal sagen, warum genau ich weinen musste. Noch weniger, wie ich mich jetzt fühle. Nur seltsam. Sie tröstet mich ganz herzlich und lässt mich einen Moment in Ruhe. Auf einmal sagt meine Stimme, ohne dass ich vorher etwas überlegt habe: »Vielleicht ist es die Angst, dass ich meine Großmutter nicht mehr sehen werde und sie nicht mehr da ist, wenn ich wieder einmal zu Hause bin.«

Sayako strahlt eine angenehme Ruhe und Gelassenheit aus, sie geht so einfühlsam auf mich ein, als wäre ich ein Kind. Es ist schön, bei ihr zu sein. Diese Geborgenheit. Es tut mir gut, wie sie mich trösten kann. Dabei sagt sie mir immer wieder: »Du musst anfangen dich zu fragen, wie es dir geht. Du bist dein eigener Partner, der sich verantwortungsvoll um dich kümmert.«

Die Lebensweise, die mir Sayako beschreibt, fasziniert mich. Das Interessante daran ist, auf welche Art und Weise ihre Verstandes- und Gefühlswelt harmonisch zusammenarbeiten. Ich hingegen bin von meinem Verstand gesteuert und glaube nur, was ich sehen, berechnen und vergleichen kann. Meine Gefühlswelt wird hinter einer stetig wachsenden Mauer verdrängt. Ich muss lernen, ohne diese Mauer zu leben, denn ich glaube, sie bricht zusammen. Mein überraschender, unkontrollierbarer Heulanfall von soeben hat mir eine erste Lektion diesbezüglich erteilt: das Gefühl meiner Großmutter gegenüber frisch von der Leber auszudrücken.

Nach einer Woche voll spannender Gespräche bin ich tiefgründiger in Berührung mit der japanischen Kultur und Sayakos Lebensstil gekommen. Tief in Gedanken packe ich mein

Gepäck wieder zusammen und reise weiter. Nach dem Abschied stehe ich wieder mit Krücke, Stock und Ski-Bag am Check-in für den Flug nach Neuseeland.

Vor dem Gate wartend bemerke ich eine eigenartige Stimmung in mir, die mich unruhig werden lässt. Bin ich verunsichert vom Ungewissen, das mich bald überraschen wird? Ich erinnere mich an das Gespräch mit Sayako und frage mich, wie es mir geht. Aber irgendwie finde ich keine präzise Antwort darauf.

Ich weiß nur eines: Ich bin gespannt, was mich alles erwartet in Aotearoa, dem Land der langen, weißen Wolke.

Kunst der Improvisation

Im Flugzeug nach Neuseeland lese ich die mitreißende, jedoch noch schwer verständliche Geschichte von Siddharta. Ein Freund schenkte mir das Buch zum Abschied. Auf die vorderste Seite schrieb er:

»Die Geschichte eines Reisenden für einen Reisenden. Dein Weg ist dein Ziel.«

Siddhartha ist eine buddhistisch inspirierte Geschichte über einen Mann, der sich aus familiärer und gesellschaftlicher Fremdbestimmung befreit und sich auf die Suche nach seiner eigenen Wahrheit macht. Bisher verstehe ich nicht, was es bedeutet, so zu reisen, wie Hesse es in seiner Geschichte beschreibt. Eine Reise mit sich selbst, wobei man seiner inneren Kraft vertrauen, dabei neue Seiten von sich kennenlernen und damit bewusst umgehen soll. Glaube an dich selbst.

Die Idee, mit dem eigenen Werkzeug nach Neuseeland zu reisen, stammt von meiner Begeisterung für die Number 8 Wire –Kultur. Diese Improvisationskultur hat ihren Ursprung in der Industrialisierungszeit. Als vor rund 200 Jahren die ersten Maschinen auf die Insel importiert wurden, fehlte es an Ersatzteilen. Es dauerte mehrere Monate, bis sie per Schiff geliefert wurden. Man konnte nicht einfach warten. Somit nahmen zum Beispiel die Bauern für Reparaturen aller Art den Weidezaun-Draht Nummer 8. Daher der inzwischen traditionelle Name Number 8 Wire. Diese Lebenseinstellung, mit dem, was man hat, und mit Einfallsreichtum möglichst alles zu reparieren, inspiriert mich. Ich will in einem Minibus wohnen, von Hof zu Hof fahren, meinen Lebensunterhalt mit Reparaturen aller Art verdienen und mehr über die kreative Improvisationskunst der neuseeländischen Handwerker lernen.

Jetzt bin ich also auf dem Weg an mein eigenes Ziel. Ein neuer Lebensabschnitt beginnt!

Mir läuft es kalt den Rücken runter, wenn ich daran denke, was ich vorhabe, und was ich soeben Neues lese in dieser Geschichte von einer anderen Art des Reisens. Dies wird keine Ferienreise, vielleicht wird es eher ein Intensivkurs mit mir selbst.

Vor zehn Jahren war ich für einen Sprachaufenthalt in Christchurch und wohnte damals bei einer Gastfamilie, die mich nun am Flughafen erneut mit offenen Armen willkommen heißt. Zuhause haben wir uns bis spät in die Nacht viel zu erzählen, bis ich im schön dekorierten Schlafzimmer in mein altbekanntes Bett falle.

Am nächsten Morgen sagen mir meine Gastgeber während des Frühstücks, dass ich ihre Werkstatt nutzen darf, um mein mobiles Heim einzurichten. Sie wollen wissen, wann ich als mobiler Handwerker startklar sein möchte.

»Ähm, so schnell wie nur möglich. Es ist für mich im Moment aber schwierig, genau zu planen«, entschuldige ich mich. Ungeduldig, mein Glück als reisender Handwerker baldmöglichst zu finden, mache ich mich gleich auf die Suche nach einem Bus.

Schon nach wenigen Tagen entdecke ich im Internet einen schwarzen Minibus, der aussieht wie neu! Nach der Probefahrt am nächsten Tag taufe ich den Bus noch während des Verkaufsgesprächs *The Black Pearl* und schlage gleich zu. Beim Schrotthändler finde ich einen alten Dachträger, im Verpackungs-Abfall hinter dem Baumarkt liegen Paletten, mit welchen ich eine große Ladefläche auf dem Dach kreiere, und im Innenraum installiere ich eine elektrische Anlage für den Campinggebrauch. Zwei Wochen später steht der Bus bereit, es fehlt nur noch die 460 Kilogramm schwere Seefracht aus der Schweiz. Ohne Werkzeug und Kücheneinrichtung kann ich nicht aufbrechen.

Meine Geduld wird hart auf die Probe gestellt. Ich will nicht mehr warten. Ich will aufbrechen und endlich das tun, was ich mir vorgenommen habe. Doch das Frachtschiff hat Verspätung. Ich verstehe die Siedler von früher. Ich verstehe, dass sie lieber improvisierten, als untätig zu warten. Leider kann ich mein Material nicht mit Weidendraht basteln. Mir bleibt keine andere Wahl, als zu warten.

Meine Gastmutter findet: »Es ist nun einen Monat her, seit du in Tokyo deinen Fuß beim Tanzen überdehnt hast. Du humpelst seit deiner Ankunft, lass dich jetzt von einem Arzt untersuchen.«

Das höre ich ungern, ich weiß aber, dass sie recht hat. Am Morgen rufe ich einen Arzt in der Nähe an, der zum Glück gleich Zeit für mich hat. Ich fahre mit meinem neuen Minibus zur Arztpraxis. Nach dem Röntgen sitze ich im Wartesaal. Plötzlich steht eine ältere, große und kräftige Frau mit dem Resultat vor mir: Der linke Mittelfußknochen ist gebrochen! Während sie mir mein Bein bis unters Knie eingipst, sagt sie mit ernster Stimme: »Sie müssen Ihren Fuß für die nächsten sechs Wochen ruhighalten und Auto fahren ist mit einem Gips verboten.«

Für mich bricht in diesem Moment eine Welt zusammen. Zwei Stunden später stehe ich wieder draußen auf dem Parkplatz, rede mir ein, dass ich sie falsch verstanden habe, steige in meinen Bus und fahre deprimiert nach Hause.

Du meine Güte! Warum werde ich bereits zu Beginn in meinem Vorhaben gebremst? Ich fühle mich wie angekettet. Warum muss das genau jetzt sein? Meine Motivation ist im Keller. Das Ungewisse lässt meine Denkmaschine auf Hochtouren rattern. Mein Projekt, fahrender Handwerker, scheint zurzeit unmöglich. Nichts tun, entspannen und den Fuß hochlagern ist für mich als aktiver Mensch auch keine Option.

Mein Verstand will wissen, was zu tun ist. Er will krampfhaft einen neuen Plan. Ich wünsche, ich könnte Sayakos Rat, meine Gefühle zuzulassen, besser befolgen. Ich wünsche, ich könnte mein Hirn wenigsten ab und zu ausschalten und einfach sein. Für mich ist es unvorstellbar, wie Siddhartha tagelang am Fluss zu sitzen und den Wasserstimmen zuzuhören. Stattdessen suche ich verbissen nach anderen Lösungen und alternativen Plänen. Bis der Gips weg kommt, ist Winter. Es wird kalt und unangenehm, im Bus zu wohnen. Vielleicht wäre es einfacher, mich in Skigebieten für die bevorstehende Wintersaison zu bewerben und mich als Angestellter erneut einem System zu unterwerfen. Ich stelle mir ein geheiztes Zimmer vor, ein richtiges Bett auf dem Berg und einen fixen Monatslohn.

Ich stelle fest, dass freies Reisen und damit freies Geschehenlassen für mich aus einer durchorganisierten Gesellschaft schwierig ist und dass ich zuerst lernen muss, was dies bedeutet. So schnell können sich Pläne ändern. Die nächsten Tage bewerbe ich mich online um verschiedene Jobs in Skigebieten. Stillstand geht für mich nicht, auch wenn der Gips und die Verspätung der Seefracht eine Pause verlangen würden.

Nach einem endlosen Monat ist es dann soweit. Endlich trifft mein Hab und Gut im Hafen ein. Mit dem Anhänger an der Black Pearl hole ich meine Holzkiste im Lagerhaus ab. Mein Plan ist, morgen direkt in die Skigebiet-Region im Süden der Insel zu fahren. Ich kann nicht länger warten! Ich sollte doch schon da sein, damit ich vor Ort bin, falls es zu einem Bewerbungsgespräch kommt. Gips hin oder her.

Mein letzter Abend in der Stadt. Ich sitze gedankenversunken in einer Bar und höre Live-Musik. Ein älterer Mann gesellt sich zu mir und erzählt mir von einem kleinen Dorf an der Westküste. »Da, wo die Straße endet, befindet sich der Ort. Die Menschen dort leben nach der altbekannten Number

8 Wire –Kultur. Sie führen ein freies Leben und wissen sich selbst zu helfen. Du solltest zuerst diesen speziellen Ort im Westen besuchen, statt direkt in den Süden zu rasen.« Nach einer Weile verschwindet er in der Menschenmasse.

Sein Ratschlag fasziniert mich. Mir scheint, als habe er von meiner Begeisterung für die neuseeländischen Selbstmacher-Kultur gewusst. Wie verzaubert höre ich der Band noch eine Weile zu. Wenige Stunden vor der Abreise in den Süden hat mir ein wildfremder Mann einen neuen Wurm ins Hirn gesetzt! Der Typ ruft mir meinen ursprünglichen Wunsch in Erinnerung. Die Angst, bis im Frühling keinen Job zu finden, hat mich in letzter Zeit abgelenkt. Mir ist klar, dass ich seinem Rat morgen folgen werde. Diesen speziellen Ort will ich kennenlernen.

Beim Abschied überreicht mir meine Gastfamilie eine chemische Toilette. Ein neues Gesetz besage, dass wildes Campieren in der Natur ohne Toilette im Bus nicht mehr gestattet ist. Es sei besser, eine Toilette unter dem Bett mitzuführen, um keinen Stress mit den Behörden zu bekommen. Dankbar für ihre gesamte Unterstützung nehme ich dieses spezielle Geschenk gerne entgegen und mach mich auf den neuen Weg Richtung Westküste.

Freudig und aufgeregt, endlich unterwegs zu sein, verlasse ich die Stadt und folge dem Input dieses Typen von gestern Nacht. Ohne zu wissen, wo mich das hinführen wird. Warum kam ich mit diesem fremden Menschen überhaupt ins Gespräch und glaube ihm ohne zu überlegen? Ich weiß nicht einmal, ob es diesen Ort tatsächlich gibt. Warum lasse ich mich von ihm ablenken?

An der Westküste folge ich seinen Anweisungen und frage mich, wo ich nur hinfahre. Der kurvige Weg führt durch einen endlos scheinenden Wald über etliche Hügel. Plötzlich gelange ich in ein offenes Tal mit Blick aufs Meer. Unten im Tal liegen einige Häuser in saftige, grüne Wiesen eingebettet. Das muss es sein!

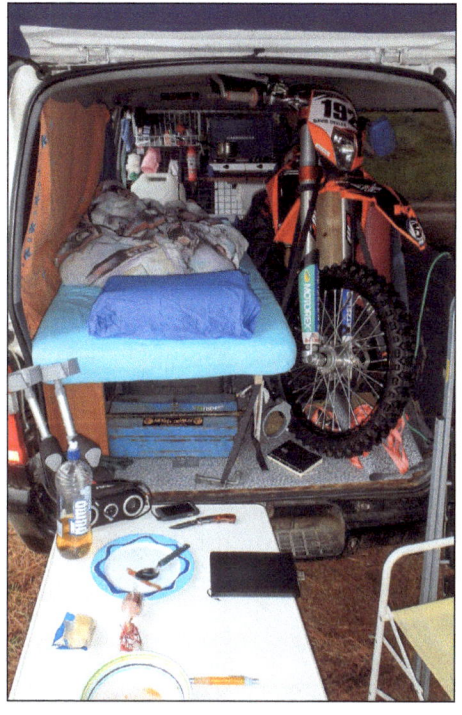

Aufgeregt gehe ich durch das kleine Dorf, sehe aber niemanden. Wo zum Teufel halten sich die angeblich sechshundert Einwohner auf? Verwirrt verlasse ich den Ort wieder. Es wird bereits dunkel. Außerhalb des Dorfes suche ich einen versteckten Ort, um im Wald zu übernachten. Ich folge etwa einen Kilometer einem Waldweg und entdecke plötzlich ein Auto. Im Scheinwerferlicht sehe ich einen Mann, der im Kofferraum seines Autos Tee kocht. Der erste Mensch, den ich hier antreffe! Wer ist das? Alleine in der Wildnis könnte ich Angst bekommen, aber ich spüre hauptsächlich Neugier. Ich halte an, steige aus und der sympathische Typ bietet mir gleich einen

Ingwertee an. Er erzählt mir von einem Konzert im Dorf heute Abend. »Das darfst du nicht verpassen, denn es findet nur alle vier Monate statt.«

Kurze Zeit später fährt er schon mal vor. Ich richte mich ein und koche mein Nachtessen im Bus. Diese merkwürdige Begegnung soeben hat meine Neugierde geweckt. Direkt nach dem Essen zieht es mich zurück ins menschenleere Dorf. Bei der Bar angekommen, kommt mir derselbe Typ entgegen und ruft mir zu. »Willkommen! Ich bin gleich zurück!«

Tatsächlich sind weitere Menschen hier. Ich geselle mich an der Bar zu ihnen und komme sofort ins Gespräch. Auf ihre Frage was ich hier tue, erzähle ich ihnen, dass ich auf Arbeitssuche bin. Einer erzählt mir von seinem Nachbarn, der ein Haus baue und sicher dankbar um Unterstützung wäre. Genau in diesem Moment kommt dieser Nachbar herein. Er hat eindeutig nicht in dieser Bar sein erstes Bier getrunken. Mit einiger Mühe zeichnet er mir auf ein Stück Papier eine Wegbeschreibung zu seinem Haus und lädt mich für den nächsten Tag zum Kaffee ein.

Den Typen aus dem Wald sehe ich nie wieder. Spätabends wieder am Schlafort stelle ich fest, dass auch sein Auto verschwunden ist. Im Bett liegend frage ich mich, was diese kuriose Begegnung wohl zu bedeuten hat. Mit einem anderen Schlafplatz hätte ich ihn nicht angetroffen und vom Konzert nie erfahren. Er führt mich zu weiteren Begegnungen mit Menschen und zu neuen Möglichkeiten.

Mit der gekritzelten Anfahrtszeichnung aus der Bar bin ich am nächsten Tag auf der Suche nach diesem Typen und kann ihn nicht finden. Nach langem Umherirren auf Waldwegen begegne ich einem Ehepaar, das ich gestern in der Bar bereits gesehen habe.

»Du bist der mit den Krücken von der Bar«, rufen sie mir gleich zu und wollen wissen, was ich suche.

»Jemanden, der sein Haus baut«, rufe ich zurück.

»Du bist sehr nah. Fahre den Hang hoch, da siehst du einen alten Schulbus.«

Auf der Hochebene sehe ich tatsächlich einen großen Bus und eine Scheune. Ich finde den Mann mit einer Schaufel in einem riesigen Erdloch. »Hallo! Ich werde hier einen Schiffscontainer als Gemüsekeller vergraben!«, ruft er aus dem Loch und klettert hoch. Er zeigt mir seine laufenden Projekte, um sich zukünftig selbst zu versorgen. »Dies ist der Ort der Freiheit. Leben und leben lassen. Jeder Mensch hat eigene Ideen und das wird hier akzeptiert«, erklärt er mir. Es gebe noch viel zu tun, ich sei ihm jedoch keine Hilfe mit diesem Gips am Fuß.

Mit einer Tasse Kaffee in der Scheune sitzend, erzähle ich von meinen Bewerbungen für eine Saisonstelle im Skigebiet. Er eilt zur Feuerstelle, nimmt sein Notebook in die Hand und ruft laut: »Dieses blöde Ding ist mir ins Wasser gefallen! Sobald es wieder trocken ist und funktioniert, schreibe ich einem Freund eine E-Mail, der hat Kontakte in Skigebieten und kann dir bestimmt weiterhelfen.«

Wird er daran denken, wenn sein Computer vielleicht wieder funktioniert, und woher hat er Internet im Wald ohne Handy-Empfang?

Seit ich unterwegs bin, treffe ich auf Leute, die mir neue und interessante Gedanken auf den Weg geben. Als hätte ich nicht schon genügend davon. Ich versuche mir einzureden, dass alles einen Grund hat, so wie es mir Sayako erklärt hat. »Entspanne dich, höre auf dein Gefühl und lass es einfach geschehen.«

Aber eine Stimme in meinem Kopf sagt mir, einfach zu warten gehe nicht. Die Skisaison startet in weniger als zwei Monaten, ich sollte mich jetzt aktiv um Arbeit kümmern, sonst ist es zu spät. Vom Gefühl höre ich nichts.

Ich kann mich nicht auf die abgefahrenen Szenen in den

letzten Tagen verlassen und ziehe weiter Richtung Süden. Ich stresse mich lieber selbst mit der Arbeitsuche, statt geduldig zu warten, bis der Computer wieder funktioniert.

Ich sitze in einem Fastfood-Restaurant. Hier habe ich Internet. Auf meine Bewerbungen habe ich bisher keine einzige Rückmeldung bekommen. Ich suche weitere Inserate und bewerbe mich für alle möglichen Jobs. Nach über vier Stunden habe ich etliche Bewerbungen abgeschickt und werde vom Personal aus dem Restaurant geworfen. Sie schließen. Die Zeit habe ich komplett vergessen. Zurück auf dem Campingplatz schwirren meine Gedanken kreuz und quer durch die verschiedenen Möglichkeiten. Wenn dies und das sein könnte. Es entstehen riesige Luftschlösser in meinem Kopf. Ich schlafe kaum.

Die Jobsuche fühlt sich an wie ein Casinobesuch. Immer wieder hoffe ich, den lang ersehnten Treffer zu landen. Wieder mag ich kaum warten, bis endlich Antworten eintreffen. Ich beschließe, mir ein paar Tage Pause zu gönnen und mich in die Natur zurückzuziehen, wo ich kein Internet habe.

Mein neues Lager liegt an einem See oberhalb von Queenstown, da sitze ich am stillen Wasser und versuche mein Glück beim Fischen. Das Glück liegt jedoch woanders. Während des Fischens entdecke ich einen Trick, um die unaufhörlichen Gedanken zu kontrollieren – eine spontan erfundene Art der Meditation. Immer wenn ich den Köder auswerfe, werfe ich auch Gedanken mit raus und versuche, während des ruhigen Einholens an nichts zu denken und nur zu warten. Das ist eine gute Übung, meine Gedanken für eine Weile abzustellen, denn ich möchte wieder einmal gut schlafen. Und es funktioniert. Diese Nacht schlafe ich herrlich. Der erste Frost hat am nächsten Morgen alles in eine weiße Eisschicht gehüllt. Es ist eine märchenhafte Landschaft, die ich vor meinem Bus mit einer Tasse Kaffee in der Hand bestaune. Jeden Morgen stehe ich auf und bewundere Neues. Die Anspannung und die Hoffnung auf eine baldige Rückmeldung melden sich dennoch wieder. Zum Trotz bleibe ich einen Tag länger am See. Das nützt jedoch kaum mehr. Die Gedanken-Auswurf-Technik beim Angeln hat ihre Wirkung verloren. Was kann ich anderes tun mit meinem Gips als angeln? Nur herumsitzen und warten. Zu gerne würde ich hier wandern oder Fahrrad fahren. Das blöde Ding blockiert mich, ich habe meinen Gips-Fuß satt!

Zurück in der Stadt checke ich meine E-Mails. Keine einzige Antwort ist im Posteingang. Ich bin enttäuscht. Kurzentschlossen packe ich meine Krücken und werde direkt im Ort aktiv. Dabei steigere ich mich, je länger der Tag dauert, immer mehr hinein, vergesse die Zeit und suche quer durch die verschiedenen Ski-Shops der Stadt eine Arbeit. Eine LKW-Werkstatt sucht einen Mechaniker. Ein Haus weiter verkaufen sie Schneefräsen. In diesem Gebiet kenne ich mich gut aus, der ältere Herr wollte jedoch nicht einmal mit mir sprechen. Absolut keiner zeigt konkretes Interesse. Warum nur?

Dann sehe ich im Schaufenster eines Jobvermittlers ein Inserat. Ich gehe hinein und stelle mich der Dame am Empfang vor. Praktisch im gleichen Moment rastet ihr Boss aus und kündigt ihr auf der Stelle. Sie marschiert raus und ruft über ihre Schulter zurück: »Der Ausländer ist illegal hier und sucht Arbeit, der kann mich ja ersetzen!« Ich verlasse dieses Irrenhaus auf der Stelle. Ich bin perplex wie nach einer Ohrfeige. Mir wird bewusst, dass ich zum ersten Mal als Ausländer Arbeit suche. Stoße ich deshalb auf kein Interesse oder liegt es an meinem selbst gebastelten Plastikschuh, der meinen Gips schützen soll?

Wie ferngesteuert habe ich heute unzählige Geschäfte abgeklappert bis zu diesem Schlag ins Gesicht gerade eben. Ich weiß nicht, was ich tun soll. Das alles führt zu nichts. Ich muss wieder weg von der Stadt, am besten wieder ans Wasser, fischen und meine Gedanken am Haken auswerfen.

Am Lake Alexandrina finde ich einen tollen Platz in der freien Natur. Hier kann ich campen und fischen. Ich freue mich über meine Entdeckung, als nach kurzer Zeit ein alter Mann zu mir kommt, der fast ausflippt und mich vertreiben will. »Es ist verboten, frei zu campieren. Du musst auf den Campingplatz. Du hast sicher keine Toilette in diesem kleinen Bus!« Stolz lade ich ihn ein, meinen Bus zu begutachten. Ich zeige ihm meine Toilette unter dem Bett. Er muss einsehen, dass alles in Ordnung ist, und so lässt er mich wieder in Ruhe.

In der Abenddämmerung werfe ich wieder meine Gedanken am Haken ins Wasser. Einfach an nichts denken und nur warten. Es ist ganz still. Ein wunderschönes Abendlicht spiegelt sich auf der Wasseroberfläche. Plötzlich spüre ich ein Zucken an der Rute! Es hat einer angebissen! Endlich eine willkommene Überraschung! Vorsichtig ziehe ich die wunderschöne Forelle an Land. Eine große Freude durchströmt mich. Was für ein Festessen das gibt! Während ich die Innereien ausnehme, klingelt mein Telefon im Bus – zum ersten Mal, seit ich eine neuseeländische Nummer habe. Und das genau zu diesem Zeitpunkt! Es ist Garry, der Freund des Typen mit dem nassen Computer. Sein Gerät funktioniert also nach drei Wochen wieder und er hat sein Versprechen gehalten. Was für eine unglaubliche Überraschung!

Garry sagt, seine Baustelle müsse vor dem Wintereinbruch bewohnbar sein und er wolle mich gleich morgen treffen. Ich freue mich riesig. Es durchströmt mich ein Glücksgefühl, das mich alle Enttäuschungen der letzten Zeit vergessen lässt. Auch wenn ich nicht weiß, was mich erwartet, sind mir die unzähligen Anfragen und schriftlichen Bewerbungen der letzten Wochen auf einmal egal. Ich hätte mir extrem viele Nerven und Energie gespart, wenn ich nur gewartet und die Zeit einfach vergehen lassen hätte.

Bei Garry finde ich nicht nur einen, sondern gleich zwei Schulbusse. Wie sein Freund baut auch er ein eigenes Haus. Mit lehmverschmierten Armen kommt er um die Ecke und zeigt mir gleich seine Unterkünfte. »In diesem Schulbus kannst du überwintern, sobald ich den Rohbau bewohnen kann. Seit vier Jahren wohne ich mit meiner Frau, die zurzeit hochschwanger ist, hier drin. Er hat das stolze Baujahr 1945 und ist mit einer Holzheizung und einer Dusche ausgerüstet.«

Er ist dankbar für meine Hilfe und bietet mir Kost und Logis an. Ich nehme dieses Angebot sofort an. Beim Nachtessen erzählt mir Garry, er habe als Mechaniker auf dem Berg gearbeitet und habe noch Kontakte. Er schreibt mir drei Telefonnummern von potentiellen Arbeitgebern auf.

Die ersten zwei Anrufe am nächsten Morgen sind für die Katz. Die Teams sind schon komplett. Bei der dritten Nummer erreiche ich niemanden. Nach einigen Versuchen schreibe ich eine SMS. »Hallo, ich bin ein Landmaschinenmechaniker aus der Schweiz und suche Arbeit für den Winter, mit Empfehlung meines Kollegen Garry Jones. Grüße, Thomas Heimberg.«

Eine Minute später klingelt mein Telefon. Sie wünschen noch heute ein Gespräch. Aufgewühlt fahre ich direkt zum Büro in Wanaka. Nach einem kurzen Gespräch ist der Geschäftsführer von mir überzeugt.

»Leute wie dich suche ich immer!«, sagt er und gibt der Sekretärin den Auftrag, einen Arbeitsvertrag aufzusetzen. Ich werde in die Nachtschicht eingeteilt. Er verabschiedet sich, sein nächstes Meeting steht an. Ich bleibe bis zum Feierabend bei der Sekretärin und fülle verschiedene für die Arbeitsbewilligung notwendige Formulare aus. Diese Situation hätte ich mir heute Morgen niemals vorstellen können. Ich bin überrumpelt, wie schnell alles plötzlich geht. Alle anderen Arbeitsbemühungen seit meiner Ankunft sind bereits vergessen.

Ich finde es unfassbar, wie dieses Ereignis zustande kam: Eine zufällige Begegnung an einem Konzert, eine im Wald, eine weitere in der Bar des Dorfes am Ende der Straße, ein kaputter Laptop und eine Lehmhaus-Baustelle haben mich zu meinem ersten Job in Neuseeland geführt. Meine Freude ist riesig!

Vieles geschieht über menschliche Beziehungen. All die schriftlich aufgeblasenen Bewerbungen, Onlineformulare und Zertifikate führen mich nur in die Irre und bereiten mir Mühe, wie das Wort Arbeits-Bemühung ja bereits sagt. Es sind die Menschen, die mich weiterbringen.

Endlich hat die letzte Stunde meines Gipses geschlagen! Das Röntgenbild zeigt, dass der Knochen noch nicht ganz ausgeheilt ist. Der Arzt meint, ich müsse noch vorsichtig sein. Als ich die Klinik verlasse, merke ich gleich, was er meint. Ich habe keine Kraft im Fuß und ein stechender Schmerz verlangsamt automatisch meine Schritte. Zum Glück habe ich noch ein bisschen Zeit, damit der Fuß für die Wintersaison in Schnee und Eis wieder stabil wird.

Garry baut sich ein Lehmhaus. Bei den frisch ausgeschalten Wänden gilt es nun, die restlichen Löcher mit Stroh und Lehmbällen zu stopfen. Das geht ganz gut mit meinem schwachen Fuß. Nach einigen Tagen beginnen wir mit dem Verputz. Ich häcksle mit einem kleinen Grünguthäcksler verschieden langes Stroh. Zu Beginn tragen wir grobes Stroh auf, das wir mit Lehm, Sand und Wasser mischen. Für jede weitere Schicht verwenden wir feineres Stroh. Einige Tage später haben wir nach sechs Schichten eine perfekt glatte Oberfläche erreicht. Das heikle Thema ist nun die Trocknung. Trocknet der Lehm zu schnell, bilden sich Risse, trocknet er zu langsam, bildet sich rasch Schimmelpilz. Wir improvisieren eines Abends in der Werkstatt. Mit einem alten Elektromotor und dem Lüfterrad eines großen Dieselmotors bauen wir einen überdimensionalen Ventilator. Diese spannenden neuen Erfahrungen bringen mir viel Freude. Besonders schön ist, wenn ich am Feierabend die Veränderung auf der Baustelle sehe.

Nach der Arbeit zündet Garry in der Waschtrommel ein Grillfeuer an und ein zweites unter einer Badewanne im Freien. Er erzählt mir von seiner früheren Tätigkeit. Fünf Jahre arbeitete er auf Ölbohrinseln und bereiste in der Freizeit praktisch die ganze Welt. Mit dem ersparten Geld hat er das Grundstück gekauft, wo er sich jetzt niederlässt und eine Familie gründet.

Als ich später in der heißen Badewanne unter einem überwältigenden Sternenhimmel sitze, denke ich, dass er genau das Richtige tut. Er führt das Leben, das er will. Er tut, was ihm Spaß macht. Garry hat die letzten zehn Jahre das gelebt, was ich mir von meiner Reise wünsche. Er lebt mir meinen Traum vor und zeigt, dass es funktioniert. Reisen, Neues lernen und hie und da verschiedene Arbeiten ausführen. Und das solange, bis ich müde vom ständigen Unterwegssein werde und ich mich irgendwo niederlasse. Ach, wie freue ich mich bereits jetzt auf diesen Moment!

Ich bin von Garrys Number 8 Wire –Stil begeistert. Mit allem, was herumliegt, baut der Kiwi seine eigenen Maschinen. Zum Beispiel baut er eine Mischtrommel, um Stroh mit Lehm und Wasser zu mischen. Dabei verwendet er altes, drei Meter langes Wellblech, das er in Velofelgen hinein nietet. Dadurch entsteht eine lange Trommel, die er über Keilriemenübersetzungen mit einem Elektromotor antreibt. Der *Self-made-Style* dieses Improvisationsgenies lässt mein Herz immer wieder höher schlagen.

Der eingeheizte Pizzaofen ist eine willkommene Ablenkung vom Warten auf meine Arbeitsbewilligung. Freunde von Garry sind mit ihren Kindern hier. Ich lerne neue Leute kennen und bin mittendrin. Ich beobachte das Spiel der Kinder. Sie brauchen keine Spielzeuge, um glücklich zu sein. Unbeschwert purzeln sie stundenlang den Abhang hinunter und haben es richtig lustig. Solange ich ihnen zuschaue, bin ich von jeglichen Gedanken befreit und lasse mich von ihrer Fröhlichkeit anstecken.

Garry und ich stehen in Gummistiefeln mit Pickel und Schaufel in der schlammigen Sickergrube und philosophieren über den Untergang der Menschheit. Seit Menschengedenken will der Mensch Sachen herausfinden, weiterkommen, ist neugierig und riskiert Neues, um sich weiterzuentwickeln. Wir finden, dass dieser Urtrieb im Menschen von heute je länger je mehr verkümmert, dass der Mensch verblödet und sich zurückentwickelt bis zum Untergang. Er richtet sich bequem ein und konsumiert, was man ihm anbietet. Er muss nur noch für Geld arbeiten, um zu überleben. In der Dienstleistungswelt kann man alles kaufen. Die vielseitigen Fähigkeiten, die ein Mensch eigentlich hat, stumpfen auf diese Weise ab.

Auch die Kommunikationsfähigkeit verkümmert. Konflikten geht man bequem aus dem Weg, indem man leider keinen Akku mehr hatte, oder eine Beziehung wird, ohne dem Gegenüber in die Augen zu schauen, per SMS beendet. Man sitzt nicht mehr gemeinsam an einen Tisch und sucht nach Lösungen. Nein, das Internet weiß alles.

Das wahre Leben beginnt doch dort, wo die Bequemlichkeit endet.

Wir lachen und schaufeln wieder Schlamm aus der Grube.

Doch Garry kommt noch mehr in den Sinn.

Zusätzlich verhindert das bequeme Konsumieren eine langfristige Freude. Wenn man etwas Defektes wegwirft und ersetzt, freut man sich im ersten Moment riesig über das neue Ding. Schon bald ist die Freude aber wieder verflogen. Etwas selbst Repariertes schenkt mir dauerhafte Freude und Dankbarkeit, wenn ich es noch lange im Einsatz haben kann. Es stärkt als netter Nebeneffekt das Selbstwertgefühl und fördert die Kreativität. Garry empfiehlt mir: »Riskiere etwas im Leben und sammle Erfahrungen! Mach einfach, es könnte gut werden! Wenn die

Menschheit nach unserer Number 8 Wire –Kultur leben würde, wäre vieles anders.«

In der sternenklaren Nacht erwache ich schlotternd. Plötzlich ist es so kalt, dass ich kaum mehr ein Auge zu bringe. Ich fülle eine PET-Flasche mit heißem Wasser und nehme sie unter die Decke. Am Morgen liegen zehn Zentimeter frischer Schnee auf meinem Bus. Es ist beeindruckend, wie schnell das Wetter ändert. In der darauffolgenden Nacht benutze ich die Rettungsfolie aus dem Erste-Hilfe-Set als zusätzliche Decke. Im Bus sind die Temperaturen so tief, dass sich das Kondenswasser meines Atems als Eisschicht auf die Einrichtung legt. Unter den warmen Decken schlafe ich trotzdem wunderbar. Der Winter scheint jetzt im Juni eingetroffen zu sein.

Wieder stehe ich mit Garry in der Sickergrube, als das Telefon klingelt. Schnell stelle ich die Schaufel hin und reibe meine schlammigen Hände an der Hose ab.

Die Sekretärin ruft an und verkündet mir die nächste Enttäuschung. Ein neuer Brief der Immigrationsbehörde ist eingetroffen. Seit der ersten Einsendung meines Arbeitsvisa-Antrags bekomme ich wöchentlich negativen Bescheid von der Sekretärin. Immer aufs Neue fehlen der Behörde weitere Unterlagen von mir, zum Beispiel übersetzte und beglaubigte Arbeitszeugnisse.

Zurück bei Garry in der Sickergrube, bemerkt er sofort meine Anspannung und meint, ich solle Feierabend machen. Ich gehe zum Bach in der Nähe. Am Ufer sitzend schaue und höre ich dem wunderbaren Wasser zu. Die harmonisch abwechselnden Geräusche und Bewegungen des Wassers haben für mich etwas Unendliches. Ich versuche, der Strömung meine negativen Gedanken zu übergeben.

Die kleinen Wellen tanzen in einem ausgeglichenen Spiel

regelmäßig auf und ab. Es ist die Realität einer Lebendigkeit der Natur. Das ständige Auf und Ab meiner Stimmung aber ist anstrengend und zermürbend. Ich werde wohl einseitig, die negative Spirale baut zunehmend an Kraft auf. Das ist es, was es mir schwer macht. Jeder kleine freudige Aufschwung, wie der Pizza-Abend oder die eingeheizte Badewanne, wird gleich von einem negativen Abschwung überdeckt und noch tiefer gezogen. Meine Realität gleicht zunehmend einer unkontrollierbaren Achterbahn. Die Ungewissheit macht mich bald wahnsinnig.

Um Abstand von allem zu kriegen, entscheide ich, ein paar Tage zu verreisen. Das Beste ist, in die Number 8 Wire – Kultur der Kiwis einzutauchen und zur Ablenkung wieder Neues zu entdecken. Am südlichen Ende der Insel, in Invercargill parke ich im Industriegebiet meine Black Pearl, um später zu übernachten. Das Zentrum der Stadt wirkt düster und verlassen. Viele Lokale sind geschlossen. Nur ein paar junge Freaks brausen mit ihren aufgemotzten alten Karren die Hauptstraße rauf und runter. Der Hayes & Sons Hardware Store hat zum Glück geöffnet. Der Werkzeugladen ist zugleich ein Museum über die Motorrad-Legende Burt Munro, der mich fasziniert, seit ich die Verfilmung seiner Lebensgeschichte *The World's Fastest Indian* gesehen habe. Der 1899 Geborene hat mit selbst umgebauten Motorrädern mehrere Rekorde aufgestellt.

Pfeifend fahre ich durch die Hügelregion dem Abendlicht entgegen. Auf dem Weg in die Catlins-Region träume ich davon, wie ich draußen in der Natur in einem Container-Haus wohne und alles baue, was mir in den Sinn kommt. Mit Wasserkraft produziere ich Strom. Mit Feuer betreibe ich eine Dampfanlage um verschiedene Geräte anzutreiben. Ich bin überzeugt, dass ich mit den Elementen Feuer und

Wasser meine Energiebedürfnisse decken kann. Inspiriert von neuen Entdeckungen und Begegnungen mit Menschen stelle ich mir meine eigene Buschwerkstatt vor. Werde ich sie je finden? Daheim im Bürostuhl hätte ich wohl kaum solche Fantasien entwickelt.

Dann höre ich vom härtesten Biker-Treffen auf der südlichen Hemisphäre, der *Brass Monkey Rally*. Der Name kommt von einer Redewendung, die sagt, es sei kalt genug, einem Messingaffen die Eier abzufrieren. Diesem Motto folgend, findet sie im kältesten Tal Neuseelands, in der übelsten Zeit des Jahres und fernab der Zivilisation statt.

Vor dem Festivalgelände suche ich einen Parkplatz. Am Eingang steht auf einem Schild: Eintritt nur mit Motorrad. Ach, darum sehe ich hier keine Autos. Hinter einem Absperrgitter parke ich die Black Pearl, nehme mein Motorrad, das zum Glück immer im Bus dabei ist, und fahre die 100 Meter zum Eingang. An der Kasse werde ich gefragt, woher ich angereist bin. »Ich bin aus der Schweiz«, erkläre ich und bezahle das Ticket. Als ich mein Zelt aufschlage, fühle ich mich wie in einer Filmszene. Biker trinken Bier neben brennenden Ölfässern. Beim Eindunkeln entzündet jemand ein Feuerinferno, das viertausend Besucher warmhält. Ich trau meinen Augen nicht. Der Haufen Baumstämme muss mit mehreren Lastwagen hier heraufgekarrt worden sein. Das Feuer ist bestimmt zwanzig auf vierzig Meter groß! Die Hitze ist brutal. Einige driften zum Spaß mit ihren Bikes im Schlamm, andere verschmelzen ihre Reifen mit *Burnouts*. Dazu spielt eine Hard Rock Band bekannte Klassiker. Um Mitternacht wird die Musik für die Preisverleihung unterbrochen. Ich stehe hinten am Feuer und höre von Weitem nur halb zu, bis plötzlich aus dem Lautsprecher mein Name tönt. Immer wieder werde ich gerufen und auf die Bühne gebeten! Der stämmige Rockertyp überreicht mir eine Trophäe, *The Furthest Ridden* heißt es darauf. Fassungslos stehe ich auf der Bühne. Die Leute applaudieren. Der Preis geht an den, der den weitesten Anreiseweg hatte. Ach, deswegen haben sie mich am Eingang gefragt, woher ich komme! Der Witz an der Sache ist, dass ich wohl der einzige bin hier, der mit dem Auto angereist ist und das Motorrad nur über die Straße gefahren hat! Jeder andere Besucher aus dem ganzen Land hat sich auf dem Weg die Eier weit mehr abgefroren als ich! Mir scheint, als sei in diesem Film, den ich gerade erlebe, jeder ein Bastler mit eigenen Ideen. Jeder menschliche und motorisierte Darsteller ist einzigartig.

Meine gute Stimmung, welche ich auf der abwechslungsreichen Rundtour angesammelt habe, ist leider zu schnell wieder im Eimer. Zum Wochenstart pünktlich zurück bei Garry, erwartet mich ein weiterer Anruf der Sekretärin. Dieses Mal fehlt auf der an die Immigrationsbehörde eingereichten Arbeitsvertragskopie das Lohnkonto.

Ich kann's nicht fassen und antworte der Sekretärin aufgewühlt: »Ach du heilige Immigration! Warum können uns die Behörden nicht gleich zu Beginn mitteilen, welche Informationen sie genau benötigen? Die Wintersaison hat bereits begonnen, ich sollte jetzt auf dem Berg an der Arbeit sein. Stattdessen verfließt die Zeit und ich komme nicht vom Fleck! Ich habe die Schnauze voll! Mit jeder weiteren Einsendung fehlt doch eh wieder ein anderes Dokument, die schieben auf diese Weise doch nur die Zeit heraus! Ich gebe auf und gehe wieder meinen eigenen Weg, das ist es doch was die von mir wollen! Ich bin Ausländer und beim Migrationsamt nicht willkommen!«

Die Sekretärin antwortet daraufhin nur: »Behalte die Geduld und warte ab, es wird schon klappen.«

Genervt lasse ich die Arbeit bei Garry wieder stehen, ziehe

mich um und mache mich auf zur nächsten Bank, damit die Sekretärin der Behörde schnellstmöglich ein Lohnkonto melden kann. Auf der Bank höre ich, ich müsse zuerst ein Arbeitsvisum vorweisen, um ein Lohnkonto zu eröffnen. Außerdem seien auch eine Wohnsitzbestätigung und eine Kopie des Führerausweises erforderlich. Völlig entsetzt gehe ich zu Garry, der mir handgeschrieben bestätigt, dass ich bei ihm wohne. Zurück in der Bank sfagt mir die Angestellte erst jetzt, dass die Stadtverwaltung das mit einem offiziellen Formular bestätigen muss und sie meinen Zettel nicht akzeptieren darf.

Hier wird mir so richtig bewusst, wie vernetzt und kontrolliert die Arbeits- und Geldwelt eigentlich ist. Der komplizierte administrativ Aufwand für zwei Monate Arbeit treibt mich fast in den Wahnsinn. Dazu kommt das ungewisse Warten auf weitere Entscheide der Behörde. Seit der Gips entfernt wurde, ist es in der schwierigen Situation das Einfachste, die Realität eines geduldigen Wartens durch Ablenkung zu verdrängen.

Die nächsten Wochen schnappte ich mir mehrmals Motorrad und Landkarte, um mich auf technisch anspruchsvollen Wegen im Gebirge herauszufordern. Das Überwinden von abgesperrten Zäunen und daraus entstandene Verirrungen bei früh eintreffender Dunkelheit, die Kälte, Schnee, Nebel und zum Teil sehr schlammigen Verhältnissen, bringen mich jeweils an die Grenzen des Möglichen zu dieser Jahreszeit.

Adrenalin ist meine beste Verdrängungsmedizin und schaltet, wenigstens für den Moment, alles andere aus. Jedes Mal, wenn ich erschöpft, müde und hungrig pünktlich zum Eindunkeln zurück beim Bus eintreffe, ergreift mich einerseits ein befreiendes Gefühl von Glückseligkeit, es geschafft zu haben.

Andererseits frage ich mich aber auch, warum ich mir das überhaupt antue. In dieser nervenaufreibenden Zeit suche ich Risiko und belaste meinen Körper zusätzlich. Warum?

Es ist wie eine Sucht. Ich spüre das Verlangen nach diesem befreienden Gefühlszustand je länger je mehr. Ich will nichts mehr anderes, als von der Realität des geduldigen Wartens einfach zu fliehen.

Auf Garrys Baustelle gibt es im Moment nichts weiter zu tun. Die letzten Tage verspüre ich Rückenweh. Ich weiß nicht, woher das kommt. Jeden Tag ist es ein wenig stärker geworden. Schmerzpflaster zeigen auch keine Wirkung mehr. Meine Stimmung wird durch den Schmerz nicht besser. Das einzige Rezept, das ich noch kenne, ist Adrenalin zur Verdrängung jeglicher Gefühle. Ich schreibe der Sekretärin eine Nachricht. »Will be right back if you tell me to come.«

Mit Motor- und Fahrrad fliehe ich erneut in die zum Teil verschneite Berglandschaft. Ich nehme mir fest vor, erst zurückzukommen, wenn ich den Job antreten kann. Ich warte nicht mehr länger. Trotzig suche ich alleine in der Natur fahrbare Wege und betreibe Zweirad-Geländesport, egal wie kalt es ist.

Mit neuem Kartenmaterial bin ich im Hopkins und Dobson Valley nahe Twizel. Die langen und steilen Täler führen bis zum höchsten Berg Neuseelands, dem Mount Cook mit 3724 Meter. In der Nacht schmerzt mein Rücken so sehr, dass ich kaum schlafe und nur mit Mühe aufstehen kann. Gehen ist schwierig, liegen unbequem und sitzen die Hölle. Bei jeder Bewegung sticht es im Kreuz. Was zum Teufel ist denn jetzt los?

In meinem Trotz gefangen entscheide ich, das Motorrad trotzdem aus dem Bus zu laden. Die Sonne scheint so prächtig und der Berg Ben Ohau lockt mit einem Weg nach oben. Schon das Abladen ist unglaublich mühsam, trotzdem hieve ich die sich ungewohnt schwer anfühlende 450er-Enduro langsam aus dem Bus. Die Cross-Stiefel kann ich nur mit Müh und Not anziehen.

Auch wenn ich mich frage, warum ich das tue, fahre ich los. Gleich zu Beginn ist eine leicht technische Passage zu überwinden. Hochkonzentriert und sehr vorsichtig fahre ich sicher hindurch. Erstaunlicherweise ist ab dem Zeitpunkt, als ich vollen Fokus auf die Passage lege, der Schmerz für einen Augenblick weg. Ich lache im Helm über meine neue Schmerztherapie, die aber leider auch nicht langfristig wirkt.

Trotzdem lohnt sich die sechzehn Kilometer lange Rundtour wegen der Aussicht. Auf dem Gipfel akzeptiere ich meine zitternden Beine und den Schmerz und genieße einen Moment lang das Erfolgserlebnis. Zurück im Bus geht alles nur noch in Zeitlupentempo. Das Ausziehen der Protektoren, das Verstauen der Enduro und das Kochen des Nachtessens.

Auf der Schmerzskala von eins bis zehn bin ich in diesem Moment bei neun. Mein ganzer Körper ist verkrampft, das Atmen fällt mir schwer. Ganz alleine liege ich im Bus am Fuß des Mount Cook-Gebirges, weit hinten im Tal. Am liebsten würde ich sterben. Mitten in der Nacht suche ich verzweifelt meine alten Schmerztabletten, die ich sehr selten benutze. Acht Stück finde ich und schlucke gleich vier davon. Einen Spaziergang später schlucke ich zwei weitere, fülle eine Bettflasche, die vorher ein Spielzeug von Garrys Hund war, und finde endlich ein wenig Schlaf. Auch am Morgen bin ich noch nicht schlauer, woher dieser Schmerz kommt. Ich finde keine Erklärung wie falsches Heben oder ungeschickte Bewegungen. Nein, der Schmerz kam schleichend und wurde von Tag zu Tag stärker.

Beim Frühstück entscheide ich, diese Übung abzubrechen. Ich muss in Twizel Schmerztabletten besorgen und fahre spontan weiter Richtung Christchurch, um meine Gastfamilie zu besuchen. Autofahren geht erstaunlich gut und unterwegs sein tut gut.

Während der Fahrt frage ich mich, ob mein Schmerz vielleicht seinen Ursprung im verkrampften Streben nach meinem fixen Plan hat. Ich muss lernen, Ziele gelassener anzugehen. Es läuft nie so, wie es sich mein Verstand ausmalt. Ich muss lernen, auch Umwege zu akzeptieren.

In der Geborgenheit bei der Gastfamilie genieße ich die Gespräche, das Essen und das warme Bett. Ich bin dankbar, mich in der warmen Stube erholen zu können. Es ist ein Gefühl des Heimkommens. Hier in der vertrauten Umgebung entspanne ich mich.

Soviel steht fest: Adrenalinmedizin ist keine langfristige Lösung für mich. Der Rücken erholt sich bereits nach einem Tag. Als wäre der zermürbende Schmerz nie dagewesen. Ich entscheide, wieder in die Berge zu fahren, um zu lernen, ohne Action und Ablenkung mit mir alleine zu sein. Dieses Mal gehe ich es gelassen an. Auf gemütlichen Tageswanderungen beobachte ich Vögel am Himmel, bestaune die Landschaft und spüre die Ruhe der Natur. Ich verbringe hier vier entspannte und sehr zufriedene Tage ohne Schmerzen.

Zurück in der Zivilisation in Twizel schalte ich mein Handy ein. Ohne Empfang war ich all die Tage viel entspannter als jetzt gerade. Das Handy sucht ein Signal. Plötzlich vibriert es. Eine Sprachnachricht von der Sekretärin! Das Arbeitsvisum liegt bei ihr auf dem Tisch!

Ein neuer Alltag beginnt.

Offiziell bin ich nun als Maschinist bei einer Firma angestellt, die Teststrecken aus Eis und Schnee für Autohersteller präpariert. Oben auf dem Berg angekommen erklärt die Sekretärin den Tagesablauf des zweischichtigen 24-Stunden-Betriebes. Ich bekomme Arbeitskleidung und ein Schlafzimmer. Sie fordert mich auf, jetzt zu schlafen. Mein Rhythmus muss umgestellt werden. Es ist gerade mal zehn Uhr. Am Nachmittag um fünf beginnt die Nachtschicht mit meinen neuen Kumpels von der Ice Crew.

Mein Vorgesetzter und ich entfernen uns von der Lodge und fahren mit dem Land Cruiser im Schneegestöber in die Hügel, bis plötzlich vier Leute auf einer riesigen Schneefläche auftauchen: mein neues Team. Jetzt stehe ich also mit Schaufel und Pickel in der Hand bei meinen neuen Kameraden. Neuankömmlinge müssten zuerst das Handwerk lernen, erklären sie mir.

Wir pickeln die zweihundert Meter lange Asphaltpiste vom windgepressten Schnee und Eis frei. Völlig verschwitzt am Ende angelangt, schaue ich zurück und sehe eine bereits wieder zugeschneite Strecke. Es scheint, als hätten wir viel körperlich anstrengende Arbeit vor uns. Dabei dachte ich, ich sei als Maschinist hier und bin über den Lockvogel erstmal enttäuscht.

Um 19.30 Uhr gibt es Mittagsessen. Ich verschlinge gewaltige Portionen und bin immer der Letzte. Nach Mitternacht ist das

Nachtessen meist eine heiße Suppe mit viel Zubehör. In der Regel endet unser Arbeitstag um fünf Uhr früh. Fast täglich wird es hell, bis wir zu Bett gehen. Ich bin körperlich so müde, dass ich trotz strahlenden Sonnenscheins in tiefen Schlaf falle. Schnell gewöhne ich mich daran, in der Nacht aktiv zu sein. Körperliche Arbeit und konstante Bewegung tun mir gut. Bereits nach wenigen Tagen merke ich, dass ich kräftiger werde und mich fit fühle.

Meistens arbeiten wir an einen Meter breiten Eisbahnen mit angrenzendem Asphaltstreifen, die am Hang liegen und für Traktionstests der Autos dienen. Wir produzieren tonnenweise Eis auf Backblechen. Ein ganzer Schiffscontainer ist zusätzlich mit Eiswürfel-Säcken gefüllt. Mit dem Land Cruiser bringen wir die Ware zu den weit verteilten Anlagen. Wir schaufeln das Eis in leere Metallrahmen am Hang. Anschließend fahren wir etliche Male mit dem Auto darüber, um es zu komprimieren. Mit viel Wasser, das wir in Kanistern hierherschleppen, tränken wir das Eis, bis sich die einzelnen Stücke zu einer Fläche am Hang verbinden. Dann hobeln wir von Hand mit einem schweren, messerscharfen Eisen Unebenheiten ab. Mit dem Gasbrenner schmelzen wir die Oberfläche nochmal an und streichen mit einem Gummischaber das entstandene Wasser in die Vertiefungen. So entsteht eine spiegelglatte, zehn Zentimeter dicke Eisfläche am Hang.

Wir tragen einen Monat lang tonnenweise Eiswürfel und Wasser im Gelände umher. Dabei rutschen wir mit vollen Händen öfters aus und kommen uns vor wie die Sklaven der Nacht. Wir können keine Arbeit zu Ende bringen, bereits vorher schickt man uns zur nächsten Baustelle. Chaos herrscht. Die Kunden warten und die gesamte Anlage sollte in Betrieb sein. Wir ärgern uns über die Vorgesetzten, die sich nicht einig sind, welche Prioritäten man im Kampf mit dem Wetter setzen soll. Die Stimmung im Team wird sehr angespannt. Alle gefühlten fünf Minuten ändert unser Auftrag. Zum Teil kommt es vor, dass wir kaum auf einer Baustelle angelangt sind, wenn wir per Funk bereits zur nächsten kommandiert werden.

Eines Nachts beginne ich in diesem chaotischen Stress zu singen. Meine Kumpels lassen sich bald anstecken. Gemeinsam verbringen wir singend nervenaufreibende Momente. Unsere Top Songs sind *Don't Worry, Be Happy* oder *I don't care – I love it*. Wenn es auf den Morgen zugeht, labern wir vor lauter Müdigkeit oft nur noch Stumpfsinn. Dann ist die Zeit jeweils reif, viel Schokolade zu verschlingen, um bis zum Feierabend durchzuhalten. Einmal nützt bei einem Kumpel auch die Schokolade nichts mehr. Ich sehe, dass er sich nicht mehr von der Stelle rührt. Er ist auf die Schaufel gestützt im Stehen eingeschlafen. Er entschuldigt sich und erzählt, warum er so müde ist. Tagsüber arbeitet seine Frau und er passt auf das fünf Monate alte Kind auf. Wenn sie Feierabend hat, macht er sich meist ohne Schlaf auf zur Arbeit. Sie sind aus finanziellen Gründen auf zwei Jobs angewiesen.

Seit ich tagsüber auf dem Berg schlafe, träume ich alte Geschichten aus meinem Leben, die plötzlich wieder sehr präsent sind. Einmal wohne ich im Traum mit meiner Großmutter zusammen, passe auf sie auf und erledige den Haushalt. Die Wirklichkeit war genau umgekehrt. Sie hat sich früher oft um mich und meinen Bruder gekümmert. Der Traum beschäftigt mich. Beim Frühstück kommt mir ein Gedanke: Wenn sie ihren Haushalt nicht mehr alleine meistern kann und auf Unterstützung angewiesen ist, wäre das ein Grund für mich, nach Hause zu gehen, und mich um sie zu kümmern wie sie es früher für mich tat. Bestimmt könnte ich von ihr noch viel lernen. Das wäre sinnvoller als Eis pickeln am anderen Ende der Welt.

Der Gedanke lässt mich nicht los. Einige Tage später rufe ich Großmutter an und erzähle ihr von meiner Idee. Natür-

lich reagiert sie überrascht, freut sich aber auch sehr. Ich hoffe
nur, dass sie mich nicht falsch verstanden hat und schon bald
Zuhause erwartet. Sie ist zurzeit noch richtig fit mit ihren 88
Jahren.

Seit vier Tagen stürmt es. Es ist zu warm, und all unsere Arbeit
schmilzt davon. Die Arbeit steht still, wir können keine Eisbahnen produzieren, wenn es über null Grad ist. Aus den Eis-
feldern, die grösser als Hockeyfelder waren, entstehen schnell
Schlammfelder. Das Wetter ist auf der Insel sehr wechselhaft.
Nach dem Sturm sinkt die die Temperatur wieder und es beginnt zu schneien.

Nach wenigen Stunden liegen zwanzig Zentimeter Neuschnee. Jetzt beginnt in Blitzeseile der Neuaufbau unserer
Eisbahnen. Einige können wir reparieren, bei vielen fangen
wir aber nochmal ganz von vorne an. Alles sollte bereits fertig
sein, der Kunde ist hier und will seine Autos testen.

In der zweiten Saisonhälfte ist nur noch ein Teil der Anlage
geöffnet und somit reist ein Großteil der Belegschaft wieder
ab. Unsere Ice Crew wird aufgelöst.

Jetzt lerne ich den maschinellen Pistenbau kennen. Mit einem
25-Tonnen-Pneulader ziehe ich einen zehn Tonnen-Gewichts-
anhänger und walze nächtelang den Schnee auf den Teststrecken zusammen oder unterhalte die Eisflächen mit einer Maschine, wie man sie aus dem Hockeystadion kennt.

Meist geht jetzt alles geregelter vonstatten als bisher in der
Ice Crew. Das Team besteht jetzt aus der Maschine und mir.
Es gefällt mir, in der geheizten Kabine mit Musik durch die
Dunkelheit zu fahren. Brenzlig wird es nur, wenn ein nächster
Schneesturm über den Berg hinweg bläst. Ich fahre gerade
einen 10'000-Liter-Tanklastwagen mit Wasser auf ein Eisfeld.
Ich bin auf einer kurvigen Bergstraße unterwegs, der Allrad-

antrieb ist im Schnee konstant eingeschaltet. Auf einmal beginnt es heftig zu schneien, und ich verliere die Orientierung. Ich muss anhalten und das Ende des Sturms abwarten. Es ist zu gefährlich, mit zehn Tonnen Wasser auf verschneiten Straßen am Hang zu fahren, wenn ich nichts sehen kann. Es sind früher bereits Fahrzeuge vom Weg abgekommen und ins Tal abgestürzt. Wenn ich warte, frieren aber die Wasserdüsen ein. Als der Sturm sich beruhigt, fließt tatsächlich kein Wasser mehr aus dem Spritzbalken und so muss ich zurück ins Lager, um die Leitungen mit dem Gasbrenner aufzutauen.

In der Halle sehe ich meine Kameraden Bier trinken. Keiner arbeitet mehr, weil in dieser Nacht noch weitere Stürme erwartet werden. Also parke ich den Truck und geselle mich zu ihnen. Einen wirklich ungewöhnlicher Arbeitsort habe ich gefunden. Eigentlich genau so, wie ich es mir ursprünglich gewünscht habe. Zwei Monate ununterbrochen auf dem Berg hatte ich keine Möglichkeit, auch nur einen Cent auszugeben.

Ich habe Geld gespart und kann jetzt eine Weile davon leben und das tun, was mir wirklich Spaß macht. Unter endlosem Sternenhimmel, in starken Schneestürmen oder im hellen Licht des Mondes zu arbeiten, ist ein faszinierendes Erlebnis, das auf einmal vorbei ist. Vier Monate musste ich warten, und jetzt ist die zweimonatige Arbeitszeit bereits vorbei. Nach der Nachtarbeit im Eis fühlt sich das Tageslicht im frühlingshaften Tal seltsam an.

Kraftvolle Wünsche

Von September bis Dezember kann ich jetzt noch mit dem Touristenvisum in Neuseeland bleiben. Ich weiß nicht, wie es danach weitergehen soll. Wohin führt mein Weg? Ursprünglich habe ich mit dem Gedanken gespielt, nach Neuseeland auszuwandern. Darum habe ich jetzt auch 460 Kilogramm meines Hab und Guts dabei. Die ersten Erfahrungen zeigen, dass es nicht so einfach wie gedacht ist, hier auf dieser wunderschönen Insel Wurzeln zu schlagen. Möchte ein Einwanderer sich niederlassen, gilt es, finanzielle und wirtschaftliche Anforderungen zu erfüllen, bevor man eine Aufenthaltsbewilligung bekommt. Hier Fuß zu fassen scheint mir als eine große Herausforderung mit vielen Verpflichtungen. Im Moment fehlt mir die Motivation für weitere Hürden, die es im Bewilligungspapier-Salat zu überwinden gibt. Was mich interessiert, ist mein persönliches Zuhause, egal wo auf der Welt. Ich möchte mich in meiner Haut zufrieden und daheim fühlen.

Zurück bei Garry, der inzwischen stolzer Vater geworden ist, lade ich mein Hab und Gut in den Bus und verabschiede mich nach dem letzten gemeinsamen Nachtessen. Hinter mir die geschlossene Eingangstür, realisiere ich in der Kälte draußen, dass für uns beide ein neuer Lebensabschnitt beginnt. Garrys nahe Zukunft als junger Vater ist gewiss. Im Gegensatz zu meiner, denn im Moment weiß ich nicht so genau, was vor mir liegt. Im Dunkeln breche ich auf in Richtung der kleineren Skigebiete im Norden. Es liegt noch Schnee, die Anlagen sind die letzten Tage der Saison geöffnet. Ich freue mich, morgen früh auf den Skier zu stehen und ein neues Gebiet zu erkunden.

Es ist bereits Mitternacht. Ich fahre im Mondlicht auf einem Schottersträßchen in den Wald, in der Hoffnung auf einen schönen Schlafplatz. Nach wenigen Metern liegt eine Waldlichtung im Mondschein vor mir. Ich kann mir keinen perfekteren Platz für heute Nacht vorstellen.

Im Bett entdecke ich das Buch Siddharta auf dem Stapel und nehme es nach langer Zeit wieder in die Hand. »Dein Weg ist dein Ziel«, steht im handschriftlichen Gruß meines Freundes auf der ersten Seite. Sind mit dem Ziel die persönlichen Erfahrungen meines Weges gemeint? Nach den Erfahrungen der letzten sechs Monate weiß ich jetzt zumindest, dass ich nicht hierher auswandern werde.

Aber was will ich überhaupt und an welches Ziel soll mein Weg mich führen? Mit dieser Frage liege ich auf der einsamen Waldlichtung im Bett und wälze mich noch lange von der einen auf die andere Seite. Ich sollte meine Zukunft planen, meine verbleibende Zeit auf der Insel wird täglich kürzer. Eine Planung ist aber unmöglich, solange ich nicht weiß, wohin es mich als nächstes zieht. Das beschert mir trotz der Idylle eine sehr unruhige Nacht. Am folgenden Morgen weiß ich nur eines: Jetzt werde ich erstmal den Moment genießen und Ski fahren.

Nach zwei frühlingshaften Skitagen im Skigebiet Ohau verlasse ich meine private Waldlichtung. Im Thermalbad von Twizel gehe ich wieder mal duschen und weiche mich im angenehm warmen Wasser auf. Es herrscht eine wunderbar ruhige Stimmung. Im Sprudelbad schließe ich meine Augen und entspanne mich.

Plötzlich verspüre ich eine gewisse Schwerelosigkeit im Wasser. Es ist, als sei ich im Traum eingeschlafen und flöge nun davon in eine grenzenlose Leere. Einen kurzen Moment fühlt sich dies toll an. Aber plötzlich schrecke ich auf, mein Verstand meldet mir Angst vor der Ungewissheit.

Ich stehe ja tatsächlich voll im Leeren und weiß nicht, was ich nach der verbleibenden Zeit tun soll. Zurzeit wäre ich am liebsten, ohne zu denken, so weit weg von allem wie nur möglich, am besten wieder zurück in dieser unendlichen Schwerelosigkeit. Aber eben, jetzt denke ich wieder nach.

Eigentlich will ich arbeiten, um davon zu leben und nicht leben, um zu arbeiten. Seit ich in Neuseeland bin, renne ich ständig der Arbeit nach. Und sobald der Gips entfernt wurde, fiel ich sofort in meine alten Muster zurück und suchte im Sport wieder meine Leistungsgrenze, ohne begriffen zu haben, warum ich zur Ruhe gezwungen wurde. Ich bin also noch immer derselbe, der nur mit Gewalt zur Ruhe gebracht wird. Wie kann ich nur eine innere Ruhe kennenlernen? Das sollte doch auch ohne Gips gehen!

Zurück im Dorf besorge ich Proviant, um in den nächsten Tagen am Arthurs's Pass weitere Skigebiete kennenzulernen und in der Natur zu campieren. Ich verlasse Twizel. An der Hauptstraße sehe ich ein Internet-Café und habe sofort Lust anzuhalten und nachzuschauen, ob mir jemand geschrieben hat. Tatsächlich, unter einigen Spam-Mitteilungen steckt eine Nachricht von Roger, einem Motocross-Freund und ehemaligen Arbeitskollegen aus den USA. Ich freue mich, von ihm nach langer Funkstille eine Nachricht zu erhalten.

Er schreibt mir, er stecke aktuell in einer Scheidung und einem Prozess um das Sorgerecht für sein Kind. Sein Leben steht auf dem Kopf. Er sieht keinen Ausweg, weiß nicht mehr was tun und möchte am liebsten so weit weg wie möglich, so wie ich es zurzeit tue. Am besten, so schreibt er, fahren wir gemeinsam mit unseren Motorrädern in die grenzenlose Freiheit bis ans Ende der Welt im Süden Amerikas. Er sehnt sich danach, frei umherzuziehen und könnte sich vorstellen, anfangs nächsten Jahres, wenn der Rechtsstreit vorüber ist, mit einem Mietmotorrad Zeit mit mir in der Freiheit von Patagonien zu verbringen.

Mich treffen seine Worte zutiefst. Von der anderen Seite der Erde lese ich diese Nachricht genau heute, nachdem ich im

Sprudelbad dieses eigenartige Gefühl der Schwerelosigkeit erlebt habe und mich danach gefragt habe, wie ich wohl dieses unendliche Freiheitsgefühl wiederfinden kann. Ich schreibe ihm mein Beileid zur Scheidung mit der Anmerkung, dass ich genau heute auch an das Thema Freiheit gedacht habe, dabei nur nicht weiß, was ich eigentlich als nächstes tun soll. »Deine Idee, eine gemeinsame Zeit in der Freiheit auf Motorrädern zu verbringen gefällt mir auf Anhieb, da bin ich sowieso dabei.« Ohne weiter zu überlegen schicke ich die kurze Nachricht ab, logge mich aus und verlasse das Café. Auf der Weiterfahrt Richtung Norden frage ich mich, ob ich soeben unbewusst spontan eine Entscheidung getroffen habe und ob das bereits ein konkreter Plan ist.

Roger denkt wohl, ich sei ein freier Mensch, seit ich in der Welt umherziehe. In Bezug auf die Bewegungsfreiheit mag das wohl stimmen. Was er jedoch nicht wissen kann, sind meine Erfahrungen der letzten Monate in der sogenannten Freiheit. Verkrampft und ungeduldig einem Ziel hinterherzurennen, empfinde ich als alles andere als Freiheit. Ich suche noch immer nach Lösungen, um einen Plan zu realisieren. Von wirklicher Freiheit bin ich weit entfernt. Ich habe das Gefühl, dass ich zuerst meine innere Ruhe finden muss. Nur dann kann ich freier werden. Nur weiß ich nicht, wie ich dies erreichen soll. Es erscheint mir unmöglich.

Denn im Handumdrehen kreieren meine Gedanken bereits Vorstellungen darüber, wie ich die Weiterreise vorbereite. Mit dem, was ich habe, gehe ich weiter und mache das Beste daraus. Wie könnte ich also mein Geländesport-Motorrad zu einem Reise-Motorrad umbauen? Der Sattel muss tiefer liegen. Ein größerer Benzintank, Zentralständer, Gepäckhalterung und vieles mehr gehen mir bereits durch den Kopf. Dabei weiß ich nicht einmal, ob Roger es wirklich ernst meint oder ob er in seiner derzeitigen schwierigen Familiensituation nur von der Reise träumt.

Plötzlich kommt mir meine Angelrute in den Sinn. Die darf nicht fehlen, meine jetzige bräuchte jedoch zu viel Platz. Ich stelle mir eine zusammensteckbare vor, die ich am Gepäck aufschnallen kann. Wo soll ich mich bloß für die Weiterreise vorbereiten? Ich weiß eigentlich gar nichts. Es sind alles nur Vorstellungen und Wünsche. Ich stelle mir eine Lagerhalle vor, in der ich wohnen und mich an einem trockenen Ort auf die neuen Abenteuer vorbereiten kann.

Die Vorstellung, Roger am südlichen Ende der amerikanischen Welt zu treffen, begleitet mich in Gedanken im neuseeländischen Gebirge und weckt Wünsche. Selbst kreierte Hirngespinste, die nur Luft sind, aber so dicke, sodass ich nicht schlafen kann. Einmal mehr liege ich hellwach in meinem Bus in der freien Natur. Falls ich direkt von Neuseeland nach Chile reise, bin ich etwa drei Monate früher als Roger da. Was soll ich in der Zwischenzeit unternehmen? Ein neuer Gedanke lässt mich wieder aufstehen. Es ist drei Uhr. Ich schalte das Licht ein und suche meine Inserate-Sammlung.

Noch zuhause in der Schweiz habe ich aus Reisemagazinen Inserate aus aller Welt ausgeschnitten und eingepackt. Vor mehr als fünf Jahren wurde eine Praktikumsstelle im Tourismusbereich in Chile ausgeschrieben. Ein Praktikum interessiert mich zwar weniger, aber mal sehen, ob sie vielleicht sonst eine Einsatzmöglichkeit für mich als Allrounder sehen. So hätte ich erstmal eine Basis bis Roger eintrifft. Beruhigt, das Inserat gefunden zu haben, lege ich es zur Seite und verkrieche mich wieder unter die warme Decke.

Es ist für mich ein unglaubliches Phänomen, wie die verzweifelte E-Mail eines Freundes in meinen Gedanken bereits konkrete Vorstellungen entstehen lässt. Sind es die Inputs anderer Menschen, die meine Reise bestimmen?

Nach der Schließung der Skiliftanlagen Ende September ist für mich die Wintersaison endgültig zu Ende. Ich verspüre das Verlangen, bald Gewissheit zu bekommen, was nach der Zeit in Neuseeland konkret passieren soll. Ich verlasse die schöne Natur für eine Weile und kehre zu meiner ehemaligen Gastfamilie in Christchurch zurück. Da steht meine Holzkiste, die ich hoffentlich bald wieder für den Weitertransport einsetze. In meinem Zimmer sitze ich nun wieder am Tisch, wie nach meiner Ankunft. Damals verbrachte ich Stunden mit einer wirren Suche nach Stelleninseraten und mit dem Schreiben von Bewerbungen, ohne je eine Rückmeldung zu bekommen. Nach sechs Monaten sitze ich wieder am gleichen Ort und in einer ähnlichen Situation am Computer, jedoch schicke ich nur eine einzige E-Mail nach Chile.

Und siehe da! Bereits zwei Stunden später erhalte ich eine Antwort. Die Person schreibt: »Du meldest dich genau zur richtigen Zeit, wir sind am Fertigstellen einer Lodge, welche vor Weihnachten bezugsbereit sein muss! Ich wäre dir dankbar, wenn du so schnell wie möglich kommen könntest!«

Gibt es nun Zufälle oder nicht? Mitten in der Nacht suchte ich im Wald ein über fünfjähriges Praktikumsinserat. Jetzt habe ich urplötzlich einen Startplan für Chile! Überzeugt, ein weiteres Puzzleteil von meinem Weg zu kennen, buche ich gleich das nächste Flugticket – ohne Roger vorher zu informieren. In wenigen Tagen schon ist der Transport vom Motorrad und mir nach Chile organisiert. Das restliche Material schicke ich zurück in die Schweiz zu meiner Familie. Dass ich so schnell ein Flugticket besitze, hätte ich mir beim Skifahren und abends alleine rumträumen im Wald nicht vorstellen können.

Jetzt packe ich die schwere Holzkiste aufs Dach, verabschiede mich erneut von meiner Gastfamilie und breche mit völlig überladenem Bus gelassener als zuvor in Richtung Auckland auf, von wo aus meine Luftfracht fliegen wird.

Nach der Ankunft mit der Fähre in der Hafenstadt Wellington verlasse ich sie gleich wieder, um außerhalb einen geeigneten Übernachtungsort zu finden. Im Wald sehe ich plötzlich einen Haufen Material. Autobatterien, Blattfedern und Stoßdämpfer, die einfach in der Natur entsorgt wurden. Ich steige aus und schaue, was da alles herumliegt. Da entdecke ich zwei alte Fischerruten! Schon bald ist klar, dass ich aus zwei alten eine neue fertigen kann, die ich gut mit dem Motorrad mitnehmen kann. Im Bus mache ich mich gleich an die Arbeit. Was für ein Fest! Ein kleiner Wunsch geht gerade unerwartet mit im Wald gefundenem Abfall in Erfüllung, ohne dass ich mich bemühen oder etwas kaufen musste.

Ich wünsche, ich könnte alle meine bevorstehenden Themen der freien Natur überlassen. Wo baue ich das Motorrad im Trockenen um? Brauche ich eine Adresse, um den Bus zu verkaufen? Wie transportiere ich meine Fracht zum Flughafen? Klar, eine Lagerhalle in der Stadt wäre perfekt in allen Belangen. Geschieht es nicht von selbst, improvisiere ich auf einem Campingplatz möglichst in der Nähe des Flughafens. Es gibt immer eine Lösung. Vielleicht ist es besser, einfach nicht darüber nachzudenken! Ich lache und stelle meine Partymusik im Bus ein wenig lauter.

Am East Cape, dem östlichsten Punkt der Insel hat der Tag die größte Kraft. Dieser Fleck Erde ist der erste, auf den nach der Datumsgrenze das Licht des neuen Tages fällt. Es ist ein prächtiger Tag und angenehm warm. Ich stehe mit Kaffee vor meinem Bus, schaue aufs offene Meer und genieße die frische Kraft des neuen Tages. Der erste seit drei Tagen ohne Wind und Regen. Hier im Küstengebirge mit sattgrünen Wiesen und kilometerlangen Sandstränden fühle ich mich in einer anderen Welt. Die Region scheint mir sehr dünn besiedelt.

Im Dorf Te Araroa sehe ich eine auffällige, farbig angemalte Unterkunft und trete in das schöne Haus ein. Ich werde von einem neugierigen Maori-Mädchen herzlich empfangen. Sie sagt mir stolz, dass sie bereits vier Jahre alt ist und beginnt sofort ohne Berührungsängste mit mir zu spielen. Ein Mädchen voller Energie. Eine so außergewöhnliche Fröhlichkeit habe ich noch nie bei einem so jungen Menschen gesehen. Die Stimmung scheint mir in diesem Haus einzigartig zu sein.

Der Großvater des kleinen Mädchens, ein ehemaliger Lehrer für Maori-Geschichte und Recht, ein magerer, kleiner Krauskopf mit einer am Augenrand tätowierten Wasserperle, erzählt mir am Abend im Wohnzimmer spannendes aus ihrer Kultur. »Du bist hier im Kerngebiet der Maori-Kultur. Hier kamen wir vor etwa tausend Jahren mit unseren schlanken Kanus von irgendwoher im Pazifik an.«

Die Region ist bekannt für einen der größten Stämme Neuseelands. »Wir sind bis heute ein reines Maori-Dorf geblieben«, erklärt er mir stolz. Er zeigt mir das Maori-Gesetz und erklärt mir die Vereinbarungen mit dem Commonwealth. Ich verstehe nicht viel davon, es ist jedoch sehr spannend, seine Ansicht zu hören. Was mich zutiefst beeindruckt ist eine seiner Aussagen: »Der größte Unterschied in den Gesetzen ist, dass Maoris nichts besitzen. Landesbesitz nach unserem Begriff grenzt die Fremden nicht aus, sondern bezieht sie alle mit ein. Wir können das Land nicht verkaufen, weil wir es nicht besitzen. Wir haben nur die Ehre, es zu bewohnen und zu pflegen. Die besitzergreifenden Engländer hatten damals Mühe damit, sich mit uns zum Thema Landbesitz vertraglich zu einigen. Unser Grundsatz ist ein Zusammenspiel der Elemente. Ein Kreislauf.« Er nimmt ein wunderschön geschnitztes Amulett in die Hand und erklärt mir seine Bedeutung. »Das Leben entsteht nur mit Wasser, mit Sonne und Erde kann es gedeihen, die Samen werden vom Wind verweht und pflanzen sich wieder fort. Dem Land tragen wir Sorge und pflegen es, als wäre es unser eigenes Kind. Ein Kind verkauft man ja auch nicht«, lacht er. »Wir sind im Ursprung alle eins und bestehen zum größten Teil aus Wasser, alle aus demselben.«

Der Kreislauf eines elementaren Zusammenspiels mit allem im Leben begeistert mich. Das symbolträchtige Amulett gefällt mir. Gerne hätte ich so eines bei mir, um mich stets an die weisen Worte dieses alten Mannes zu erinnern.

Ich fahre zur nahegelegenen Hicks Bay Pier. Ich möchte die selbstgebaute Rute testen. Nach wenigen Minuten kommt die Polizei. »Schon was gefangen? Und ist das dein Bus?«, fragt er mich. Daraufhin geht er wieder weg. Ich fühle mich beobachtet. Es gibt Pasta ohne Fisch an diesem Abend. Während des Nachtessens merke ich plötzlich, dass ich umherschaue, als wäre ich auf der Flucht. Als freier Reisender bin ich anders als die anderen und werde anscheinend beobachtet. Mir wird bewusst, dass ich meine Übernachtungsplätze sowieso schon immer so suche, dass sie versteckt liegen und ich nicht auffalle. Falle ich durch mein zurückhaltendes Verhalten erst recht auf?

Am nächsten Tag, zurück im Dorf, weiß ich nicht, was ich eigentlich hier tun soll. Trotzdem parke ich den Bus und schlendere durch ein Wohnquartier, als würde ich hier wohnen. Da vorne ist ein Garage Sale, jemand verkauft seine privaten Sachen. Ich brauche nichts, schaue mich jedoch auf Flohmärkten immer gerne um. Lustigerweise sticht mir schnell ein Maori-Amulett ins Auge, welches das Zusammenspiel der Elemente verkörpert. Es sieht dem, das der weise alte Mann mir vor wenigen Tagen erklärt hat, zum Verwechseln ähnlich! Da kann ich nicht widerstehen und kaufe den Talisman.

Als nächstes stehen Trail Rides auf meinem Programm. Meine Reiseroute führt mich von einer Tannenwald-Plantage zur nächsten. Wöchentlich finden Enduro-Veranstaltungen von verschiedenen Moto-Clubs auf der gesamten Nordinsel statt. Es ist ein Paradies für Geländesport. Ich fahre bei mehreren Events mit – nicht wegen der Leistung, sondern wegen der spannenden Begegnungen mit Gleichgesinnten.

Nach langer Suche im Matahina Forest stehe ich jetzt am Eingang des Forstamtes. Das heutige Training findet auf einer hundert Kilometer langen Strecke auf Forstwegen statt. Es ist Mittwochnachmittag, es sind etwa dreißig Leute im Fahrerlager versammelt, darunter auch Kinder mit ihren Vätern. Neben mir parkt ein netter Maori-Vater mit seinem Sohn. Wir fahren eine Runde gemeinsam. Bei Wurst und Bier lerne ich anschließend einige Club-Mitglieder kennen. Der Organisator des heutigen Tages lädt mich zu einer heißen Dusche und einem warmen Bett bei sich zuhause ein. Ein lustiger Kerl.

Im Wohnzimmer hat er ein sieben Tage altes Schaf. Die Mutter ist gestorben und seither kümmert er sich um das Lämmchen. Neugierig folgt es uns auf Schritt und Tritt. Beim Reifenwechsel am nächsten Morgen kommt es so nahe, dass ich ihm beinahe die Reifenmontagehebel an den Kopf schlage, als ich von der Felge abrutsche. Wenn ich auf dem Stuhl sitze, kommt es zwischen meine Beine und will an mir saugen. Daraufhin gibt mir Greg den Schoppen mit warmer Milch. »Es hat halt ständig Hunger«, meint er lachend.

Die Begegnungen im Fahrerlager mit einheimischen Menschen ist das Schönste an den Veranstaltungen. Durch dasselbe Hobby entsteht eine Verbindung, die mich als Fremder automatisch zu einem Teil von ihnen werden lässt.

Die Zeit der kleinen Wege durch die grünen Wälder ist Geschichte. Im dichten Abendverkehr von Auckland stehe ich seit Minuten regungslos im Stau. Auf der anderen Seite der Stadt soll sich ein einigermaßen zentral gelegener Campingplatz befinden. Da werde ich mich noch heute einrichten und mit dem Motorrad-Umbau und dem Verkauf des Busses beginnen.

Zum Fenster hinausschauend bin ich in Gedanken bei den Eisbahnen. Ach, wie mühsam haben wir sie auf dem Berg errichtet und innert Kürze ist uns durch zu warmes Wetter wieder alles davon geschmolzen. Was macht wohl Joe, mein ehemaliger Teamkollege? Wohnt er nicht in der Region von Auckland? Vom ehemaligen Chef bekomme ich sofort seine Nummer. Mal sehen, ob er für ein Überraschungsbesuch zu haben ist.

Er steckt in einer Menschenmenge. Ich verstehe ihn kaum. Ich höre nur, er sei nicht Zuhause und genieße gerade ein Feierabendbier in der Stadt. Wir klemmen das Gespräch ab und ich schreibe ihm, wo ich gerade im Stau stecke. Er ist nur ein paar Blocks entfernt und lädt mich ein, sofort dahin zu kommen! Die Nachricht erhalte ich zum perfekten Zeitpunkt, gleich vor der Ausfahrt. Nach dem Lichtsignal biege ich rechts ab und gelange direkt in ein Quartier mit Bars. Hier muss es sein.

Die Wiedersehensfreude ist groß, als wir uns nach Monaten so spontan wieder treffen. Ich erzähle von meinen Plänen in Südamerika. Er ist von meiner Idee begeistert und fragt, wo ich mich vorbereiten werde. Der Mann seiner Schwester, ein Geschäftsinhaber, habe letzte Woche eine zusätzliche Lagerhalle gekauft, die noch fast leer stehe. Er könne mir die Nummer geben.

Ich freue mich unglaublich, Joe genau zu diesem Zeitpunkt mit solchen passenden Neuigkeiten zu treffen. Nach einem weiteren gemeinsamen Bier muss er aber los. Es liegen noch achtzig Kilometer Heimweg vor ihm. Nun ist er weg. Ich stehe alleine inmitten einer Menschenmasse mitten in Auckland und bin wie verzaubert. Joe wohnt eine Stunde weiter südlich. Er war beruflich in der Stadt und traf zum Feierabend einige Bekannte in der Bar. Warum ist Joe exakt zum selben Zeitpunkt im Quartier, wo ich auf der Autobahn nebenan im Stau stehe? Und warum kommt er mir genau heute in den Sinn? Was ist das, was uns soeben zusammengeführt hat? Irgendetwas muss es sein, eine Kraft oder Energie, etwas wie eine führende Hand. Ich kann nicht glauben, dass dies soeben ein Zufall war. Es ist unfassbar für mich.

Ein Typ mit sechs vollen Gläsern Bier stößt an mich und weckt mich aus meinen Gedanken. Ich stehe mitten in einer feiernden Menschenmenge in der kleinen Bar. Auch ich verspüre plötzlich einen Grund zum Feiern, wechsle jedoch die Bar. Nebenan ist Live-Musik zu hören. Es ist ein toller Ort in einem Hinterhof mit Bar und Bühne. Seit Japan beginne ich zum ersten Mal wieder zu tanzen! Der Unterschied zu damals ist, dass hier ganz andere Musik gespielt wird. Anstatt lauten Hip-Hop wie damals im völlig verschwitzten Menschengetümmel im Club von Tokyo, spielt jetzt eine hübsche Frau aus Tonga Gitarre und singt dazu schöne Melodien. Ihre Stimme tönt so leicht wie eine Feder. Etwas ist verändert. Ich genieße plötzlich einen ruhigen Tanz zu harmonischen Klängen.

Auf dem Heimweg zum Bus, der ein paar Blocks weiter am Straßenrand geparkt ist, stelle ich fest, dass ich von Prostituierten und Transvestiten umzingelt bin. Mitten im Rotlicht-Milieu von Auckland habe ich mein Auto abgestellt. Weiterfahren darf ich wegen des Biers nicht mehr. Diese schräge Umgebung ist mein Zuhause für diese Nacht.

Beim Frühstück rufe ich die Firma an und frage nach der leeren Lagerhalle. Ich erzähle, wo ich Joe kennengelernt habe. »Joe, the legendary Joe«, lacht er ins Telefon und sagt, ich solle vorbeikommen.

Kurze Zeit später nimmt sich der Besitzer die Zeit, mir das gesamte Firmengelände zu zeigen, obwohl er eigentlich in Eile ist. In der Halle, wo ich mich einrichten darf, übergibt er mir meine eigenen Schlüssel für das Firmengelände, lässt mich stehen und ruft im Davongehen zurück: »Fühle dich bei uns wie Zuhause!«

Da bin ich also mit dem Bus im Wunsch-Camp angekommen. Heute Morgen erwachte ich am Straßenrand im Rotlicht-Viertel und jetzt bin ich plötzlich Bewohner einer Lagerhalle! Ich glaube, ich träume! Ich wohne gerade am besten Ort in Neuseeland! In einer trockenen Halle mit Dusche und Toilette können die Vorbereitungen für den nächsten Abschnitt meiner Reise beginnen.

Außerordentlich erfreut und optimistisch gestimmt beobachte ich, wie sich meine Rennmaschine unter meinen Händen in eine Reisemaschine verwandelt. Ich genieße diese Bastelzeit enorm.

Menschenlärm in der Halle weckt mich auf. Ich schaue aus dem Fenster. Zehn Monteure stehen in der Halle, ein Hubstapler bringt Module herein, letzte Teile werden montiert und die Industrie-Klimaanlage zur Auslieferung bereitgestellt. Ich stehe auf und frühstücke leicht beschämt vor meinem Bus. Seltsam, am Arbeitsplatz von anderen zu wohnen.

Ich trinke meinen Kaffee schneller als sonst und mache mich auch an die Arbeit. Schnell komme ich mit den Angestellten ins Gespräch, die neugierig sind, was ich hier tue.

Am Feierabend laden sie mich zum Apero im Büro ein. Nun lerne ich alle kennen. Die meiste Zeit spreche ich mit Doreen, der sechzigjährigen Sekretärin des Chefs. Schlussendlich sind nur noch wir zwei im Büro, bei Wein und Snacks unterhalten wir uns noch eine ganze Weile. Wir verstehen uns, die Zeit hat sich aufgelöst. Sie hat es nicht eilig, nach Hause zu gehen, sondern erzählt von ihrer Motorradzeit. Seit einem Unfall vor ein paar Jahren habe sie Angst, alleine wieder anzufangen zu fahren. Obwohl, sie würde es gerne wieder versuchen, das Motorrad stehe seit langem unangetastet zuhause. Nachdem wir eine Menge Anekdoten ausgetauscht haben, wird die Lust stärker als die Furcht. Wir verabreden uns für eine gemeinsame Probefahrt, sobald ich soweit bin. Die Weinflasche ist leer, und beim Davongehen strahlt sie über das ganze Gesicht.

Zurück in der Halle sitze ich auf der Werkbank und betrachte mein komplett zerlegtes Motorrad. Doreen wurde gerade in eine furchtlose, jugendliche Frische zurückversetzt, so entschlossen wie sie auf einmal reagierte. Ich finde Doreen mit ihrer Offenheit sympathisch. Ich muss laut lachen. Was geschieht gerade, was ist los mit mir? Habe ich mich in sie verguckt? Das ist doch nicht war, sie könnte ja meine Mutter sein!

Ich verbringe eine sehr erfolgreiche Zeit in der Lagerhalle. Nach vierzehn Tagen habe ich den Umbau fast geschafft und den Bus habe ich überraschend schnell an ein soeben gelandetes, reisendes Paar verkaufen können. Zwei Tage später fahren sie überglücklich mit meinem ehemaligen Zuhause davon. Jetzt ist auch mein Bett weg. Ich quartiere mich die nächsten Tage mit dem Schlafsack auf dem Büroboden im oberen Stock ein.

Roger aus den USA meldet sich wieder. Er will wissen, wie es mit meiner Vorbereitung vorangeht. Er suche derzeit einen Motorradvermieter in Patagonien und könne es kaum erwarten, von seinem Scheidungsprozess mit all den Anwaltskosten endlich etwas Abstand zu gewinnen. Er schreibt:

»Bald ist es vorbei. Am Ende der Welt werde ich mit dir neu beginnen.«

Chile rückt also definitiv näher.

Ich putze mir gerade im Trainer bei offenem Hallentor auf der Werkbank die Zähne. Da fährt Doreen eine Viertelstunde früher als abgemacht mit ihrem 200ccm Chopper Bike um die Ecke. Aus dem Helm strahlt ein freudiges Gesicht. »Toll, dass ich es versucht habe. Es ist großartig, wieder auf zwei Rädern zu fahren. Los, gehen wir auf Probefahrt!«

Nach der gemeinsamen Fahrt durch grüne Hügellandschaften südlich der Stadt, sitzen Doreen und ich im Café. Sie ist überglücklich. Sie habe heute die Kraft gefunden, ihren langersehnten Wunsch zu erleben. Sie habe das schöne Fahrgefühl beinahe vergessen und schon fast das Motorrad verkauft. Zudem sei heute zufällig eh ein ganz spezieller Tag. Doreen fragt mich, ob ich vielleicht Lust hätte, heute Abend ein Konzert in einer Bar zu besuchen. Für Live-Musik bin ich immer gerne zu haben.

Zurück in der Lagerhalle bin ich aufgeregt. Ich habe ein Date mit Doreen in der Stadt! Unglaublich, was hier abgeht! Was wird wohl heute Abend passieren?

Zwei Stunden später treffen wir uns bei der Bar. Das Konzert hat bereits begonnen. Ein toller Typ steht auf der Bühne, seine funkig-jazzigen Melodien lassen die zwanzig Besucher tanzen. Nach dem letzten Song verlässt er die Bühne und kommt direkt zu mir. Er habe von meinen Plänen gehört und sei begeistert. Er begrüßt kurz Doreen, die er offenbar schon lange kennt und wendet sich gleich wieder an mich.

»Ich träume von einer noch unabhängigeren Freiheit, träume davon, ohne Zeitdruck zu reisen, so wie du es tust. So bin ich am kreativsten und kann meine Musik am besten weiterentwickeln. In meiner aktuellen Situation trete ich aber nur in der nächsten Bar für ein Taschengeld auf. Ich bin mit sehr wenig in meinem kleinen Auto unterwegs und spiele im ganzen Land Konzerte, um den nächsten Tag zu finanzieren. Meinen Traum zu leben heißt, gerade so zu überleben. Aber das schenkt mir genug Freude, weil ich das tun kann, was mir Spaß macht.«

Er schenkt mir seine CD und gesellt sich zu weiteren Bekannten. Doreen sitzt entspannt im Sessel und lacht mich an. Ich zeige ihr erstaunt das Geschenk des Musikers und frage, wo dieser Typ wohl von mir gehört haben könnte. Sie richtet sich im Sessel auf, kommt näher an mich ran und sagt: »Zwei ähnliche Brüder haben sich soeben getroffen. Seit ich dich im Büro kennengelernt habe, bist du für mich wie ein zweiter Sohn. Heute wollte ich dich mit einem Geheimnis überraschen. Weißt du, so einer wie du bist, hatte ich bis vor kurzem noch bei mir zuhause. Heute lebt auch er im Auto und ist kaum mehr bei mir. Darum genieße ich die tolle Zeit mit dir so sehr.«

Es ist eine unglaubliche Zeit. Mit dem Schlafsack auf dem Büroboden einquartiert, haben sich alle an meine Anwesenheit gewöhnt. Ich fühle mich inzwischen wie ein Haustier, das die Familienstimmung auflockert. Täglich pünktlich um sieben weckt mich der Hauswart mit seinen Sprüchen, wenn er das Licht einschaltet und die Türen öffnet. Doreen ist wirklich wie eine Mami. Sie hilft mir beim Ausdrucken diverser Unterlagen und gibt mir das Firmenlogin fürs Internet. Im Verpflegungsraum gibts Kaffee und viele Snacks. Sie erzählen von ihren Arbeitsproblemen, als wüsste ich Bescheid. Beim täglichen Feierabend-Apéro wird der Tag besprochen und ich bin mittendrin.

Dann liegt die zweiwöchige Testfahrt mit meiner Ausrüstung vor mir. Mit der Absicht, James, den ich vor zehn Jahren kennengelernt habe, zu besuchen, breche ich auf, komme jedoch nicht weit. Mitten im Kolonnenverkehr durch die Stadt kriechend, bleibe ich schlagartig in eine Rauchwolke gehüllt stehen. Meine erste Panne. Ich rieche verdampfende Kühlflüssigkeit vom Motor heraufsteigen! Fieberhaft suche ich ein Leck, bis ich feststelle, dass die Maschine bereits überhitzt ist und den Überdruck über den Kühlerdeckel austreten lässt. Das Ventil hat zwar den Test bestanden, für stockender Kolonnenverkehr ist meine Maschine jedoch untauglich.

Ich stelle mir gerade vor, auf welche Art und Weise ich eine vollgestopfte Stadt wie zum Beispiel Lima in der Sommerhitze durchqueren würde. Das ist gefährlich. Dieser sportliche Motor braucht immer genügend Fahrtwind und ist nicht für den Stillstand konstruiert. Worauf lasse ich mich mit diesem Bike nur ein? Kaum gestartet muss ich schon wieder nachrüsten! Zurück beim Händler bestelle ich erstmal einen Kühlerlüfter, fülle Wasser nach und fahre einige Kilometer weiter bis zum Schiffshafen, wo James heute Kapitän eines Wassertaxis ist.

Ich komme viel zu spät an, denn ich wollte einen Tag mit ihm die verschiedenen Inseln rund um Auckland anfahren. Das verschieben wir nun auf morgen. Wir reden viel über die Schiffsindustrie. Als ich mein Interesse äußere, allenfalls eines Tages als Mechaniker auf einem Schiff zu arbeiten, erklärt er mir, dass ich eine einmonatige Zusatzausbildung bräuchte. Das Zertifikat ist heutzutage Pflicht. Vorbei sind die Zeiten, als man als Reisender auf Frachtschiffen für Kost und Logis gearbeitet hat. Eine Ausbildung will ich im Moment nicht anfangen. Der Wunsch bleibt wohl vorerst ein Wunsch.

Nach der Schifffahrt geht die Testfahrt im Sonnenschein weiter. Zwei Tage später endet die Straße am Cape Reinga, dem nördlichsten Punkt der Insel. Neuseelands Tor zur Unterwelt ist der heiligste Ort für die Maoris. Es wird erzählt, dass die Seelen der Verstorbenen der Küste entlang reisten, um von hier aus über die Wurzeln des Baumes in die Unterwelt zu tauchen.

An der Spirit Bay gleich nebenan errichte ich mein Camp. Rasch baue ich das Zelt auf, das zum ersten Mal nach acht Monaten zum Einsatz kommt. Schon bald stelle ich fest, dass es in meinem Ein-Personen-Zelt ziemlich eng wird mit all meinem Gepäck. Ich kann mich kaum noch bewegen.

Es ist ein seltsamer Ort. Rund geformte Steinbrocken in allen Größen verwandeln den grünen Hügel in eine Märchenlandschaft. Beim Nachtessen bemerke ich, anders als sonst, wie schnell es dunkel wird. Nebelschwaden ziehen langsam dem Boden entlang und verschleiern allmählich die ganze Bucht. Es ist unheimlich und doch so einmalig schön.

Mitten in der Nacht schrecke ich plötzlich auf mit dem Gefühl, Leute würden mein Zelt niedertrampeln. Ich schalte meine Lampe ein und stelle fest, dass dieser Lärm von einer starken Windböe verursacht wird, die direkt vom Meer kommt und mein Zelt heftig schüttelt. Ich höre dieser mächtigen Gewalt zu und rühre mich nicht von der Stelle. Plötzlich knackt es. Die Zeltstangen sind gebrochen. So schnell, wie die Böe mich aus dem Schlaf gerissen hat, ist sie nun auch wieder weg. Sofort wird es eigenartig ruhig. Als wäre nichts geschehen. Ich will nicht aus dem warmen Schlafsack kriechen und schlafe weiter, ohne vorher etwas zu flicken.

Ich erwache erneut. Mein Rücken ist kalt. Ich liege in einem feucht-kalten Schlafsack! Draußen fällt heftiger Regen. Das Licht der Stirnlampe offenbart, dass ich im Wasser liege. Mit Kleidern trockne ich den Boden, um wenigsten den Schlafsack zu schützen. Diese Nacht finde ich keinen Schlaf mehr. Ich warte nur, bis es endlich hell wird.

Es war damals meine freie Entscheidung, mit dem, was ich habe, auf die Reise zu gehen, nichts neues zu kaufen und so gut es geht immer alles zu reparieren. Alte Ware geht doch immer im falschen Zeitpunkt kaputt! Ich habe nicht das nötige Material dabei, um die Nähte richtig zu versiegeln. Zum Glück regnet es am Morgen nicht mehr und im starken Wind trocknet meine Ausrüstung schnell. Die Zeltstange hat einen 15 Zentimeter langen Riss in die Zeltwand gerupft. Mit Nadel und Faden sitze ich den ganzen Morgen im stürmischen Wetter, bis das Zelt wieder brauchbar wird. Während ich die Nähte mit Klebeband abdichte, muss ich ab mir selbst lachen. Hier habe ich meine Number 8 Wire –Kultur!

Auch am zweiten Tag regnet es immer wieder. Das Klebeband hält noch Stand. Trotz allem ist es ein speziell schöner Ort. Ständig bestaune ich den zweihundert Meter hohen, rund geformten Berg. Am dritten Tag reicht es mir. Jetzt bin ich seit einer gefühlten Ewigkeit dem windig-nassen Wetter ausgesetzt, ich friere, das gesamte Gepäck ist nass und meine Essensvorräte gehen aus. Also breche ich die Übung ab. Während ich zusammenpacke, male ich mir aus, wie schön es wäre, in einem geheizten Haus mit trockenem Bett eine heiße Dusche zu genießen, während es aus der Küche nach einer köstlichen Mahlzeit duftet. Ach, wie wäre das schön!

Ich höre ein Auto. Zum ersten Mal, seit ich hier bin, kreuzt ein Wohnmobil auf. Das ältere Ehepaar möchte gleich wissen, wohin mich meine Reise mit dem vollbeladenen Motorrad führt. Nachdem ich kurz meine vergangenen Testtage im Sturm und das weitere Reiseziel geschildert habe, sagt der Mann zu mir: »Du bist mutig. Ich wünsche dir viel Glück.«

Als ich ihm danke, sage ich, dass ich mich nicht als außerordentlich mutigen Typ einschätze. Wenn ich eine Idee habe, setze ich sie um, ohne über Gefahren nachzudenken. Der erste Schritt zuhause brauchte vielleicht Mut und der Beginn der Reise kostete mich viele Nerven, weil nichts so klappen wollte, wie ich es vorhatte. Inzwischen gehe ich mein Abenteuer gelassener an, denn es läuft bereits wie von selbst. Nicht genauso wie gedacht, aber was solls.

Daraufhin antwortet er, genau das mache mich besonders zu einem mutigen Menschen. Ich müsse viel Gottvertrauen haben. Obwohl ich gerne noch länger mit ihm geredet hätte, mache ich mich auf den Weg und denke unter dem Helm über die letzte Bemerkung des älteren Herrn nach.

Bisher habe ich mir noch nie Gedanken über ernsthafte Gefahren gemacht. Sollte man Mut nicht am Grad der Angst messen? Wäre nicht eine Person, die ständig überall Gefahren sieht und trotzdem etwas riskiert, sehr viel mutiger als ich? Ich müsse Gottvertrauen haben … ach, was für ein Unsinn. Seit wann hat Mut etwas mit Gott zu tun? Der einzige, dem ich vertrauen muss, bin ich selbst.

Ich denke, wer nicht zu viel über Gefahren nachgrübelt, braucht weniger Mut, um etwas zu wagen. Etwa so wie Kinder es tun: auf die Schnauze fallen, aufstehen und weiter Erfahrungen sammeln. Ich glaube an keine Religion, sondern einfach an die Welt, denn da befinde ich mich zurzeit. Noch dazu gerade auf einem langen Weg, dem ich mein Vertrauen schenken muss – was auch immer geschehen mag auf meiner Reise.

In Gedanken vertieft habe ich gar nicht gemerkt, dass ich einer schwarzen Wand am Himmel entgegenfahre. Es scheint, als gehe die Welt unter. Da fahre ich ohne ein Ziel vor Augen direkt ins nächste Unwetter. Es beginnt kräftig zu regnen. Also halte ich unter dem nächsten Baum und warte ab.

In der Nähe der Zivilisation kommt mir wieder einmal in den Sinn, dass ich möglicherweise Handy-Empfang habe. Garry aus dem Süden hat geschrieben und fragt, wie meine Vorbereitungen laufen. Als ich antworte, fällt mir unsere damalige Pizzaparty wieder ein und wie ich die Kinder beobachtete. Hat mir damals nicht eine Frau erzählt, ihre leicht verrückte Mutter lebe alleine im Norden von Neuseeland und falls ich einmal in der Nähe sei, solle ich vorbeigehen? Irgendwo in meinen Notizzetteln müsste doch noch ihre Nummer zu finden sein. Eine Frau namens Maggy nimmt meinen Anruf entgegen. Ich erkläre ihr, dass ich ihre Nummer von ihrer Tochter erhalten habe. Daraufhin antwortet sie lautstark:

»Wo bist Du? Ich habe dich bestellt und warte auf dich!« Sie erklärt mir ausführlich, wie ich sie in der Nähe von Kerikeri finde. Mir ist unergründlich, wie sie mich bereits erwarten kann, wenn wir uns doch noch überhaupt nicht kennen gelernt haben. Trotz Irritation und Regen fahre ich rasch weiter.

Zuerst kann ich sie nicht finden. Am Straßenrand frage ich einen älteren Herrn nach Maggy. »Jeder kennt sie!« Er lacht und zeigt mir den Weg. Auf einem Feldweg finde ich das abgelegene Haus. Sie hört das Motorrad, kommt mir entgegen und begrüßt mich herzlich.

»Ein perfektes Timing! Danke, dass meine Bestellungen funktionieren!«

Ich verstehe kein Wort und sage Hallo. Während ich mein Motorrad abstelle, erklärt sie mir voller Euphorie, was sie damit meint.

»Wenn ich einen Wunsch habe, sende ich meine Bestellung an die Kraft des Universums. Als würde ich per Mausklick etwas im Internet bestellen, warte ich einfach die Lieferung ab. Bring dein Gepäck rein«, ruft sie mir zu und geht ins Haus.

Irgendwie seltsam. Warum sollte ich ihre bestellte Lieferung sein und was zum Henker tue ich überhaupt so plötzlich hier? Ich kapiere gar nichts. Leicht verwirrt bringe ich meine Sachen ins Haus. Maggy kommt eilig wieder aus der Küche.

»Ich verreise gleich in einer halben Stunde. Bin für vier Tage bei meinen Enkeln in Auckland. Du bist hier, um auf meine Tiere aufzupassen und sie zu füttern. Und vergiss nicht, den Gemüsegarten zu gießen.« Ich denke sofort an das Wetter der letzten drei Tage. In Windeseile zeigt sie mir mein Zimmer, das Futter für die Tiere, die Pferde, die Enten, Hühner, Goldfische, Katzen und den Hund. Sie alle haben ihre Sonderwünsche die ich sehr zu respektieren habe.

Ich stehe verblüfft da, schaue ihr nach, wie sie tanzend davonhuscht, und folge ihr zurück ins Haus. Dabei singt und lacht sie immer wieder mit sich selbst. Sie zeigt mir die Küche. »In dieser Korbflasche züchte ich einen Pilz im Wasser, das ich regelmäßig trinke. Der Körper braucht lebendige Nahrung«, lehrt sie mich. »Den Kühlschrank habe ich aufgefüllt, du isst so viel, wie du Lust hast. Hier habe ich dir einen Eintopf mit Gemüse gekocht, der für die nächsten Tage reichen sollte. Es sollte genügend Essen haben bis ich zurück bin. So, ich bin spät dran und muss los, mach's gut!«

Sie zieht ihre Jacke an und geht zum Auto. Was für ein verrückter Moment. Unglaublich. Ich soll so viel essen, wie ich Lust habe? Diese Frau weiß wohl nicht, mit wem sie es zu tun hat!

Ich lande spontan bei der abgefahrenen Mutter einer Frau, die ich vor Monaten an einem Fest von Garry auch nur flüchtig kennengelernt habe. Sie kocht pünktlich zu meiner Ankunft einen Gemüseeintopf und überlässt mir Haus und Tiere für vier Tage, ohne mich je zuvor gesehen zu haben! Jetzt ist sie weg und ich sitze beim warmen Nachtessen alleine in einer fremden Stube – irgendwie unheimlich und trotzdem aufregend.

Es ist unfassbar. Ich bin soeben in meinem Wunsch von heute Morgen angekommen: ein warmes Haus, eine heiße Dusche und ein feiner Duft aus der Küche. Genau dies habe ich jetzt, nur ein paar Stunden später. Ich muss lachen. Maggy würde sagen, dass ich bei meiner Bestellung keine Zeitangabe gemacht habe. Jetzt habe ich keine Wahl, als meinen erfüllten Wunsch vier Tage lang zu genießen, auch wenn die Zeit bis zum Flug nach Chile langsam knapp wird.

Am Abend erschrecke ich zutiefst, als sich plötzlich die Türe öffnet und ein alter Mann mit Stock hereinkommt. »Hallo, ich bin George, ein Nachbar von Maggy. Da ich Licht in der Stube brennen sah, wollte ich Maggy überraschen. Ist sie hier?«

»Nein sie ist vor zwei Stunden abgereist«, antworte ich.

»Dann musst du wohl ihr bestellter Hüter des Hauses sein«, lacht er und sagt, ich solle morgen bei ihm zum Kaffee vorbeikommen.

Nach dem Füttern der Tiere finde ich den 87-jährigen George in der naheliegenden Scheune, wo er seine Wohnung eingerichtet hat. Beim Kaffee erzählt er mir, wie er in alten Zeiten auch oft auf Reisen war. Als Mechaniker ist er auf Frachtschiffen in der ganzen Welt herumgekommen und hat vieles erlebt. Auf ärztliche Verordnung darf er jetzt nur noch zehn Kilometer pro Tag Auto fahren. Das nächste Dorf liegt sechs Kilometer entfernt, somit darf er nicht einmal selbst mit seinem Pick-up-Truck zum Einkaufen. Er ist auf einen Chauffeur angewiesen. Die Freiheit auf Rädern zu verlieren muss hart sein.

Anscheinend, so erzählt mir George, ist die letzten Tage, als ich an der Spirit Bay meine Ausrüstung testete, der bisher stärkste Sturm des Jahres über die Insel gefegt und hat massive Sachschäden im ganzen Land verursacht. Lachend sage ich George, dass ich in diesem Fall meine Materialprüfung zum optimalen Zeitpunkt überstanden habe. Dann stehe dem windigen Patagonien ja nichts mehr im Weg.

Pünktlich wie angekündigt kehrt Maggy nach vier Tagen zurück. Meine Sachen sind bereits gepackt und ich bin bereit, nach Auckland zurückzukehren. In zwei Tagen muss ich das Motorrad gereinigt und verpackt am Flughafen aufgeben. Vor meinem Aufbruch genießen wir gemeinsam im wunderschön blühenden Garten einen leckeren, gemischten Salat aus dem Beet nebenan. Dabei erzählt sie von ihrem Rezept, das sie auch im Alter noch fit halte.

»Weißt du, ich tanze mich in einer Yoga-ähnlichen Form durchs Leben. Wann immer möglich bin ich im Bewusstsein in der Gegenwart, lasse meinem Geist freien Lauf und tue, wonach ich mich gerade fühle. Mein Lebensalltag ist mein Yoga. Ich muss mich keiner Gruppe anschließen, um mich für eine Stunde im Hier und Jetzt zu befinden. Meistens singe und tanze ich, egal wo und wann, das tut mir richtig gut. Da manchmal bei mir durch innere Impulse die aktuelle Tätigkeit wie ein Wetterumschlag plötzlich ändern kann, versteht das niemand außer ich selbst. Darum sehen mich manche Leute als Freak. Sie verstehen mich nicht und denken wohl, ich spinne. Aber das ist ja nicht wichtig. Hauptsache, ich verstehe mich. Denn nur wenn ich mich in meinem Körper wohlfühle, bin ich daheim in meinem Zuhause. Egal wo auf der Welt.«

Ihr *Rezept* beeindruckt mich schwer. Mit ihrer unglaublich verspielten Art und Weise wirkt die 77-jährige, weißhaarige, vitale Dame wie ein unbeschwertes Kind auf mich. Oft hüpft sie armschwingend und singend von einem Ort zum nächsten.

Bei der Verabschiedung bedanke ich mich dafür, ein neues Rezept für meinen weiteren Weg erhalten zu haben. Den Helm auf dem Kopf und mit laufendem Motor rufe ich ihr zu: »Weißt du was, Maggy? Ich glaube begriffen zu haben, dass es keine Zufälle gibt. Ich nenne es von jetzt an einfach Magic!«

Am nächsten Morgen weckt mich um fünf Uhr der Hauswart, der das Licht anschaltet und überrascht ruft: »Mensch, wusste nicht, dass du wieder hier bist! Entschuldige die Störung.«

»Ist schon gut. Sorry, dass ich mich nicht angekündigt habe. Ich bin gerade zurückgekommen.«

Das Frühstück verputze ich an der Werkbank, montiere gleichzeitig den neuen Kühlerlüfter und nehme letzte kleine Änderungen vor. Danach wird das Motorrad samt Ausrüstung in der Holzkiste verpackt. Eine Mischung aus Aufregung und Erleichterung überkommt mich einen Tag später, als ich am Flughafen das Material abgebe. Die Lagerhalle und ein Fahrzeug der Firma für den Transport fallen mir einfach so vor die Füße! Das ist Magic! Es hätte kaum einfacher gehen können!

Drei Tage später verabschiede ich mich von meinen vorübergehenden Gastgebern und bedanke mich ein letztes Mal bei allen Mitarbeitern und besonders bei Doreen.

»Wenn ich an deine ungewisse Reise denke – mein Verstand würde das vor lauter Aufregung nicht aushalten und du trinkst in einer Seelenruhe Kaffee mit mir. Wie machst du das?«, fragt sie mich neugierig. »Seit deiner Rückkehr vom Norden scheinst du mir eh verändert. Du bist so seltsam ruhig. Ist alles in Ordnung mit dir oder ist etwas Spezielles passiert?«

»Vielleicht wirkt bereits ein neues Rezept, den weiteren Weg gelassener als zu Beginn fortzusetzen.«

Sie versteht nicht, was ich meine, und bittet um eine Erklärung.

»Zu Beginn meiner Reise hatte ich eine klare Vorstellung und suchte krampfhaft, was der Verstand mir sagte, konnte es aber nicht finden. Jemand sagte mir, ich sei gegen den Strom meiner Wünsche geschwommen. Lösungsorientiertes Denken und ständiges Suchen hätten ein Misstrauen dem Fluss der Dinge gegenüber aufgebaut, was die Wunscherfüllung abgebremst habe. In letzter Zeit sind mir jedoch all meine Wünsche ohne Bemühung einfach so vor die Füße gefallen! Ich konnte es mir nicht erklären, wie und warum plötzlich alles funktioniert.

Vor wenigen Tagen erklärte mir eine sehr vitale, ältere Frau ihr Geheimrezept; auf welche Art und Weise sie ihren Alltag bewusst lebt. Das hat mich zutiefst beeindruckt. Es ist für mich eine Art Brücke entstanden zu meinen unerklärlichen Erlebnissen in letzter Zeit. Im richtigen Zeitpunkt sind Dinge passiert, die ich mir zuvor nur gewünscht und vorgestellt habe. Dieses Phänomen bleibt für mich unerklärlich und darum ist es einfach Magic!«

Am Ende der Welt, im Land der langen weißen Wolke, lerne ich mit vielen Hürden, Schmerz, Begeisterung und Freude, während neun Monaten intensivster Auseinandersetzungen mit mir selbst zum Schluss eine Kraft kennen, die ich mir im Traum nicht hätte vorstellen können.

Freiheit – Entscheidung oder Widerspruch

Dem Himmel entgegenfliegend verlasse ich die Insel in Richtung Chile.

Aus dem Fenster schauend sinniere ich über die Freiheitsfrage. Was geschieht mit mir, wenn ich plötzlich ganz frei bin und Zeit habe? Die Loslösung von Arbeitsverträgen und Verpflichtungen ist doch erst der Anfang von meinem Weg bis zur Freiheit, auf dem ich viele weitere Herausforderungen erwarte. Wie wirken Fremdeinflüsse? Bringen sie mich in Widerspruch zu meinem eigenen Weg?

Die Freiheit der unbeschränkten Möglichkeiten – und herauszufinden, wie ich damit umgehen soll – sehe ich als größte Herausforderung im Moment.

Die Reise dauert mit Umwegen mehr als 24 Stunden. Ich bin müde und möchte schlafen. Das geht aber nicht, denn die freiheitsraubende Uhr sagt mir, es sei morgens um sieben. Mein Motorrad sollte abholbereit sein, sobald die Büros geöffnet, alle Papiere erledigt und alle Gebühren bezahlt sind.

Drei Stunden später ist der administrative Kram erledigt, die Räder und die Ausrüstung sind montiert und es fehlt nur noch der Treibstoff. Mit einer PET-Flasche gehe ich zu Fuß zur nächsten Tankstelle. Wieder zurück starte ich den Motor. Alles funktioniert. Los geht's. Halb trunken vor Müdigkeit überkommt mich bereits auf den ersten Metern ein unglaubliches Gefühl. In der geschlossenen Motorradbekleidung bin ich sofort schweißgebadet. Es ist Sommeranfang in Santiago de Chile.

Wie auf einer Wolke schwebend fahre ich der Freiheit entgegen. »Hurra!«, rufe ich im Helm und schalte in den dritten Gang. Auf die erste Straße eingemündet, kann ich mich schon mal nicht so frei bewegen, wie ich es mir wünsche. Ein LKW kommt mir auf meiner Spur entgegen. Es dauert ein paar Sekunden, bis ich realisiere, dass ich mich auf der Gegenfahrbahn befinde. Nach Neuseeland muss ich mich erneut umgewöhnen.

Im Zentrum der Hauptstadt suche ich verzweifelt eine günstige Unterkunft im hektischen Verkehrschaos. Alles ist ausgebucht. Es herrscht Hochsaison. Völlig verschwitzt frage ich an verschiedenen Rezeptionen nach einem freien Bett. Auch beim gefühlt tausendsten Versuch erklärt mir eine Dame, sie habe keinen Platz mehr. »Oh nein«, jammere ich. »Ich bin so müde und will nur schlafen!« Da kommt Klaus, ein Deutscher, um die Ecke und meint spontan, er habe noch Platz in seinem Doppelbett. »Die Reisenden ohne Reservation müssen eben zusammenrücken. Das ist freiheitsraubend, ich weiß«, lacht er. Dankbar nehme ich sein Angebot an. Ich schlafe bei einem wildfremden Menschen im Bett. Egal. Hauptsache, ich finde endlich etwas Schlaf, auch wenn eine Mittagshitze sondergleichen herrscht.

Free City Tour steht bei den Neuankömmlingen im Hostal auf dem Programm. Ich schließe mich an, es tut mir gut, wieder neue Leute kennenzulernen. Da es für mich jedoch ungewohnt ist, mich in einer Gruppe zu bewegen, verliere ich sie bereits nach zehn Minuten im Zentrum. Meine Sandale ist auseinandergefallen und ich muss sie reparieren. Wir befinden uns in einer italienischen Hot-Dog-Gasse. Am nächsten Verkaufsstand frage ich nach Klebeband und werde rasch fündig. Schnell sind meine Schuhe repariert und ich stehe wieder auf der Straße. Bloß – wo sind meine neuen Kameraden geblieben? Sind sie einfach ohne mich weitergegangen? Alleine stehe ich ohne Plan hier. Ich folge der Menschenmasse, suche meine Gruppe. Ich gehe kreuz und quer durch die Gassen. Die Suche hält mich davon ab, die Stadt zu entdecken. Ich halte nur nach bekannten Gesichtern Ausschau. Zwei Stunden später beschließe ich, den Rückweg ins Hostal zu suchen. Werde ich als freier Mensch vielleicht immer weniger gruppentauglich? Oder bringt einen die Gruppe vom persönlichen Weg ab?

Am nächsten Morgen gehe ich meinen eigenen Weg, denn ich habe mich dafür entschieden, als Überbrückung bis Roger aus den USA eintrifft, bei der Fertigstellung von Ferienwohnungen meine Mithilfe anzubieten. In drei Tagen werde ich siebenhundert Kilometer weiter südlich im nördlichen Teil von Patagonien damit beginnen. Also verlasse ich die Großstadt gleich wieder.

Auf der Autobahn sind Fußgänger und Fahrräder unterwegs. Auf der Straße findet das Leben statt. Leute warten auf den Bus, Kinder spielen. Es werden Getränke, Früchte und auch geflochtene Korbwaren angeboten.

Auf halber Strecke werde ich müde und beschließe, nach einem Schlafplatz Ausschau zu halten. Hinter einer Tankstelle, gut versteckt hinter vielen Büschen, werde ich fündig. Kaum im Schlafsack bemerke ich eine ganze Herde wilder Hunde, die ständig um die Tankstelle schleicht, sicher auf der Suche nach Essen. Mitten in ihrem Revier lassen sie mich aber friedlich bis um sieben in der Früh schlafen.

Nicht etwa die Hunde wecken mich, sondern laute Stimmen aus einem Megafon. Wieder unterwegs gerate ich in einen Stau auf der Autobahn. Eine Fahrbahn wurde von der Polizei gesperrt und tausende Fußgänger spazieren da in aller Seelenruhe. Als ich sie langsam überhole, entdecke ich an der Spitze der Völkerwanderung einen gekreuzigten Jesus. Eine Prozession mit Polizeischutz auf einer Autobahn hätte ich mir nicht träumen lassen.

Trotz der unvorhergesehenen Ereignisse treffe ich pünktlich bei der Baustelle der Pension ein. Kaum habe ich mein neues

Zimmer bezogen, ruft mich die Haushälterin zum Mittagessen. Was für ein Start. Am Tisch lerne ich erstmal das Team kennen, und am Nachmittag packe ich gleich mit an. Es gibt noch einiges zu tun bis zur Eröffnung an Weihnachten. In den nächsten drei Wochen montiere ich Türgriffe und Dampfabzüge in den Küchen, helfe bei Balkonen und Treppengeländern mit, oder wir betonieren draußen gemeinsam ein Fundament für die Gasflaschen und legen Leitungen zwischen dem Fundament und den vier Küchen.

Die Arbeitstage dauern acht Stunden, der Lohn ist Kost und Logis. Die Freizeit beschränkt sich auf den Feierabend und die Sonntage. Ich habe kaum die Möglichkeit, die wunderschöne Gegend zu erkunden. Mit der Zeit beginne ich mich zu fragen, was ich hier eigentlich tue. Ich arbeite gratis für jemanden, der damit sein Geld verdient. Ist das fair? Nein. Aber egal, denn ich finde diesen Neuanfang perfekt. Ich wohne in meinem eigenen, sechs Quadratmeter großen Zimmer und bekomme reichlich zu Essen. Was will ich mehr? Wenn ich daran denke, was ich mir im Flugzeug betreffend Freiheit vorgenommen habe, fehlt nur meine eigene Zeit. Wie bald und gutmütig habe ich sie wieder in fremde Hände gegeben.

Das wertvollste an der Erfahrung ist, wie ich in die Arbeitsgewohnheiten meiner drei chilenischen Mitarbeiter eintauchen darf. Zu Beginn sind sie mir oft unverständlich und verlangen von mir eine Menge Geduld. Oft ist ihre Vorgehensweise für mich nicht nachvollziehbar. Es ist eine andere Kultur und genau diese andere Art und Weise etwas anzupacken interessiert mich. Denn meine strukturierte, westliche Arbeitsmoral ist nur eine von vielen. Oft denke ich zu weit, denn hier geht es auch einfacher. Ein Hauptmerkmal, das ich gerne von ihnen annehme, ist die langsamer drehende Uhr. Man nimmt sich für alles einfach mehr Zeit. Manchmal auch unvorstellbar viel mehr Zeit.

Eine weitere Gefahr für meinen Weg der Freiheit wittere ich darin, dass ich aus dem Holz geschnitzt bin, Hilfsbereitschaft und Verantwortungsbewusstsein als selbstverständlich zu sehen. Der Besitzer weiß es zu schätzen und ich übernehme mehr und mehr Verantwortung. Die Gefahr einer Bindung steigt.

Heute muss er in die Stadt und ist abwesend bis morgen. Auf einem Zettel stehen die Aufgaben für die drei Arbeiter und dann gibt er mir eine Handvoll Schlüssel. Am Morgen soll ich alles aufschließen und den Mitarbeitern die Arbeit verteilen. Jetzt bin ich schon zum ausländischen Vorarbeiter befördert worden, mit Verantwortung für die Türöffnung einer Pension. Das Ganze in Gratisarbeit auf Kosten meiner freien Zeit. Ich muss lachen. Die Mitarbeiter machen sich dann gleich an die Arbeit, als sei es normal, dass ihnen ein zugelaufener Fremder Anweisungen gibt. Verrückt.

Dann wird meine Welt wieder durch elektronische Post auf den Kopf gestellt. Roger schreibt:

»Hi Thomas, wo auch immer du bist, ich hoffe das es dir da gut geht. Bei mir sieht die Situation ein wenig anders aus. Uneinigkeiten zwischen den Anwälten ziehen unser Scheidungsverfahren in die Länge. Dazu kommt, dass mich die anhäufenden Anwaltskosten bald ruinieren. Ich bin gezwungen, unsere gemeinsame Reise abzusagen. Sie liegt finanziell und zeitlich einfach nicht drin. Ich hoffe du kannst das verstehen und bist mir nicht böse deswegen. Beste Grüße aus den USA, Roger.«

Ich schlucke leer.

Vielleicht muss es so sein. Da ich wissen will, was meine persönliche Freiheit bedeutet, muss ich sie wohl allein und möglichst ohne Fremdeinflüsse finden – auch wenn ich wegen Rogers Idee hier gelandet bin.

Wir sind im Endspurt mit der Arbeit. Neu sitzt als zusätzliche Unterstützung Laeticia, eine sympathische junge Putzfrau, bei uns am Tisch. Wir lernen uns beim Essen kurz kennen und erzählen uns voneinander. Am folgenden Tag fragt mich Laeticia, ob sie mich richtig verstanden habe. »Stimmt es, dass du frei und offen für andere Tätigkeiten bist, wenn wir hier fertig sind? Du hast doch noch keine Pläne, seit dein Freund abgesagt hat, oder?«

In meinem Kopf entsteht als Erstes der Gedanke, dass sie mich sicher auch sympathisch findet, wenn sie mich so etwas fragt. Wie fremdbestimmt bestätige ich, dass es genauso ist.

Ihre Eltern besitzen sechs Kühe, die den Sommer auf einer sechshundert Hektar großen Alp verbringen. Ab und zu gehen sie da hinauf, um nach ihnen zu schauen. Laeticia erinnert sich, dass der Landwirt Verstärkung im Team sucht. Natürlich möchte ich gern mehr darüber erfahren. Also fährt mich Laeticia noch am selben Abend auf den nahegelegenen Berg. Der freundliche Herr zeigt mir die Einrichtungen und erklärt mir die Bedingungen. Für einen zehnstündigen Arbeitstag bezahle er mich gut mit umgerechnet zwanzig US-Dollar am Tag. Ich bedanke mich für das Angebot und verspreche, mich wieder zu melden. Danach fahren wir ins Tal zurück. Mir fällt auf einmal auf, wie schön sie sich für den heutigen Tag angezogen hat.

Zurück in meinem Zimmer denke ich über das Angebot nach. Auf der Alp würde ich sogar einen Lohn bekommen im Gegensatz zu hier. Dann ist da noch die sympathische Laeticia, die mir nun auch den Kopf verdreht. Will sie mich auf der Alp besuchen, oder sind es nur die Kühe, nach denen sie schauen wird? Oder sind das schon wieder leere Vorstellungen, Einbildungen, wie bei Rogers Traumidee? Will ich mich gleich zu Beginn der neuen Etappe, die meiner Freiheit gewidmet ist, wieder für eine Arbeit verpflichten und fünf Monate auf einer Alp im Andengebirge festsitzen, wo ich nirgendwo hinkann?

Das ist doch ein Widerspruch sondergleichen! Ach, meine Freiheitsgedanken konkurrieren mit Verlockungen von außen.

Die vielen Gedanken rauben mir den Schlaf. Am nächsten Tag geht die Verwirrung weiter. Diese Frau verdreht mir ziemlich den Kopf. Wir verabreden uns zum Nachtessen im Dorf. Ziemlich nervös stehe ich pünktlich bei der Brücke und warte ungeduldig auf sie. Eine volle Stunde lang. Ich fühle mich an dieser Brücke wie angekettet, der Freiheit entzogen und verliere langsam die Hoffnung, dass sie noch kommt.

Auf einmal donnert sie im Pick Up, eine große Staubwolke hinter sich lassend, über die Brücke. Es sei normal, dass Frauen länger bräuchten, lacht sie. Die bereits misstrauischen Gedanken sind plötzlich mit der staubigen Luft verflogen.

Im Dorf sitzen wir in der einzigen Imbissbude an einem Tischchen. Wir probieren uns quer durch die Karte und plaudern bis fast um Mitternacht. Von mir aus hätten wir noch lange so sitzen bleiben können, der Besitzer möchte jedoch Feierabend. Zurück bei der Brücke tauschen wir Nummern aus und verabschieden uns. Eine ganze Weile bleibe ich auf der Brücke stehen und lausche dem Wasser.

Auch wenn es nur eine einfache Imbissbude im Dorf war, es war herrlich, mich in weiblicher Gesellschaft zu befinden. Seit langem bin ich allein unterwegs und dabei habe ich beinahe vergessen, wie schön es ist, mit einer Frau auswärts essen zu gehen. Ihre Anwesenheit vermittelt mir ein Gefühl von Wärme und Geborgenheit. In mir steigt das Bedürfnis nach Zuneigung zu einem Menschen hoch. Im selben Atemzug stelle ich dies aber auch schon wieder in Frage. Ist denn verdammt nochmal nicht auch die Liebe ein Widerspruch zur Freiheit, die ich suche, und eine äußere Beeinflussung, die mich von meinem persönlichen Weg abbringt?

Laeticia hat ein neues Job-Angebot, bei dem sie einen Dollar pro Tag mehr verdienen kann. Sie muss zehn Kilometer weiter oben im Tal zum Vorstellungsgespräch und nimmt mich mit. Während des Gesprächs führt mich ihre neunzehnjährige Nichte auf dem Gelände herum. Diese zeigt große Neugierde und will alles Mögliche wissen. Sie kommt nicht zum Staunen heraus, was ich aus meinem unüblichen Alltag erzähle. Sie will mich unbedingt bei ihnen im Team haben. Sie seien vier Frauen und suchten noch einen Mann. Ich wäre nachts der Sicherheitswächter mit vier großen Schäferhunden. Ob ich weiß, wie man Schafe schlachte? Der Mann in der Gruppe sei immer für das Asado, den Grill, zuständig. Gewisse elementare Aufgaben des Lebens sind hier noch immer eindeutig Männerarbeit, da gibt es keine freie Entscheidung. Es ist einfach so.

Am nächsten Tag erfahre ich vom Besitzer der Pension, dass Laeticia am Vorabend gekündet hat und heute nicht mehr zur Arbeit erscheint. Die nächsten Tage kann ich sie nicht mehr erreichen. So schnell ändern sich die Situationen. Zunächst lässt mir das keine Ruhe. Ein Verlangen nach körperlicher Nähe wurde geweckt, wenn ich mich mit Laeticia unterhalten durfte und sogar ihren Atem an meinem Gesicht spüren konnte. Die warme Nähe eines weiblichen Körpers habe ich schon lange nicht mehr erlebt, und ich sehne mich eigentlich schon danach. Aber mein Ego sagt mir: Gehe weiter auf dem langen Weg Richtung Süden. Lass dich jetzt nicht ablenken.

Nach drei Wochen ist die Arbeit beendet, die ersten Gäste treffen ein.

Inzwischen habe ich eine neue Idee. In den Touristen-Prospekten in der Pension stolperte ich über Wildwasser-Kajak-Angebote in Pucón, zweihundert Kilometer weiter südlich. Ich möchte mir das mal anschauen und wer weiß, vielleicht kann ich bei einem Kajak-Anbieter mithelfen und dafür in der Freizeit meine Paddel-Fähigkeiten verbessern. Mein letztes Mal auf einem Fluss ist lange her. Gerne würde ich es mir mit Geld leisten, dann wäre ich unabhängiger. Das nötige Kleingeld für Materialmiete und mehrtägige geführte Touren ist aber in meinem Budget leider nicht vorgesehen. Aber als Entschädigung für Arbeit wäre es doch auch toll.

In Pucón angekommen, besuche ich einen Tag lang jeden Kajak-Anbieter, den ich finden kann. Gegen Abend erfahre ich in einer Bar von einem Kajakcamp, das ein Amerikaner im Wald draußen betreibt. Bei ihm seien oft Reisende beschäftigt. Also fahre ich hin. Der Chef ist aber leider abwesend. Es ist wunderschön hier und es hat einen Zeltplatz. Ich entscheide, hier zu bleiben. Ein paar Stunden später taucht der Chef auf. Ich spreche ihn gleich an. Er starte gleich zu einer mehrtägigen Tour. Ich solle mich nach Neujahr wieder melden, es gebe immer etwas zu tun.

Bald darauf treffe ich Georg, der mit Holz beladen aus dem Wald kommt. Er ist Deutscher, lebt und arbeitet seit einiger Zeit als Volunteer hier im Camp.

Ich verbringe nun die erste Zeit hier als Gast und kann die Situation der Mitarbeiter dieses Camps von außen beobachten. Ich leiste mir dreimal eine Mietausrüstung und schließe mich einer Gruppe an. Es macht Spaß, wieder einmal auf dem Wasser zu sein, und ich begegne interessanten Leuten. Georg aber hat nie Zeit mich zu begleiten. Obwohl er jeden Tag gerne mit mir paddeln möchte, nimmt ihn die Arbeit zu sehr in Anspruch.

Den Weihnachtsabend verbringe ich mit drei Kanadiern am Lagerfeuer. Was für ein Geschenk. Es sind ganz tolle Jungs, voll auf meiner Wellenlänge. In dieser Nacht entdecken wir viele Gemeinsamkeiten. Wir verstehen uns so gut, dass sie mir anbieten, jederzeit bei ihnen Unterkunft zu finden, wenn ich einmal in Not geraten würde, kein Geld mehr hätte oder sonst auf Hilfe angewiesen wäre. Es ist schön, dass ich diese herzlichen Menschen kennenlernen darf und mit offenen Armen in ihre Gruppe aufgenommen werde.

Zwei Tage später reisen meine neuen kanadischen Freunde ab. Abschied nehmen und aufbrechen, ein mir bereits vertrauter Kreislauf, lässt mich für einige Momente nachdenklich zurück.

Reisende kommen und gehen auf individuellen Pfaden der täglichen Veränderung.

Georg sammelt und sägt jeden Tag Holz für das abendliche Lagerfeuer. Er putzt täglich die Küche und sorgt für das Wohl der Gäste. Verantwortungsbewusst hütet er den Laden, während sich der Boss auf Kajaktour befindet. Er sagt, auch er sei ursprünglich hierhergekommen, um für Kost und Logis mitzuhelfen, primär jedoch, um zu paddeln und das zu tun, was ihm Spaß bereitet. Es fehlt ihm jedoch seit längerem die Zeit dazu und das macht ihn unglücklich. Ich ziehe für mich ein Fazit.

Ein Sprichwort sagt: *Zeit ist Geld*. Wessen Zeit und wessen Geld? Soll ich meine persönliche Zeit opfern, nur damit jemand anderes mehr Geld einstreichen kann? Ist es nicht eine moderne Art der Sklaverei, wenn Arbeitgeber von naiven Touristen profitieren, anstatt Stellen für die lokale Bevölkerung zu schaffen?

In der Region sind viele von Arbeitslosigkeit betroffen und andere, wie Laeticia, sind auf mehrere Jobs angewiesen. Auf der Alp würde ich mehr als doppelt so viel verdienen wie sie als Reinigungskraft. Um nicht in einen Gewissenskonflikt zu geraten finde ich plötzlich, dass der tolle Lohn auf der Alp einer Person von hier zusteht.

Meine Haltung wird mir immer bewusster und so entscheide ich, auf vieles zu verzichten, um länger mit dem Ersparten zu leben.

Es ist jedoch nicht einfach, als einer von Wenigen den gewohnten Konsum-Alltag niederzulegen. Zum Beispiel ist es praktisch überall auf der Welt normal, dass man bei Begegnungen auf einen Drink eingeladen wird, was einen dann in Zugzwang bringt, dem Gegenüber auch etwas zu offerieren. Inwieweit werde ich es schaffen, mich nicht mehr von der *Normalität* beeinflussen zu lassen?

Es liegt in meiner Entscheidung, die Verantwortung für mein Leben zu übernehmen. Nur mein Wille zählt. Mir wird bewusst, wie weitgreifende Konsequenzen die Lebensweisheit hat, wenn ich sie bis zum Ende durchdenke:

Ich lebe nicht, um zu arbeiten. Ich arbeite, um zu leben.

Was bedeutet das jetzt für mich? Was tue ich jetzt?

Verschiedene Ideen bringen mich in ein zielloses und unsicheres Gedankenwirrwarr. Ich finde es schwierig, zum jetzigen Zeitpunkt Entscheidungen zu treffen. Die Zukunft ist ungewiss, was mich belastet. Ich kann nicht Maggys Empfehlung folgen und alle meine Ideen als Wünsche ans Universum senden, weil sich die Ideen gegenseitig widersprechen. Auch fällt es mir schwer, die Zukunft einfach auf mich zukommen zu lassen. Ich habe das Bedürfnis zu wissen, was ich will. Die bequemste Art, mir Ziele zu schaffen, wäre, von einer Touristen-Attraktion zur nächsten Action Tickets zu buchen. Der Geldbeutel wäre rasch leer und aus wäre der Traum von einer langfristigen Unabhängigkeit. Ich brauche eigene Meilensteine, die ich als Etappenziele auf meinem Weg ans Ende der Welt erreichen kann. Ich habe zunehmenden das Gefühl, ohne Struktur vor lauter Ideen irr zu werden.

Seit zwei Tagen regnet es ständig. Mit Abfallsäcken und Klebeband baue ich ein Überzelt, damit ich im Trockenen schlafen kann. Für einen Kaffee oder Mailcheck trifft man sich ab und zu in der Küche. Ansonsten ist jeder mit sich selbst und seinem Zelt beschäftigt. Und wie es in Zeiten der Melancholie der schöne Zufall so will, erhalte ich eine Nachricht von meinem Bruder.

Er kündigte seine Arbeitsstelle und will mich besuchen! Was

für eine Ehre und großartige Überraschung! Er schreibt, dass er ein Auto mietet und dahin kommt, wo ich mich befinde.

Da habe ich gerade beschlossen, mich nicht von außen beeinflussen zu lassen, mich frei zu bewegen, und jetzt will er wissen, wohin er in einigen Wochen kommen soll. Ich weiß es bisher nicht und muss nun meine Route mit einem ungefähren Zeitplan definieren. Noch am selben Tag schreibe ich ihm zurück. »Ich bin gerade auf dem Weg ans Ende der Welt und will es dir nicht antun, so weit zu reisen.«

So schnell fliegt mir ein konkreter Plan einfach zu. Ich buche im regnerischen Wald draußen eine Fähre, die mich fast vom Ende der Welt, von Puerto Natales, während vier Tagen nordwärts bis nach Puerto Montt bringen wird. Dort werde ich ihn dann treffen. Dieser neue Meilenstein liegt noch tausende Kilometer entfernt. Alles was dazwischen stattfinden wird, ist unbestimmt und offen. Es ist ein Lichtblick, endlich konkrete Meilensteine auf meinem Weg zu sehen. Dies gibt mir Halt. Ich bin optimistisch und motiviert, dahin zu gelangen.

Silvesterabend. Zusammen mit meinen zwanzigjährigen, amerikanischen Kollegen aus dem Camp reise ich per Autostopp nach Pucón. Tausende von Leuten versammeln sich am Seeufer, um das Feuerwerk zu bestaunen. Viele tragen lustige, bunte Hüte und Perücken. Sie sprühen einander gegenseitig Schnee aus Spraydosen über die Köpfe und lachen bei dieser etwas anderen Schneeballschlacht im Sommer. Dann ist es soweit, die Menschen zählen rückwärts bis Null. Für mich ein spezieller Moment voll dankbarer Besinnlichkeit. Rückblickend auf ein Jahr Reiseerlebnisse bin ich gespannt was das nächste alles für mich bereithält.

Mit meinen jungen Freunden ist es natürlich unvorstellbar, gleich Feierabend zu machen. Wir landen in einem der Clubs, wo ich meine Begleiter in der tanzenden Menschenmasse verliere. Alleine stehe ich am Rande des Geschehens und schaue zu.

Dann erscheint ein weiß leuchtender Engel aus dem Dunkel des Clubs. Nun gut, es ist eine Frau, eine bildhübsche Dame ganz in weiß. Einer ihrer Freunde steigt auf den Tisch neben mir, tanzt dort und fällt mir kurz darauf vor die Füße. Ein Glücksfall für mich, denn so kommen wir ins Gespräch. Sie sagt mir, ihr Freund sei ein wenig betrunken. Sie selbst trinke keinen Alkohol und müsse sich ständig um ihre betrunkenen Freunde kümmern. Wir unterhalten uns, bis es draußen hell wird und der Club schließt.

Während die letzten Feiernden in Richtung Bett aufbrechen, sagt sie zu mir: »Ich wohne weit weg von hier, im Süden, in Puerto Montt. Hier ist meine Nummer. Vielleicht sehen wir uns ja irgendwann wieder.« Dann steigt sie mit ihren zwei Freunden in ein Taxi und verschwindet.

Hat sie gerade Puerto Montt gesagt? Dort habe ich meinen Bruder hinbestellt! Das gibt es doch nicht. Hoffentlich werde ich sie dort wiedersehen. Ich kann es noch nicht glauben, dass ich mit meiner Wollmütze und ungeduscht aus dem Wald kommend, einfach so die Telefonnummer dieser eleganten Lady bekommen habe. Doch der Blick auf den Zettel ist ernüchternd. Ich kann nichts entziffern! Hoffentlich sehe ich gerade schlecht und kann es morgen lesen!

Nein, der Schlaf trägt nichts zu meiner Sehschärfe bei. Der Zettel ist und bleibt unentzifferbar. Ich kenne nicht einmal ihren Namen! Wie soll ich sie so in Puerto Montt finden können? Sie verdreht mir zum Jahresanfang bereits mächtig den Kopf.

Jetzt ist jedoch die Zeit gekommen, genau das zu tun, was Roger und ich ursprünglich gemeinsam vorhatten: auf dem Kontinent mit dem längsten Gebirge der Welt Berge und Täler durchqueren, in einer Art von Freiheit auf dem Motorrad dem

Ende der Welt, dem südlichsten Punkt Amerikas, entgegenfahren.

Ich habe inzwischen gelernt, dass sich die Uhren in diesem Teil der Erde langsamer drehen. Also brauche ich vor allem Zeit. Um mich zusätzlich zu entschleunigen, halte ich auf der Straßenkarte Ausschau nach möglichst unbequemen Naturwergen ohne Asphalt und Verkehr. Roger, der alte Offroader, hätte die Route nicht anders gewählt. Möglichst weit weg von der Zivilisation, auf sich allein gestellt, jede Minute spontan erleben. So stelle ich mir meine nahe Zukunft zumindest vor.

Exakt auf diese Weise beginnt es gleich nach Aufbruch aus dem Kajakcamp. Ganz in der Nähe von Pucón beginnt ein Weg durch den Parque Nacional Villarrica. Dabei geht's gleich zur Sache. Ein 4x4-Geländejeep kommt hier stellenweise an seine Grenzen. Bei der ersten steilen Auffahrt mit tiefen Spurrillen ziehe ich leicht am Gas und klettere zu meinem Erstaunen einfach hoch. Voll beladen mit meinen fast sechzig Kilogramm Gepäck komme ich im ersten Gang erfreulich gut durch dieses anspruchsvolle Gelände. Hier ist heimischer Boden für das Motorrad und mich. Als ehemaliger Motoross-Fahrer bin ich natürlich voll im Element. Die Herausforderung mit dem Motorrad im anspruchsvollen Gelände macht nach wie vor Spaß.

Nachdem ich den Nationalpark durchquert habe, entdecke ich auf der Karte das Symbol für eine Thermalquelle. Da will ich campieren und warm baden.

Nach weiteren siebzehn Kilometern über ein kleines Gebirge komme ich in ein kleines Tal, wo ich Dampf aus dem Wald aufsteigen sehe. Da muss es sein. Zu meiner Überraschung gelange ich draußen im Wald zu einem gehobenen Wellness-Hotel. Ohne zu überlegen frage ich an der Rezeption, ob ich in der Parkanlage zelten darf. Der Herr lacht, dies sei ein Hotel-Resort mit Spa und kein Camping. Weiter unten im Tal, fast am Seeufer, befinde sich ein familiäres Thermalbad mit

Campingmöglichkeit. Ich lache über mich selbst. Das Fragen bringt mich aber weiter. Genau wie ich es mir vorgestellt habe, finde ich einen wunderschön gelegenen Ort.

Beim Frühstück lerne ich einen Jungen kennen, der in Ausbildung zum Mechaniker ist. Er campiert hier mit seiner Mutter. Sein Traum ist es, mit dem Motorrad um die Welt zu fahren. Er steht neben meinem Motorrad und kommt nicht aus dem Staunen. Ich unterhalte mich mit seiner Mutter. Sie erzählt mir, dass sie Zuhause eine LKW-Werkstatt betreiben und immer auf der Suche nach Mechanikern sind. Wenn ich Arbeit suche, kann ich gerne vorbeischauen. Bestimmt könnte ihr Ehemann mich einstellen.

In Neuseeland bin ich fast verzweifelt, bis ich eine Arbeit gefunden habe und jetzt in Chile, wo ich gar nicht mehr arbeiten will, fallen mir die Angebote nur so vor die Füße!

Dann lädt sie mich für den nächsten Abend zum Grillen ein.

Wenn ich immer ja sage, bin ich meinem Weg ans Ziel untreu und verirre mich bestimmt. Ich muss lernen, nein zu sagen, und nutze gleich diese erste Übungsgelegenheit. Am kleinen See sitzend ordne ich meine Gedanken neu.

Nein, ich will zurzeit nichts von anderen Leuten. Ich befinde mich gerade auf einer Freiheitsfahrt mit dem Motorrad ins endlos Scheinende und will dabei nicht abgelenkt werden. Das Problem dabei ist: In Neuseeland habe ich vom Gesetz der Resonanz gehört und dass man damit die eigene Realität beeinflusst. Da das Universum jedoch kein Verständnis für die Wörter *nicht* und *kein* hat, hört es nur *Ablenkung* und somit werde ich ständig damit konfrontiert.

Während der Fahrt orientiere ich mich oft an der Sonne und auf meine Landkarte schaue ich, wenn ich genauer wissen will, wo ich ungefähr stecke. Die Hilfsbereitschaft der Menschen ist großartig. Meistens erklären sie mir den Weg so ausführlich, dass ich nach kurzer Zeit alles wieder vergessen habe. Das ist nicht weiter schlimm, denn oftmals bekomme ich widersprüchliche Angaben. Ich merke bald, dass ich mich nicht auf die Leute verlassen darf und eben auf mich allein gestellt meinen eigenen Weg finden muss. Ich fahre durch wunderschöne Wälder. Mehrmals überquere ich die Anden-Bergkette und dabei auch immer wieder die argentinisch-chilenische Grenze.

Heute Abend wurde mir an der Tankstelle ein Seeufer zum Campieren empfohlen. Als ich den See gefunden habe, suche ich einen Weg ans Ufer, was sich aber als unmöglich herausstellt. Alles ist so dicht zugewachsen, da gibt es kein Durchkommen. Im nächsten Dorf frage ich in den zahlreichen Hotels nach einem günstigen Angebot, jedoch auch erfolglos. Es herrscht Ferienzeit, alles ist ausgebucht oder zu teuer für mein Budget. Es ist bereits dunkel und ich stehe noch immer auf der Straße und weiß nicht, wo ich schlafen soll. Plötzlich treffe ich den Typen von der Tankstelle wieder! Er ist auf einem Camping in der Nähe. Ich solle doch mitkommen. Diesem Ratschlag folge ich gerne und stelle mein Zelt neben seinem auf. So begegnet man sich oft zweimal im Leben, manchmal sogar unglaublich schnell wieder.

Auf einmal höre ich Motorräder auf den Campingplatz fahren. Sie sehen meines dastehen und parken gleich daneben. Die zwei Schweizer Nummern gehören Daniel und Roland.

Heute läuft wieder einmal alles wie aus dem Drehbuch. Alles muss wohl so sein, wie es ist! Eine unglaubliche Überraschung nach meiner verzweifelten Suche nach dem Seeufer im Busch! Die Nacht wird kurz, so viel haben wir uns zu erzählen. Die beiden sind sechs Monate mit ihren Motorrädern unterwegs und kommen soeben vom Ende der Welt zurück. Am nächsten Morgen frühstücken wir gemeinsam und packen dann unsere Sachen zusammen. Erneut steht eine nicht leichte Verabschiedung an. Wir tauschen die Kontakte aus und witzeln über ein mögliches Wiedersehen irgendwann einmal. Man trifft sich ja bekanntlich immer zweimal.

Ferienzeit. Es scheint, das ganze Land ist unterwegs. Am See esse ich in voller Motorradmontur zwischen den Badegästen eine Zwischenverpflegung aus meiner Kiste. Mit warmem Wasser aus der Tasche, hartem Brot, Käse, Nüssen und ein paar Früchten genieße ich es, mitten in der Ferienstimmung zu sitzen.

In sommerlicher Hitze fahre ich weiter nach Bariloche. Eigentlich möchte ich die Stadt kennenlernen. Sie wurde mir schon mehrmals empfohlen und alle schwärmen von ihr. Näher an der Stadt nimmt der Verkehr massiv zu. Mir kommt der überlaufene Strand von vorher in den Sinn und wie viele Menschen es wohl in der Stadt haben wird. Mir graut es bei der Vorstellung, unter diesen Umständen eine Unterkunft zu suchen. In diesem Augenblick gelange ich an eine Umfahrungsabzweigung. Ich zweige links ab, als wäre es meine geplante Route. Ohne weiter darüber nachzudenken, was ich in der Stadt alles verpassen werde, ist es klar: Ich bin stolz darauf, einfach weiterzufahren, ohne zu wissen wohin. Inzwischen ist später Nachmittag. Langsam sollte ich in einem Dorf Wasser und Essen besorgen und einen Schlafplatz finden.

In einem kleinen Weiler frage ich nach Einkaufsmöglichkeiten. Die alte Dame am Straßenrand erklärt mir höflich, in welchem der Häuser Waren verkauft werden. Ich gehe hin und klopfe an die verschlossene Holztür. Eine noch ältere Dame bittet mich in ihr dunkles Wohnzimmer, wo sich ihr Mini-Markt befindet. Ich kaufe fast den ganzen Laden leer. Viel Auswahl gibt es nicht. Ohne konkretes Ziel fahre ich im Abendlicht weiter Richtung Süden. Die kribbelige Stimmung, rechtzeitig vor Dunkelheit einen schönen Ort zum Schlafen zu finden, fasziniert mich.

Im Prinzip geht es doch immer nur vorwärts, es gibt kein Zurück. So ist es doch im Leben – ein Weg, für den ich mich früher entschieden habe, ist bereits Vergangenheit. Den kann ich nicht mehr ändern. Nur beim Vorwärtsgehen kann ich mich für eine Richtungsänderung entscheiden.

Interessanterweise gelange ich während der fast täglichen Suche nach Übernachtungsplätzen schlussendlich meistens an wunderschöne Orte. Auch wenn ich nervös werde, oft leicht wirr in der Gegend rumfahre, mir verschiedene Orte anschaue, immer in der Hoffnung, einen besseren zu finden, klappt das in der Regel auch. Wenn ich den perfekten Platz gefunden habe, ist alles ganz logisch, ich weiß dann, dass ich für diesen Tag angekommen bin. Das sehe ich inzwischen als meine Gelassenheitsübung und lasse immer öfter die schönsten Orte einfach auf mich zukommen. Es ist keine einfache Übung, dabei entspannt zu bleiben. Man stelle sich vor, es ist Abend, man ist müde und hungrig von der Reise. Geduld ist gefordert, um ruhig zu bleiben, wenn es eindunkelt. Nur ja nicht ans Essen denken! Das regt gleich meinen Magen an. Am besten ist, gar nichts zu denken, zu fahren und zu finden.

Zwei Tage später bin ich erneut mit derselben Übung beschäftigt. Ich erreiche die geschlossenen Tore des Los Alerces-Nationalparks in Argentinien. Der Parkwächter kommt mir gerade in seinem Auto entgegen. Freundlicherweise darf ich mich trotz Feierabend registrieren und werde eingelassen. Auf der Karte des Geländes sind Camping-Zonen markiert und ich muss mich rasch für eine entscheiden. Ich lasse meinen Finger über der Karte kreisen und stoppe spontan. In der Registrierung steht dann der Ort Playa El Francés.

Da angelangt sehe ich ein verlassenes Zelt, ansonsten scheine ich allein zu sein. Als ich mich eingerichtet habe, es ist inzwischen dunkel, taucht aus dem Wald meine Zeltnachbarin auf. Es ist Francesca aus Esquel, einer nahegelegenen Stadt. In ihrer Freizeit verlässt sie regelmäßig die Stadt und kommt hierher in die Natur. Auch wenn ich sie in ihrer Ruhe störe, unterhalten wir uns prächtig. Stunden später liege ich schon wieder aufgedreht in meinem Zelt neben ihrem.

Dass ich diesen Ort auf der Karte ausgewählt habe und diesen überraschenden Abend mit dieser bunt gekleideten Person mit dem herzlichen Lachen erleben darf, verblüfft mich. Warum bin ich genau hier gelandet?

Beim Frühstück erzählt sie mir von schönen Plätzen, die sie mir zeigen möchte. Mein Plan, heute weiterzufahren, löst sich schnell in Rauch auf. Es existiert keine Zeit mehr, ich bin wie verzaubert, mit dieser lebensfrohen jungen Dame mitten Wald wie in einem Märchen unterwegs. Meinen Vorsatz von kürzlich habe ich schon über Bord geworfen. Ich wollte mich doch nicht von äußeren Einflüssen oder Affären von meinem Weg abbringen lassen.

Wir kämpfen uns durch den dichten Wald, klettern über umgefallene Bäume und lachen dabei ständig. Wir albern herum wie Kinder. Ich habe alles um mich herum vergessen. Wir kommen einander immer näher. Ich merke, dass ich ihr gefalle und sie mir auch. Beiden kommt das aber nicht über die Lippen. Die Spannung steigt.

Wir machen uns Komplimente und fangen an, uns während des Gesprächs zu berühren. Sie setzt sich näher zu mir. Wir sitzen allein in einer wunderschönen kleinen Bucht am See. Wie automatisch hebt sich mein Arm und umarmt sie. Ohne zu überlegen, was ich eigentlich gerade tue, bedanke ich mich für diese wunderschöne Zeit, die ich mit ihr erleben darf. Dann passiert es wie von selbst. Zugegeben, daran gedacht habe ich schon früher.

Sie legt ihren Kopf an meine Schultern und atmet tief durch. Sie fühle sich sehr wohl in meiner Nähe, sagt sie und legt ihre Hand auf mein Bein. Wir küssen und streicheln einander in der Sonne und schweigen für eine ganze Weile. Es herrscht absolute Ruhe. Diese Energie von Zärtlichkeit und Nähe eines Menschen ist unwahrscheinlich schön. Ein beinahe vergessenes Gefühl kribbelt durch meine Bauchgegend. Wir liegen einfach da und hören dem Wasser zu. Auf einmal stößt sie mich wieder weg, wir witzeln wieder und rennen einander nach, bis ich sie wieder eingefangen habe. Die nächsten drei Tage verbringen wir wie in einem wunderschönen Traum.

Aber auch das Märchenleben geht irgendwann vorbei. Der Proviant geht uns langsam aus. Ach, nur zu gerne würde ich sie auf dem Motorrad mitnehmen und dieses Gefühl länger genießen und aufrechterhalten. Es ist uns beiden bewusst, dass es unser letzter gemeinsamer Abend ist und die Stimmung wird schon jetzt traurig. Denn wir mögen uns unglaublich gut und lachen den ganzen Tag. Wir werden uns vermissen. Hoffnungsvoll fragt sie, ob ich nächste Woche wieder mit ihr in den Park komme. Zunächst weiß ich nicht, in welche Windrichtung ich gehen soll.

Völlig verwirrt entscheide ich trotz allem, Francesca morgen zu verlassen. Ich suche die Bedeutung der Freiheit auf dem Weg ans Ende der Welt. Ich schaue wohl besser vorwärts und ziehe weiter, um rechtzeitig mein Bruder zu empfangen.

Es ist hart, aber es gibt kein Zurück.

Beim Parkausgang schreie ich weinend mit voller Lautstärke aus dem Helm. Obwohl dankbar für diese märchenhafte Begegnung und das Aufwecken von Geborgenheit und Wärme, verspüre ich im Moment vor allem Trauer. Reisen kann schmerzvoll sein, denn es ist konstantes Verabschieden. Verabschieden ist essentiell dafür, Veränderung bewusst zu leben und Raum für Neues, ob Schönes oder weniger Schönes, zu schaffen.

In meinem desorientierten Zustand besorge ich Proviant für die nächsten Tage, ohne weiter nachzudenken. Eine Stunde später an der Grenze nach Chile wird praktisch mein gesamter Einkauf beschlagnahmt. Gemüse und Früchte, Käse und Fleisch darf man wegen der Verschleppungsgefahr von Krankheiten nicht über die Grenze führen. Die Beamten wollen mein gesamtes Essen in den Eimer werfen! Ich protestiere lauthals, zerre dem Beamten die Tasche aus den Händen, wende mich von ihm ab und verteile das Essen an alle Reisenden, die sich im Zollhaus befinden. Die Leute freuen sich und verputzen alles was geht gleich vor Ort. Sogar der Beamte isst einen Apfel nach meinem Aufruf, kein Essen wegzuwerfen. Daraufhin darf ich einreisen.

Der Weg ans Ende der Welt ist in vielen Belangen richtig anstrengend. Zurzeit fahre ich täglich rund fünfhundert Kilometer Schotterpiste, übersät mit Bremswellen und Schlaglöchern, dazu bläst ein starker Seitenwind und die Natur wird je länger je karger. Hochkonzentriert bin ich oft mit einhundert Stundenkilometern unterwegs. Je schneller ich über die Wellen fahre, desto weniger werde ich durchgeschüttelt. Es fühlt sich fast so an, als schwebe ich über die Erdoberfläche und fliege über die Löcher. Angespannt und voll präsent, bin ich abends jeweils komplett in Staub gehüllt und erschöpft wie nach einem Enduro-Rennen.

Erneut auf argentinischem Boden durchquere ich die Steppenlandschaft durch die Provinz Feuerland und gelange größtenteils in eingezäuntes und unzugängliches Gelände. Der Wunsch, möglichst frei und auf Naturwegen bis ans Ende zu fahren, erübrigt sich. Es ist schlicht unmöglich. Ich wähle die bekannte Ruta 40, die fast jeder Patagonien-Reisende in Argentinien fährt. Sie ist mit 5301 Kilometern eine der längsten Fernstraßen der Welt und durchquert ganz Argentinien von Norden bis Süden. Die nächsten Tage rolle ich auf der gut asphaltierten Straße weiter. Im Vergleich zu vorher fährt es sich sehr entspannt. Ich muss eigentlich auf nichts achten, außer, dass ich nicht hinter dem Lenker einschlafe.

Faszinierenderweise beschert mir die anspruchslose Fahrt ein neuartiges Gefühl. Ich habe die Freiheit, geistig abzuschweifen. Die Monotonie der Landschaft schaltet meine Gedanken aus. Zum ersten Mal erlebe ich, was dahin cruisen wie im Film Easy Rider bedeuten muss. Zeit und Distanz existieren nicht mehr, ich fühle mich in einer unendlichen Leere in einem riesigen Raum, den ich durchfahre. Die Landschaft ist stundenlang dieselbe, ich habe den Eindruck, ich bewege mich nicht vom Fleck. Oben blauer Himmel, unten brauner Sand und in der Mitte eine schwarze Linie, auf der ich dahinrolle. Vielleicht verhilft mir das monotone Motorengeräusch zusammen mit dem Rauschen des Fahrtwindes, in einen tranceähnlichen Zustand zu geraten. Fünf Stunden vergehen wie eine. Den ganzen Tag sitze ich wie versteinert auf dem Sattel. Es fährt mit mir wie von selbst. Einzig der Sonnenstand gibt meinem Verstand Bescheid, in welcher Zeit ich mich befinde. Ansonsten spüre ich das Vergehen der Zeit nur durch zunehmende Schmerzen. Der Umgang damit wird eine von Tag für Tag steigende Herausforderung.

Ich schwitze jeden Tag in dieselbe Hose. Mein Hintern ist wund. Wenn ich tagelang darauf sitze, kann er nie heilen und verschlimmert meine Ekzeme, die ich aber als harmlosen Wolf abtue. Ich weiß nicht mehr, wie ich sitzen soll. Mein Kissen mit Schafellüberzug aus Neuseeland schiebe ich mal nach vorne, mal nach hinten und versuche mit komischen, fast akrobatischen Sitzstellungen dem Schmerz zu entkommen. Ein verkrampfter Rücken von der immer gleichen Haltung und eine taube Hand vom vibrierenden Lenkergriff plagen mich. Der obere Rücken fühlt sich an, als werde er von Messern durchbohrt, es schmerzt bei jedem Atemzug. Mein Oberkörper scheint zu versteinern. Die gesamte Haut ist taub. In diesem tagelangen tranceähnlichen Zustand akzeptiere ich den Schmerz und übe, ihn von meinem Bewusstsein fern zu halten.

Mir wird zunehmend klarer, dass Freiheit gemäß Rogers Traum nicht meine Freiheit ist. Landesgrenzen setzen meiner freien Fortbewegung zusätzliche Schranken. Die Zollabwicklung kostet mich jedes Mal viel Geduld und Nerven. Ziehe ich den Ärger an, wenn ich immer denke: Hoffentlich gibt es *keinen* Ärger? Besser wäre zu hoffen, dass alles gut geht.

Am letzten Grenzübergang vor Ushuaia, hinter mir eine ungeduldige Warteschlange, stehe ich am Schalter der Passkontrolle. Während die Beamten meine Daten eintippen, bricht plötzlich das Stromnetz im ganzen Gebäude zusammen. Keine Lampe brennt mehr. Die eigentlich nette Zollbeamtin reicht mir ihren Mate. Bei einer Begegnung ist es in Argentinien üblich, dass man gemeinsam Tee mit einem metallenen Strohhalm trinkt. Gerne nehme ich ihre Einladung an und schlürfe aus ihrem Mate-Gefäß. Nach kurzem Smalltalk versinke ich in Gedanken.

Und was ist jetzt genau Freiheit?

Die letzten vier Tage bin ich über 2200 Kilometer durch eine gefühlte Unendlichkeit gefahren und nun bin ich hier wegen eines abgestürzten Computersystems gefangen und kann nicht weg! Dieser Zoll ist ein Freiheitsentzug! Dazu kommt, dass ich so weit fahren kann, wie ich will, meinem Schmerz kann ich nicht entkommen. Frei sein sollte doch nicht mit Leiden verbunden, sondern entspannt und schmerzlos möglich sein.

Endlich geht der Strom wieder an. Das Computer-System wird hochgefahren, dann beginnt die Beamtin erneut mit der Erfassung meiner Daten. Kurz darauf blinkt auf dem Bildschirm eine rote Warnmeldung auf: Terrorverdächtiger aus Afghanistan! Sie blickt vom Bildschirm auf den Schweizer Pass in ihren Händen und bricht in schallendes Gelächter aus. Dann bricht das Stromnetz erneut zusammen. Alles ist wieder dunkel im Raum. Ich stimme zwar in das Lachen der Beamtin ein, aber ich werde nervös. Die immer länger werdende Warteschlange verbessert die Situation nicht. Ich will so schnell wie möglich hier raus.

Nach gut zwei Stunden ist die Registrierung meiner Daten geschafft, der Mate-Tee der freundlichen Beamtin leer getrunken, der Terrorverdacht hat sich in Luft aufgelöst und ich darf meinen Helm wieder aufsetzen und mich aus dem Staub machen. Nichts wie weg hier.

Spätnachmittags am Pier des Schiffhafens in Ushuaia kann ich mit einem Becher warmen Tetra Pak-Rotweins auf einer Mauer endlich aufatmen. Die Straße ist hier zu Ende. Zum Glück. Ich habe die endlos gefühlte Strecke bis ans Ende der Welt geschafft. Außerhalb der Stadt finde ich einen schönen Platz im Wald mit Seesicht, mein Zelt steht auf weichem Tannennadelboden. Müde, aber glücklich liege ich im Zelt. Wenn ich doch nur schlafen könnte. Stattdessen sucht meine Denkmaschine noch immer nach einer Antwort auf die Frage, die mich seit Monaten beschäftigt.

Könnte Freiheit das ständige Verabschieden und Vorwärtsgehen sein? Jeden Tag begegne ich den unterschiedlichsten Menschen aus verschiedenen Gesellschaften und Kulturen. Verliere ich je länger je mehr die gesellschaftlichen Erwartungen meiner eigenen Kultur, fließen sie zunehmend mit vielen anderen zusammen, sodass ich nicht mehr nur durch eine Gesellschaft geprägt bin und dadurch freier und offener werde? Oder ist die Antwort die Zeit? Nicht umsonst nennen wir es ja Freizeit.

Ich denke, eine absolute Freiheit kennt keine Kompromisse. Aber nur allzu schnell werde ich abgelenkt in unserer Zeit der unendlichen Möglichkeiten. Bisher habe ich keine Ahnung, was Freiheit wirklich bedeutet. Ich weiß nur, dass meine bisherige Suche danach keinen Sinn mehr macht. Zum Glück ist dieser Weg hier zu Ende.

Erst spät finde ich auf dem weichen Tannenwaldboden einen erholsamen Schlaf. Am nächsten Morgen bin ich in leichter Montur, T-Shirt und kurzer Hose unterwegs in die Stadt, um neuen Proviant zu besorgen. Es ist herrlich, ohne Gepäck und heiße Klamotten ein leichtes Fahrzeug und den Fahrtwind zu spüren. Vor dem Eingang eines kleinen Lebensmittelladens sitzt ein Matrose am kleinen Tisch und trinkt sein Bier. Tagtäglich werde ich bei Begegnungen wie dieser dasselbe gefragt, woher ich komme und wohin ich gehe, und habe die Antwort auf der Zunge bereit. Jetzt aber werde ich überrascht. In einer rauen und lauten Stimme fragt mich der Seemann, ohne vorher Hallo zu sagen: »Was suchst du hier?« Ich bin überrumpelt.

Ohne mir Zeit zum Nachdenken zu nehmen gebe ich im gleichen Ton zurück: »Die Freiheit.«

»Hast du sie gefunden?«, fragt er.

»Nein, ich habe aufgegeben«, antworte ich. Er begrüßt mich und bietet mir an, mich zu setzen und ihm ein wenig Gesellschaft zu leisten. »Warum hast du aufgegeben?«

Ich erzähle ihm, dass ich mich auf diese Reise gemacht habe, weil ein Freund von mir nach einer schwierigen Zeit die Freiheit auf dem Motorrad finden wollte, ich jetzt aber alleine unterwegs bin. »Nun mache ich mir seit Monaten Gedanken, was Freiheit sein könnte. Während einiger Erlebnisse auf dem Weg habe ich mich ansatzweise frei gefühlt, aber dieses Gefühl wirklich beschreiben kann ich nicht.«

Er lacht und meint: »Du hast wohl zu viel Zeit unter deinem Helm, dass du dir so viele Gedanken darüber machst. Ich verrate dir jetzt etwas. Es ist ganz einfach und du musst gar nicht weit suchen.

Freiheit ist deine Entscheidung.

Du selbst hast dich dafür entschieden, dem Wunsch deines Freunds zu folgen. Durch unzählige freie Entscheide bist du jetzt hier am Ziel angekommen. Ob du deine Entscheide schön oder ärgerlich gefunden hast, du hast es so gewollt und deinen Weg mit deinen Gedanken geformt. Du musst nur wissen, was du willst, und entsprechend handeln. Das ist die Freiheit, die wir alle haben.«

Seine Worte sind wie ein Blitzeinschlag. Plötzlich ist alles logisch. Ich vergesse komplett, warum ich eigentlich beim Lebensmittelladen bin. Ich bin sprachlos. Mein Freiheitsaufklärer präsentiert mir ganz nebenbei mit wenigen Wörtern die Lösung, nach der ich die letzten zwei Monaten gesucht habe! Gleich nachdem ich aufgegeben habe. Das ist der Wahnsinn. Ein Moment lang herrscht Funkstille. Um das interessante Gespräch weiterzuführen frage ich ihn, was ihn in diese Gegend verschlagen hat. »Wir müssen warten«, sagt er. »In der Besatzung ist der Mechaniker ausgefallen, dabei sollten wir seit Tagen auf dem Weg in die Antarktis sein. Es ist schwierig, auf die Schnelle einen Mechaniker zu finden.«

Ich glaube, ich höre nicht richtig und erzähle ihm, dass ich gelernter Mechaniker bin und mich vor kurzer Zeit bei einem Freund in Auckland über die Marine-Ausbildung informiert habe. Ohne Zertifikat sei es heute unmöglich, als Mechaniker auf Schiffen Arbeit zu finden, nicht? Er lacht und sagt: »Wenn Not am Mann ist, interessiert das den Kapitän herzlich wenig. Falls du interessiert bist, melde ich es gleich. Dann können wir morgen endlich auslaufen.«

»Das wäre ja sensationell. Wenn ich keine Verpflichtungen hätte, käme ich sofort mit. Leider ist es im Moment nicht möglich, denn ich habe mich mit meinem Bruder verabredet. Den kann ich jetzt nicht einfach versetzen und noch weiter weg gehen als ich bereits bin.«

Er schreibt mir seine Nummer auf eine Serviette, trinkt seinen letzten Schluck Bier, steht vom Tisch auf und sagt:

»Überleg dir gut, ob du mit uns kommen möchtest. Wir sollten sobald wie möglich aufbrechen. Aber die Freiheit liegt in deinen Händen. Alleine du entscheidest, was du tust und was nicht. Und es gehört auch dazu, dass du zwischendurch im Widerspruch mit dir selbst stehst. Also tu, was du willst. Ich muss jetzt los, see you.«

Die liebe Liebe

Während der viertägigen Schiffsreise nach Puerto Montt bin ich die meiste Zeit auf dem Deck und bestaune die Endlosigkeit von Himmel, Meer und Bergen. Wie verzaubert schaue ich dem Vogelschwarm zu, der uns ständig begleitet. Anscheinend hat es Raubvögel unter ihnen, die nach Baby-Pinguinen im Wasser Ausschau halten. Von weitem sehe ich Buckelwale, Delphine und Seelöwen aus dem Wasser auftauchen. Die Vögel segeln knapp über der Wasseroberfläche ohne einen Flügelschlag zu tätigen und schwups, steigen sie wieder senkrecht dem Himmel entgegen.

Im Zeitlupentempo schlängeln wir uns den Anden entlang. Die Außenperspektive des riesigen Gebirges beeindruckt mich schwer. Mein Selbstwertgefühl steigt, wenn ich mir vorstelle, dass ich vor kurzem die vielen Berge und Täler in die Gegenrichtung durchquert habe. Was ich dabei alles erlebt habe! Ich fühle mich sehr viel selbstsicherer als zu Beginn der Reise, als ich in Neuseeland auf mein Arbeitsvisum warten musste. Stolz klopfe ich mir auf die Schulter. Auch mein Selbstvertrauen scheint mit jedem Anblick grösser zu werden.

Denn – so überlege ich mir –dies ist eigentlich ja nur der letzte Teil des längsten Gebirges der Welt. Wenn ich einfach weiterfahre Richtung Norden, könnte ich auch am anderen Ende des Gebirges stehen. Wie lange das dauern würde ist ungewiss. Hauptsache, ich habe wieder ein neues Ziel und einen erlebnisreichen und langen Weg vor Augen. Über die Reling schauend wird mir auf einmal bewusst, dass ich es schaffen kann. Darüber ziemlich erfreut frage ich mich trotzdem, woher das plötzliche Aufblühen meiner Zuversicht kommt.

In meiner Kajüte akzeptiere ich neue Freundschaftsanfragen über einen Social-Media-Kanal. Es sind oft Reisende, mit denen ich auf diese Weise gelegentlich Informationen austausche. Eine Freundschaftsanfrage ist von jemandem, den ich nicht gleich erkenne. Ich sehe im Profil nur, dass die Person aus Puerto Montt ist. Ich schreibe ihm und es wird schnell klar, dass er derjenige ist, der mir in der Silvesternacht vor die Füße fiel und der in Begleitung der eleganten, weiß gekleideten Dame war! Das ist perfektes Timing. Seit unserer kurzen Begegnung vor zwei Monaten hatten wir keinerlei Kontakt, und jetzt, in Richtung Puerto Montt unterwegs, kommt aus dem Nichts eine Freundschaftsanfrage. Wie hat er mich bloß im Netz gefunden? Mich überrascht, dass er sich überhaupt noch an mich erinnert, so betrunken wie er damals war.

Der unleserliche Zettel mit der Nummer der Dame ist bis heute in meiner Jackentasche. Immer wieder hatte ich ihn in den Händen und fragte mich, ob ich sie jemals wiedersehe. Und jetzt erfahre ich via Internet, dass sie Julieta heißt und bin schon online mit ihr befreundet! Ich bin aufgedreht wie ein kleiner Bub. Wir schreiben einander:

»Wann kommst du nach Puerto Montt?«

»In zwei Tagen.«

»Du bist unser Gast. Wir haben ein Gästezimmer für dich bereit!«

Ich bedanke mich für die Einladung und frage gleichzeitig, ob es in Ordnung wäre, wenn ich meinen Bruder mitbrächte. Dann bricht die WLAN-Verbindung ab.

Morgens um sieben verlasse ich das Schiff. Auf dem Pier Richtung Hafen fahrend, sehe ich meinen Bruder von weitem winken. Es ist ein spezieller Moment. Wir umarmen, drücken und schlagen uns auf die Schulter. Die Wiedersehensfreude nach einem Jahr ist riesig. Wir kommen zunächst nicht weit. Spontan in der nächsten Hafenkneipe gelandet bemerken wir, dass die Gäste morgens um acht Uhr bereits mehrere Ein-Liter-Bier-flaschen vor sich stehen haben. Ungewohnt, aber bis Arbeiter zum Mittagessen hineinkommen, sieht es auf unserem Tisch nicht anders aus. Wir haben uns Unmengen zu erzählen. Ich erzähle ihm von meinen Gedanken und Gefühlen während der Schiffsreise.

»Durch das Betrachten des Gebirges ist ein so großes Selbst-vertrauen entstanden, dass ich jetzt Lust habe, übermütig zu werden. Mein neues Ziel ist nun, das andere Ende des Gebirges zu sehen! Was meinst du, was kann das sein, was mich auf dem Schiff plötzlich in diese euphorische Stimmung gebracht hat?«

Der Bruder nimmt einen Schluck Bier, stellt das Glas ab und meint ganz trocken: »Das Gebirge von der anderen Seite zu sehen, so etwas verrücktes habe ich noch nie gehört. Du scheinst mir vor Selbstliebe nur so zu strotzen!«

Ich fülle die Gläser wieder auf. »Selbstliebe? Was hat denn die Liebe mit meinem neuen Plan zu tun? Ich bin alleine und ohne Frau mit meinem Motorrad unterwegs! Das Bier bekommt dir wohl nicht gut!«

»Doch, es schmeckt ganz gut. Bei dem, was du sagst, habe ich das Gefühl, dass du gut im Einklang mit dir selbst bist. Dem sagt man eben Selbstliebe. So wie ich mich an deine E-Mails aus der Zeit in Neuseeland erinnere, hast du dich wertlos ge-fühlt. Dein Selbstwertgefühl war am Boden und du hast nur noch schwarzgesehen. Ungeduldig hast du einen Kampf mit dir selbst geführt, bis du sogar ans Aufgeben gedacht hast. Das Gute in dir hast du nicht mehr gesehen. Du hast dich selbst nicht akzeptiert und das hat dich aus der Bahn geworfen. Sich selbst zu mögen, wie man ist, tut unheimlich gut und ist die erste Liebe überhaupt!«

»Ach so ist das also. Vielen Dank, dass du extra auf die andere

Seite der Welt kommst, um mir das zu erklären. Krüge hoch, mein Bruder, und Prost!«

Dank des Handyempfangs meines Bruders teile ich meinen neuen Bekannten in der Stadt mit, wo wir sind. Kurz darauf knallt die Tür auf und der verrückte Tischtänzer von der Silvesterparty erscheint. »Toll, dich wiederzusehen! Was tut ihr denn in dieser heruntergekommen Fischerkneipe? Julieta besitzt ein großes Haus und hat für heute Abend einen Asado, ein Grillfest für Freunde vorbereitet. Ihr seid herzlichst dazu eingeladen.« Dann muss er schon zurück zur Arbeit.

Am Abend finden wir das nach Grillade riechende Haus im Wohnquartier. Niemals hätte ich mir diesen Moment vorstellen können. Nervös drücke ich die Klingel. Es ist ein unbeschreiblicher Moment, Julieta wiederzusehen. Wir begrüßen ihre Freunde und setzen uns zur Gruppe, die gerade eine hitzige Diskussion führt.

Wir hören nur zu, und ich übersetze meinem Bruder, worum es im Gespräch geht. Julieta erzählt ihren Freunden ununterbrochen von ihren Kunden und was sie noch alles zu erledigen habe. Wir beide fangen an, uns über meine alten Zeiten zuhause zu unterhalten. Damals war auch ich vor lauter Arbeit nicht mehr zu bremsen, bis mir alles über den Kopf gewachsen ist. Mir kommt ihr Alltagsstress trotz anderen Landes und anderer Branche bekannt vor und ich kann gut verstehen, warum sie sich so ärgert.

Trotz der überaus netten Gastfreundschaft beschließen mein Bruder und ich am folgenden Tag leicht verkatert, mit seinem Mietauto auf eine zehntätige Rundtour aufzubrechen. Das Motorrad darf ich beim Tischtänzer daheim hinter einer Gittermauer sicher abstellen.

Nach der ersten Wanderung stellen wir am Abend das Zelt an einem See auf. Am Lagerfeuer sitzend unterhalten wir uns über seine Alltagssorgen und warum er die Arbeitsstelle jetzt endgültig gekündigt hat. Ich fühle mit ihm, versetze mich in seine Lage und rege mich über die Situation auf, als sei ich persönlich von den Restrukturierungmaßnahmen in seinem Geschäft betroffen. Plötzlich sagt er ganz ruhig:

»Weißt du was? Das Problem bist du. Wieso regst du dich dermaßen über die Probleme anderer Menschen auf? Schau einmal bei dir selbst, warum es dich ärgert. Du solltest akzeptieren, wie die anderen denken und was sie tun, so wie du dich selbst auch akzeptierst bei dem, was du tust. Das heißt nicht, dass du mit allem einverstanden sein musst. Ich wechsle darum ganz einfach die Stelle und lasse die Geschäftsleitung das tun, was sie richtig findet. Ich sehe keinen Grund, mich deswegen derart aufzuregen, wie du es gerade tust. Nimm die Dinge und vor allem die Menschen, wie sie sind! Für mich bedeutet Akzeptanz, eine gewisse Liebe zu Dingen zu entwickeln. Auf diese Weise lässt es sich doch viel entspannter leben. Gesellschaftliche oder politische Meinungsverschiedenheiten gilt es auch zu akzeptieren, weil jeder seine eigene Einstellung haben darf. Mich dünkt, dafür, dass du seit über einem Jahr aus unserem Alltagstrott ausgestiegen bist, lässt du dich emotional immer noch sehr schnell mitreißen.«

Ich bin einen Moment sprachlos. Meine anhaltende Negativität in Bezug auf gewisse Themen ist mir bis jetzt gar nicht so bewusst gewesen. Mein Bruder aber sieht nach all der Zeit den alten Thomas noch deutlich durchschimmern. Wie schön, dass er ans andere Ende der Welt kommt, um mich nebst meinem sogenannten Selbstliebehoch auch noch darauf aufmerksam zu machen. Während unserer Rundtour merken wir, wie gut es tut, wieder einmal zwei Wochen am Stück gemeinsam zu erleben. Seit unserer Kindheit war das nicht mehr der Fall. Eine alte Bruderliebe blüht auf, die mir bis jetzt nie so ganz bewusst war. Es ist eine Beziehung, die uns seit Beginn des

Lebens verbindet. Egal wie lange man sich nicht sieht, sie ist immer noch da.

Wieder zurück in Puerto Montt geht unser gemeinsamer Weg bald zu Ende. Nächste Woche tritt er in der Schweiz seine neue Stelle an und ich breche auf zu meinem neuen Ziel. Beim Abschied winke ich weiter und weiter, bis ich realisiere, dass er schon längst im Verkehr verschwunden ist und ich alleine auf der Straße stehe. Ein Gefühl von Einsamkeit überkommt mich. Mir ist, als verlasse mich soeben ein Teil von mir. Ich werde die Vertrautheit und das Teilen der Momente vermissen. Ein Wiedersehen mit Julieta könnte mich trösten. Aber sie ist nicht mehr in der Stadt.

Per E-Mail teilt sie mir mit, sie sei in Viña del Mar sehr beschäftig. Da bleibt mir nur mein Motorrad zum Plaudern. Zurück beim Haus des Tischtänzers, der auch abwesend ist, begrüße ich mein übelriechendes und schmutziges Motorrad. So wie das stinkt, will das sicher niemand klauen. Die Hunde haben es so gut bewacht und regelmäßig daran gepinkelt, dass die Radspeichen, der Ständer und die Antriebskette bereits verrostet sind.

Nach unseren Strapazen in Feuerland schenke ich meinem Fahrzeug gerne ein wenig Liebe und Pflege. Nach Ölwechsel, Reinigung und Servicearbeiten, schweiße ich beim Nachbarshaus Metallhalterungen, um die neue Frontscheibe am Lenker zu montieren. Sie ist zum Wohl meines Oberkörpers, der so nicht länger dem ständigen Fahrtwind zu trotzen braucht. Um künftigen Verspannungen vorzubeugen, versuche ich zusätzlich mit einer Lenkererhöhung eine bessere Ergonomie zu erreichen.

In leicht getrübter, einsamer Stimmung breche ich nach getaner Arbeit auf und verziehe mich wieder auf Waldwege, um alleine statt im Verkehr der Schnellstraßen zu fahren. Mein

Ziel ist, die nächsten zwei Tage durch die auf der Karte als Wald markierte Fläche zuerst nördlich, dann östlich einige hundert Kilometer zurück in die Berge zu fahren. Von da aus will ich Wanderungen mit Weitsicht unternehmen und frische Luft einatmen.

In Gedanken über Liebe und Akzeptanz versunken, fahre ich mit achtzig Stundenkilometern über die festgefahrene Erde eines Forstweges. Plötzlich stecke ich in loser Erde von Fahrspuren und verliere sofort alle Gedanken, außer, dass ich jetzt gleich vom Motorrad fliegen werde! Das Hinterrad steckt in einer anderen Fahrspur als das Vorderrad! Das Heck wirft mich nach links und rechts, hin und her, wie beim Rodeo! Irgendwie gelingt es mir trotzdem, den Lenker festzuhalten, bis ich das Motorrad in den Büschen am Wegrand zum Stillstand bringe. Mein Herz rast und meine Beine sind weich.

»Jetzt bleib bei der Sache und lass dich nicht von Gedanken derart ablenken! Ein Unfall alleine im riesigen Wald würde dich derart aus der Spur werfen, dass du dein Ziel nie erreichen würdest. Es würde dich eher zum endgültigen Stillstand zwingen!«

Anstatt mich zu loben, dass ich nicht hingefallen bin, tadle ich mich selbst und vergesse die Selbstachtung in diesem Augenblick komplett. Ich fahre verunsichert und langsam weiter. Dabei verfolgt mich der Gedanke, ob dieser Zwischenfall einen Grund haben könnte und ob es nicht vielleicht besser wäre umzukehren. Aber trotzdem fahre ich bis zum Einbruch der Dunkelheit weiter. Es ist eine herrliche Nacht. Das Rauschen des Windes in den Blättern wiegt mich in den Schlaf.

Beim Frühstück stelle ich am Himmel eine seltsame Wetterveränderung fest. Der graue Wolkenhimmel scheint einen komisch schimmernden Gelbstich aufzuweisen. Was braut sich denn heute zusammen? Auf dem Motorrad unterwegs, schweift mein Blick oft dem immer dunkler werdenden Himmel entgegen. Er ist inzwischen so dunkel, dass ich jeden Moment mit Blitzen, Donner und Platzregen rechne. Vier Stunden später ist es jedoch noch immer trocken. Ich bin irritiert. Etwas stimmt nicht. Diese merkwürdigen Wolken lenken mich schon den ganzen Tag beim Fahren ab.

Über einen kleinen Berg fahre ich ins nächste Tal und habe freie Sicht aus dem Wald heraus. Jetzt sehe ich das Unwetter! Am Horizont türmen sich riesige, gelbbraune Wolken auf. Ich brauche ein paar Sekunden, um zu realisieren, dass ich hier keinen Wasserdampf sehe, sondern Rauchwolken. Der Wald brennt. Schnell halte ich an, reiße mich von dem Anblick los und schaue auf der Karte, wie der Weg verläuft. Er führt exakt in diese Himmelsrichtung und ist noch dazu der einzige. Es gibt keine Abzweigung mehr bis zur Fischerstadt Tirua am Meer. Angespannt und in der Hoffnung, dass dieses Inferno noch weit entfernt ist, fahre ich weiter. Dieser Weg muss passierbar sein.

Die Luft verändert sich, ich kann das Feuer jetzt riechen. Eine halbe Stunde später brennen meine Augen und meine Nase. Der rauchige Nebel wird immer dichter und plötzlich stehe ich vor dem Brand. In der sogenannten freien Natur unterwegs, bin ich gefangen und stecke in der Klemme! Zurück kann ich nicht, das Benzin würde nicht reichen. Ich muss das irgendwie schaffen. Bis Tirua ist es nicht mehr weit!

Der Waldbrand scheint abzuklingen. Die meisten Bäume müssen vor kurzer Zeit verbrannt und umgefallen sein. Am Boden liegt glühendes, qualmendes Holz. Hier und da brennen noch einzelne Bäume. Der Weg wirkt, soweit ich in diesem Nebel sehen kann, passierbar. Nur – sehr weit kann ich nicht sehen. Soeben fällt etwa hundert Meter weiter ein Baum zu Boden. Hier noch lange herumzustehen und abzuwägen macht keinen Sinn. Jetzt gilt es zu reagieren und zu handeln. Ich muss los. Auf keinen Fall darf ich über Glut fahren und so beginne ich, vorsichtig im Slalom über den Weg zu zirkeln.

Die Hitze und der Rauch sind fast nicht auszuhalten. Das Blut kocht in meinen Adern. Mein Herz klopft und die Anspannung steigt noch, als ich meinen Blick kurz von der Straße löse. Es ist, als schaue ich einem mächtigen Tod in die Augen. Alles ist schwarz und zerstört. Alles ist reglos, außer das Auflodern einiger kleiner Feuer. Der Tod scheint zeitlos in dieser Umgebung, aus der alles Leben verschwunden ist. Diese Energie ist so eindrücklich, dass ich dieses Spektakel gerne länger bestaunen würde. Aber ich weiß, ich muss so schnell wie möglich weg hier, der Boden ist infernalisch heiß, und meine Reifen drohen zu schmelzen. Einige hundert Meter weiter sehe ich aufrechtstehende Bäume und fahre, so plötzlich wie ich in diese tote Welt hineinfuhr, auf der anderen Seite wieder in eine lebende. Plötzlich wieder im grünen Wald zu stehen, als wäre alles normal, ist sehr speziell. Wie aus einem Alptraum erwachend, schaue ich nochmal zurück und beruhige mich wieder.

In diesem heißen Moment sind mein Motorrad und ich zu einem Team verschmolzen! Ich fühle eine Woge der Zuneigung zu meinem zweirädrigen Begleiter und umarme es. Es sind die brenzligen Momente, die uns mehr und mehr zusammenschweißen. Es ist mein vertrauter Partner, mit dem ich meine Gegenwart teile. Es ist sozusagen ein Teil von mir geworden. Als eingespieltes Team unterstützen wir uns gegenseitig, wenn es darauf ankommt. Jeder andere Reifen wäre in der Hitze geplatzt, während mich mein Partner, der Herausforderung bewusst, sicher hindurchgeführt hat. Ich klopfe ihm dankbar auf den Tank und fühle in diesem Moment Liebe für diesen mobilen Metallkumpel. Voller Stolz finde ich, dass er einen Namen verdient und taufe ihn spontan *Feuertiger*.

Der kurvige Forstweg führt uns einen steilen Hang hinunter. Konstant stehe ich leicht auf der Bremse. Plötzlich trete ich das Bremspedal bis zum Anschlag durch. Die Bremse ist überhitzt und zeigt keine Wirkung! Auf losem Untergrund ist ein Anhalten per Vorderbremse riskanter als ein vorsichtiges Weiterrollen. Sofort bin ich mir der Herausforderung bewusst, meinen heiß geliebten Feuertiger verantwortungsvoll ins Tal zu bringen.

Ich muss meinem Bruder recht geben, was die Akzeptanz in bestimmten Momenten angeht. Es wäre sinnlos, mich aufzuregen, dass die Bremse soeben versagt hat, und so handle ich selbstbewusst und zielstrebig, um heil aus dem Missstand zu kommen. Ich finde sogar, dass Gelassenheit mich unbeschwerter macht und auch der Suche nach Freiheit ein Stück näherbringt.

Während der letzten fünfzig Kilometer bis Tirua sehe ich in der Entfernung riesige Rauchwolken in den Himmel aufsteigen. Kurz vor der Stadt finde ich eine nur leicht bewaldete Region mit sandigem Boden. Hier fühle ich mich vor der Waldbrandgefahr geschützt und stelle mein Zelt auf. Im Schlafsack liegend bin ich dankbar und klopfe mir schon wieder auf die Schulter. Erneut wird mir bewusst, wie unbedeutend ich als

Mensch bin, der immensen Naturkraft war ich frei ausgeliefert. Wie schön, dass ich kerngesund im Zelt liegen darf.

Nachdem ich in Tirua Benzin und Proviant aufgefüllt habe, entdecke ich ein Internetcafé. Julieta hat mir geschrieben und möchte wissen, wie es mir geht und wo ich unterwegs bin. Sie würde sich freuen, wenn wir uns erneut sähen. Es sei schade, dass wir an der Grillparty nicht viel zusammen geredet haben. Da ich in ihren Gedanken kreise, möchte sie mich besser kennenlernen. Sie sei zwar beruflich in Viña del Mar stark beschäftigt, freue sich aber trotzdem, wenn mein Weg bei ihr vorbeiführt. Ich freue mich natürlich über die schönen Worte, werde aufgeregt und verwirrt. Ich weiß gar nicht so recht, was ich antworten soll. Ich starre zum Fenster hinaus und frage mich: Was will ich überhaupt?

Sehnsucht nach körperlicher Liebe und Sexualität sind da, wenn ich mir die hübsche kleine Dame vorstelle. Ich bin eben auch nur ein Mensch, aber nur mit Sex im Kopf zu ihr zu fahren finde ich egoistisch und falsch. Es wäre ihr gegenüber ungerecht und ich befürchte, dass die Luftschlösser, die ich gerade kreiere, mich von meinem Weg ablenken. Es sollte doch ein Gefühl oder eine Verbindung bestehen, wenn man sich von jemandem angezogen fühlt. Dass mir der Tischtänzer an Silvester vor die Füße fiel und uns dadurch in Kontakt brachte, kann kein Zufall sein. Aber was ist der Grund? Denn am Grillfest ist sie mir sehr gestresst vorgekommen, das reizte mich kaum. Außerdem führen wir so verschiedene Leben mit anderen Interessen.

Eigentlich fühle ich mich in meiner Welt, mit Feuertiger als zuverlässigem Partner im Wald unterwegs, gerade sehr zufrieden. Im gleichen Atemzug reizt mich aber doch etwas an Julieta! Jetzt aber stopp! Es ist völlig unrelevant, was ich die ganze Zeit denke. Thomas, lass dich jetzt bloß nicht von einer

Nachricht derart ablenken und tue das, was du vorhast. Es wird sich dann von selbst zeigen, was sich wann ergibt. Ich setz mich an die Tastatur und antworte ihr: »Ich weiß noch nicht, wann ich bei Viña del Mar vorbeikomme. Wenn ich in die Nähe komme, melde ich mich einige Tage vorher gerne wieder bei dir. Ich würde mich auch freuen, dich wiederzusehen.«

Richtung Andengebirge wieder auf einer richtigen Straße unterwegs, frage ich mich, ob ich in der momentan gefühlten Einsamkeit richtig gehandelt habe. Statt menschliche Nähe zu suchen, verziehe ich mich wieder alleine in die Natur. Ich bin doch so etwas von widersprüchlich! Warum kommt mir das erst jetzt in den Sinn? Eine attraktive Frau schreibt mir, dass sie mich besser kennenlernen möchte. Wenn ich nur daran denke, verliebe ich mich bereits in die Vorstellung, wie schön es sein könnte, jetzt mit ihr Momente zu teilen, anstatt alleine im Gebirge zu hocken. Nach einer Weile muss ich beim Denkapparat die Stopptaste drücken, um mich in meinem Plan nicht weiter beirren zu lassen.

Wegen eines losen Gepäckstücks angehalten, knie ich neben Feuertiger nieder. Während mein Blick kurz an der Radschwinge vorbeischweift, glitzert mir aus dem Schmutz etwas ins Auge. Als ich genauer hinschaue, erkenne ich Metallspäne! Wo kommen die plötzlich her? Die Ursache an der Kettenführung suchend, stelle ich am vorderen Ritzel Spiel auf der Verzahnung der Antriebswelle fest! Warum genau jetzt? Schnell nehme ich Werkzeug und ein neues Ersatz-Ritzel aus dem Gepäck, montiere dieses am Straßenrand und fahre weiter. Nach hundert Kilometern kommt die Abzweigung in die Berge. Ich halte kurz an, um nach dem neu montierten Ritzel zu sehen. Unglaublich, schon wieder entdecke ich Metallspäne und das neue Ritzel hat bereits wieder so viel Spiel wie das Alte. Doch damit nicht genug. Das Motorgehäuse ist ölig. Der Dichtring der Antriebswelle ist undicht geworden und verliert Getriebeöl!

An der Kreuzung stehend sehe ich verschiedene mögliche Richtungen vor mir. Was tu ich jetzt? Neben Feuertiger auf dem Boden sitzend trinke ich eine Büchse warmes Bier und überlege. Geradeaus Richtung Norden führt mich die Schnellstraße in zwei Tagen zu Julieta nach Viña del Mar. Sofern Feuertiger den siebenhundert Kilometern noch standhält. In der Stadt könnte ich mir alles Notwendige besorgen und ihn in aller Ruhe reparieren. Das wäre der bequemste und sicherste Weg. Aber so schnell gebe ich jetzt nicht auf. Ich überlege, wie ich es trotzdem in die Berge schaffe. Dann habe ich die zündende Idee. Ich schneide kleine Stücke aus der Bierdose und klebe sie zwischen die Zahnflanken, um das Spiel des Ritzels zu beheben. Außerdem habe ich noch einen Liter Getriebeöl vorrätig. Voll überzeugt beginne ich geduldig unter einem Baum neben der Kreuzung, etliche Stücke von 1 x 10 Millimeter zu schneiden. Stundenlang bastle ich, verzweifle aber zunehmend dabei, all die kleinen Stücke einzukleben. Der Abend bricht herein, als es endlich geschafft ist. Es ist zu spät um weiterzufahren, und so verschiebe ich für die Nacht alles Material einige Meter tiefer in die Büsche.

Am nächsten Morgen kurz nach Aufbruch löst sich mein Plan in Luft auf. Immerhin bin ich um eine Erfahrung reicher: Die Alustücke haben sich nach wenigen Kilometern aufgelöst, die Kette rasselt und ich stehe wieder vor dem gleichen Problem wie gestern.

Zurück an der Kreuzung besteht kein Zweifel, in welche Richtung ich fahre. Dabei denke ich, was für ein unglaublicher Kontrollmensch ich bin. Inzwischen sollte ich es besser wissen. Trotzdem bestand mein hartnäckiger Verstand auf dem Versuch, das Wanderziel in den Bergen zu erreichen und ist gerade gescheitert. Es ist, als würden übersinnliche Kräfte die Richtung bestimmen. Um zu erleben, warum ich Julieta getroffen habe, zieht mich das Schicksal schneller zu ihr als gedacht.

Nach zwei langen Fahrtagen erreiche ich Viña del Mar. Inzwischen fast ohne Getriebeöl im Motor, läuft der Feuertiger auf dem letzten Zahn. Erleichtert, dass ich es geschafft habe, suche ich ein Internetcafé, um Julieta zu schreiben, dass ich früher als gedacht in der Stadt angekommen bin. Ich erhalte einen Hausnamen und finde nach einer Suchaktion im Häuserwald eines Stadtviertels mit Meersicht den zwölfstöckigen Block. Quasi im selben Moment kommt sie mit vollen Taschen vom Einkauf zurück. »Ich habe für uns jede Menge Essen und Trinken gekauft«, ist ihre Begrüßung.

Das Gepäck verstaut, frisch geduscht bei ihr in der bereits nach köstlichem Essen riechenden Küche, fühle ich mich erstmal sehr gut aufgehoben.

»So«, meint sie. »Jetzt haben wir Zeit, uns in Ruhe besser kennenzulernen.«

Dann beginnt sie zu erzählen, was sie tut und mit welchen Problemen sie zu kämpfen hat. Sie vermietet Ferienwohnungen und zurzeit herrscht Hochsaison. Sie schildert mir mühsame Situationen mit Gästen, die eine Wohnung gebucht haben, jedoch nicht erscheinen oder ihre Rechnungen nicht bezahlen. Im Laufe des Abends erzählt sie, dass sie zusätzlich im derzeit sehr lukrativen Immobiliengeschäft in Santiago in zwölf Neubau-Wohnungen investiert. Auch da herrscht pure Hektik. So vergehen die Stunden.

Am nächsten Tag spazieren wir auf der Strandpromenade. Da ich keine Lust mehr auf die verrückte Geschäftswelt habe, frage ich sie nach der Geschichte ihrer Familie. Zum Glück lässt sie sich auf den Themenwechsel ein.

Ursprünglich gehört ihre Familie zu einem Stamm der Mapuche, der sich an einem Fluss angesiedelt und bis vor fünfzig Jahren weitgehend selbstversorgend da gelebt hat. Ihr Großvater ist der Einzige, der heute noch dort wohnt. Alle Nachfolgegenerationen der großen Familie haben ihre traditionellen

Lebensformen aufgegeben und leben heute in der Stadt. Ihre Eltern kamen in den Sechzigerjahren nach Puerto Montt, als das Fischereigeschäft boomte. Die Mutter führte eine Pension für Fischer und arbeitete ununterbrochen. Als Kind arbeitete Julieta neben der Schule jeden Tag im Betrieb mit. Sie war gut im Rechnen und hat bereits im Jugendalter die Buchhaltung für ihre Mutter geführt. Mit zwanzig Jahren wurde sie selbständige Buchhalterin und hat in Spitzenzeiten für zweihundert Fischer gearbeitet. Auf diese Weise verdiente die tüchtige Geschäftsfrau ihr Geld und rutschte mit den Jahren ins Immobiliengeschäft, in dem sie heute knietief steckt.

Wir machen Halt beim Eisverkäufer und setzen uns mit der kalten Leckerei auf eine Mauer. Jetzt fragt sie mich nach meiner Familie.

»Aufgewachsen bin ich auf einem Bauernhof. Meine Eltern haben, wie deine auch, hart gearbeitet. Auch ich musste – zwar nicht immer, aber oft – mithelfen, während meine Kollegen Fußball spielten. Es scheint, wir beide sind mit Leistungsdruck aufgewachsen und davon geprägt.«

Kaum zurück in der Wohnung klingelt auch schon wieder ihr Handy. Neue Gäste reisen an und finden den Weg nicht. Und schon ist sie wieder weg. Mir scheint, sie lebe wirklich nur in der Geschäftswelt. Trotz unterschiedlicher Kultur und Branche sind wir mit denselben Themen des normalen *Alltags* konfrontiert. Wenn wir uns sehen können, versuche ich ihr mehrmals zu erklären, dass ich über die Jahre von diesem sogenannten Normalen krank wurde. Ich habe meine Konsequenzen gezogen und mich von der Geschäftswelt distanziert. Sie kann oder will dies nicht verstehen. Wenn ich auf das Thema zu sprechen komme, sagt sie ständig, was sie noch alles zu erledigen habe, so, als gäbe es nichts anderes. In mir keimt der Verdacht, dass sie absichtlich ausweicht, weil sie genau weiß, dass diese Themen sie betreffen. Das ist anstrengend für mich. Dennoch akzeptiere ich sie, wie sie ist.

Zehn Tage vergehen. Sie arbeitet. Ich kaufe ein und koche. Während der täglichen Fußmärsche werden die Gespräche immer privater, intimer und tiefgründiger. Auf einmal ist die Gesundheit dennoch ein Thema. Und was für eins.

»Wenn ich morgens um zwei den Computer ausschaltete und schlafen musste, schwirrten mir weiterhin die E-Mails im Kopf herum, und ich fand keinen Schlaf, bis der Wecker klingelte. Mit der Zeit wurde ich so müde, dass ich mich nicht mehr konzentrieren konnte. Seit einigen Jahren helfen mir Schlafmittel, ansonsten würde ich schon lange nicht mehr funktionieren. In letzter Zeit brauche ich zusätzliche Tabletten, damit die Wirkung die ganze Nacht anhält. Zwischendurch gehe ich rennen. Das hilft, mich zumindest für diese Zeit vom Alltagsstress zu befreien. Aber in der Nacht ist alles wieder da.«

Ich sage ihr, dass es mir vor der Reise genauso ging – mit dem feinen Unterschied, dass ich auf Medikamente verzichtete und auf Berggipfel stieg oder Motorradrennen fuhr, um abzuschalten. Mir ist auch aufgefallen, dass sie fast nichts isst, wenn ich für uns zwei koche. Ich frage sie, wie es um ihren Appetit und ihren Hunger steht.

Auf diese Frage reagiert sie verlegen. Sie zögert, doch nach einer Weile antwortet sie: »Mit meinem Magen und der Verdauung stimmt etwas nicht. Wenn ich esse, muss ich gleich aufs Klo rennen. Mein Arzt hat mir ein gutes Mittel zur Beruhigung des Magens und eines gegen den konstanten Durchfall verschrieben. Aber wirklich gut ist es nicht, darum habe ich mir angewöhnt, weniger zu essen. Ich muss ja weiterarbeiten können.«

Das ist ja interessant, auch dieses Thema ist mir bekannt, nur habe ich, im Gegensatz zu ihr, immer eine Unmenge gegessen.

Ich erzähle ihr, wie in Japan nach vier Jahren endlich mein Durchfall verschwunden ist.

Wir verbringen so viel Zeit wie möglich zusammen, wir lernen uns besser kennen. Hinter ihrer harten Schale taucht plötzlich ein weicher Kern auf. Sie wirkt beschädigt wie ein Wrack. Das Vertrauen zwischen uns ist jetzt so groß, dass sie ihre psychische Verfassung und wahren Gefühle nicht länger versteckt. Sie hat keine innere Kraft mehr, reagiert auf viele Themen emotional und weint viel. Sie ist richtig im Elend. Sie weiß nicht wie weiter, steht nahe vor der Verzweiflung und sieht keinen Ausweg. Das rasche Kaufen und Verkaufen im Investitions-Geschäft hält sie mit seiner Dynamik gefangen. Das Hamsterrad dreht immer schneller und wirft sie aus der Bahn. Sie hält dem Druck nicht mehr Stand und steckt in einer tiefen Depression. Nebst Antidepressiva versucht sie mithilfe einer alten, weisen Frau, die sie regelmäßig besucht, etwas besser mit ihrem Leben klarzukommen. Zwar interessiert sie sich kaum für Esoterik, ist aber dennoch begeistert, wie diese Aura-Seherin ihr hilft, ihren Alltagsstress zu bewältigen.

Am Strand lege ich meine Arme um sie und erzähle von einer Erkenntnis, die ich soeben habe.

»Wir besitzen eine Gemeinsamkeit. Du stehst jetzt etwa am gleichen Punkt wie ich vor etwa zwei Jahren. Dank Freunden habe ich mich entschieden, mein Leben zu verändern, und ich habe mich auf die Reise gemacht. Jeder muss selbst entscheiden, auf welche Art er gesund werden will.«

Sie antwortet: »Weißt du, an Silvester ist es mir so elend gegangen, dass ich am liebsten zuhause geblieben wäre. Aber zum Glück ging ich in den Club, wo wir uns trafen. Du hast mir einen kleinen Lichtblick ins neue Jahr mit auf den Weg gegeben. Ich bin dir sehr dankbar, dass du nun hier bist und mir ein Stück deiner Lebensfreude schenkst. Du öffnest mir die Augen dafür, dass gewisse Dinge wichtiger sind für ein glückliches Leben als die Arbeit.«

Trotz unserer intensiven Zeit muss ich immer wieder an Feuertigers abgenutzte Antriebswelle in der Tiefgarage denken. Wenn ich nicht den Motor zerlegen will, um die Welle zu ersetzen, bleibt nur die Lösung, das Ritzel direkt auf die Welle zu schweißen. Auch wenn ich die Zweisamkeit und die Wohnung mit Meerblick sehr genieße, möchte ich langsam wieder weiterziehen. Julieta fragt mich, ob ich ein Rennen gegen mich selbst fahre. Sie findet, ich sollte das Ganze gemütlicher angehen, wenn ich schon sage, dass ich alle Zeit der Welt hätte. Sie hat recht. Kaum habe ich eine Schweißerei gefunden und das Problem gelöst, fühle ich mich schon wieder im Zugzwang. Der Drang, immer weiterzuziehen, ist mir selbst unerklärlich.

Dann muss Julieta einige Tage geschäftlich nach Santiago. Beim letzten gemeinsamen Mittagessen überlässt sie mir die Wohnungsschlüssel und sagt:

»Weißt du was? Ich habe den Wunsch bekommen, mein Leben zu verändern. Du hast den Schritt gewagt. Das zu sehen, schenkt mir Hoffnung, auch wieder gesund zu werden. Du bringst mich auf neue Gedanken, aber ich weiß nicht, wie ich das angehen soll. Mir fehlt im Moment einfach die Kraft dazu.«

»Der erste Schritt ist schwierig. Lass dir Zeit und überlege dir einmal die wichtigsten Ziele für dein Leben. Was willst du? Das frage ich mich selbst auch immer wieder. Um Ziele zu erreichen, beginnst du mit einzelnen Entscheidungen. Wenn du wirklich willst, kannst auch du dein Leben verändern. Tu es einfach, das kriegst du hin. Ich möchte dich so gut ich kann dabei unterstützen. Hauptsache, du wirst gesund und glücklich.«

Als erste Unterstützung schleppe ich ihre zwei Rollkoffer zum Taxi, das vor der Tür wartet. Der Abschied fällt beiden schwer. Um die Emotionen im Zaum zu halten, sage ich: »Wir sehen uns wieder, egal wann und wo. Am besten freuen wir uns jetzt schon auf die Überraschung. Wir schreiben einander.« Während wir uns umarmen, flüstert sie mir ins Ohr: »Du strahlst für mich so viel Nächstenliebe aus, darauf komme ich gerne einmal zurück.« Dann steigt sie ins Taxi und verschwindet im Verkehr.

Wie bitte? Nächstenliebe? Was hat das jetzt zu bedeuten? Irgendwo, vielleicht im Religionsunterricht, ist mir das Wort schon begegnet. Ich winke, bis sie hinter der nächsten Hausecke verschwindet. Zurück in der Wohnung realisiere ich, wie unglaublich das alles ist. So schnell kann sich aus einer flüchtigen Bekanntschaft eine vertrauensvolle Beziehung entwickeln. Womit habe ich das Vertrauen verdient, Wohnungsschlüssel in die Hände gedrückt zu bekommen? Wie ein König fühle ich mich und betrachte auf dem Balkon mit einem Whisky-Cola den fabelhaften Sonnenuntergang. Das Wort Nächstenliebe lässt mir keine Ruhe. Auf ihrem alten Notebook suche ich im Internet nach der Definition.

»Helfendes Handeln zum Wohl der Mitmenschen. Der Nächste kann jeder Mensch in einer gewissen Notlage sein, dem man begegnet und mit einer wohlwollenden Tat hilft.«

Könnte es sein, dass sie sich unbewusst jemanden wünschte, der ihr hilft, den ersten Schritt zu wagen, weil ihr allein der Mut und die Kraft dazu fehlen? Aber basiert Liebe nicht auf Gegenseitigkeit? Wie kann sie mir als Nächste helfen? Ich lese in den Liebes-Definitionen weiter, bis ich auf die partnerschaftliche Liebe stoße:

»Der englische Begriff Part bedeutet Teil. Das heißt, man ergänzt oder unterstützt sich, denn man ist selbst Teil des Ganzen und erkennt, dass man sich gegenseitig braucht. «

Tage später habe ich das warme Nest hinter mir gelassen und befinde mich am trockensten Ort der Welt, der Atacamawüste.

Sogar hier schaffe ich es, mich mit der Außenwelt zu verbinden. Julieta hat mir geschrieben:

»Ich bin an einer Sitzung bei der Aura-Seherin gewesen, habe überraschende Informationen bekommen und bin äußerst beeindruckt. Ohne der Frau etwas zu erzählen, hat sie von dir geredet als kenne sie dich persönlich! Unter anderem hat sie folgende Worte zu mir gesagt:

Eine Engelsseele ist in dein Leben getreten. Sie unterstützt dich und hält dir einen Spiegel vor Augen. Du siehst, wie hübsch und gut du bist. Erkenne deine Schönheit, liebe dich wie du bist, und Selbstbewusstsein und Vertrauen kommen zu dir.«

Spannend! Das Thema Selbstliebe beschäftig mich ja auch seit der Schiffsreise. Was ich mit der folgenden Aussage zu tun haben soll, ist mir allerdings ein Rätsel.

»Nur wer sich verirrt, findet einen Ausweg. In einer Sackgasse stecken bedeutet zurück zum eigenen Ursprung. «

Julieta muss wohl selbst herausfinden, welche Bedeutung dies hat. Als ich ihr antworte, bin ich in Gedanken nur bei ihr.

Zurück auf der Straße starre ich wie versteinert ins Nichts. Auf einmal fällt mir ein, warum ich im Ort angehalten habe. Ich sollte dringend eine Straßenkarte der Wüste finden. Ich möchte im Nationalpark Pan de Azúcar, der sich mitten in der Wüste und trotzdem direkt am Meer befindet, einige Tage wandern. An der Tankstelle haben sie nur Trucker-Heftchen im Angebot. Auf dem Parkplatz frage ich die LKW-Fahrer, ob jemand zufällig eine Karte entbehren könnte. Tatsächlich zieht einer eine hervor und reicht sie mir durchs Fenster. Dankend nehme ich sie entgegen. Wenig später sehe ich, dass die Karte bereits 35-jährig ist. Aber ich denke, dass die Straßenführung in der Wüste wohl nicht so schnell ändert und breche optimistisch zum Pan de Azúcar auf.

Die nächsten drei Tage campiere ich am Strand, unternehme Fußmärsche durch die staubtrockenen Hügel und beobachte die faszinierende Vegetation. Denn die Wüste lebt! Kugelförmige Kakteen drängen sich in Gruppen zusammen und bringen mit ihren gelben Blüten Farbe in die karge Landschaft. Auch ich werde beäugt von großen Vögeln, die neugierig sind, wer in ihrem Revier herumstolziert.

Auf dem Weg nach Antofagasta biegt die Straße plötzlich rechts auf eine Schnellstraße ab. Sie umfährt das vor mir liegende Gebirge großräumig. Ich halte an, schaue geradeaus in die wunderschönen Berge direkt am Meer, wo ein Weg der Küste entlangführt. Zu meinem Erstaunen entdecke ich ihn sogar als kleine, gestrichelte Linie auf meiner alten Karte. Ihr zufolge sollte er mich in die Stadt führen, die mein heutiges Ziel ist.

Zuversichtlich fahre ich weiter geradeaus. Die Teerstraße endet. Die nächsten hundert Kilometer bis Antofagasta liegt ein sandiger, steiniger Naturweg vor mir, der eine spektakuläre Staubwolke hinter dem Motorrad verspricht. Mein Offroad-Herz schlägt höher. Gibt es etwas Schöneres, als eine Fahrt ganz allein der Küste entlang?

Nach etwa achtzig Kilometern wird die Piste plötzlich schmaler. Weicher Sand fordert mich heraus. Die Fahrt wird technisch anspruchsvoller. Die Sandstraße geht in einen schmalen Fußweg über. Direkt über der Brandung fahre ich auf felsigem Untergrund weiter. Ich widerstehe der Versuchung, den Weg vorher zu Fuß auszukundschaften und nehme die Herausforderung im Geländesport-Fieber an. Ein Sturz wäre verheerend. Ich würde mit dem voll beladenen Feuertiger senkrecht zehn Meter ins Meer fallen. Hinter einem Felsblock geht es plötzlich nicht mehr weiter. Ein Bergsturz hat den Weg verschüttet, an ein Weiterkommen ist nicht zu denken. Erst jetzt realisiere ich, wie brenzlig meine Lage ist. Wie wende ich jetzt meinen schwerbeladenen Feuertiger am Steilhang? Verdammt nochmal. Im euphorischen Sport-Modus habe ich mich soeben blindlings in die Falle geritten! Das Wendemanöver dauert über eine Stunde und kostet mich eine Unmenge an Energie. Endlich geschafft, setze ich mich völlig verschwitzt und durstig hin. Meine Tasche hält die nächste unangenehme Überraschung bereit. Mir bleibt nur noch ein Liter Wasser!

Ich fühle mich wie ein Kanarienvogel im Käfig. Die Panik unterdrückend suche ich auf alten Minenpfaden eine Möglichkeit, über das Gebirge ins Landesinnere zu gelangen. Jedoch enden alle Wege bei den Stolleneingängen. Die Sonne geht gleich unter. Wieder an der Küste stelle ich notgedrungen mein Zelt auf. Die Pasta wird an diesem Abend mit Meerwasser zubereitet, der gröbste Hunger wird so gestillt. Das letzte Stück Brot spare ich für den nächsten Tag. Im Schlafsack liegend höre ich das beruhigende Meeresrauschen und entspanne mich. Ein Gedanke schießt mir durch den Kopf und es läuft mir kalt den Rücken hinunter. Die Worte der Aura-Seherin sind mir wieder eingefallen.

»Nur wer sich verirrt, findet einen Weg. In einer Sackgasse stecken bedeutet zurück zum Ursprung.«

Offenbar betrifft dies wider Erwarten auch mich. Nun liege ich hier in der Sackgasse. Verirren bedeutet in meinem Fall, mich von wunderschönen Naturwegen blenden und ablenken zu lassen, dem Zauber zu folgen, bis ich feststecke. Nun gilt es, den Weg zurück zum Ursprung der Verlockung zu finden, sprich zur Abzweigung auf die Asphaltstraße. Vielleicht hat es die Aura-Seherin für Julieta genau so gemeint. Denn es könnte ja sein, dass sie vom Geld geblendet und dadurch vom eigenen Weg abgelenkt wurde. Ihre Sackgasse wäre dann die Krankheit und sie müsste sich zurückbesinnen, wo sie die falsche Abzweigung genommen hat.

Am Morgen erwartet mich der nächste Schreck. Der Benzintank ist nahezu leer! Wie weit muss ich zurück, um die nächste

Tankstelle, Wasser und Essen zu finden? Mist! Ich weiß es nicht. Im letzten Dorf standen nur verlassene Häuser! Nervös packe ich und breche sofort auf. Im Schritttempo fahre ich mit tiefer Drehzahl so sparsam wie möglich. Geht es bergab, schalte ich den Motor aus und rolle im Neutralgang weiter bis kurz vor Stillstand. Nach mehreren Stunden schaffe ich es zurück auf die Asphaltstraße, die um das Gebirge führt. Ein Schild behauptet, es seien 170 Kilometer bis Antofagasta. Mein Benzin reicht niemals. Dazu herrscht eine mörderische Hitze, und meine Kehle fühlt sich so trocken an wie der Staub auf der Straße. Im Standgas rolle ich bergauf, um hinter der Bergkette auf die Schnellstraße hinunter zu gelangen.

Im Minutentakt blicke ich auf den sinkenden Benzinpegel, bis im transparenten Tank nichts mehr zu sehen ist. Endlich komme ich oben an und vor mir liegt die endlose Fläche der Atacama-Wüste. Keine Spur irgendeiner Flüssigkeit, sei es Benzin oder Wasser. Im Neutralgang rolle ich etliche Kilometer talwärts. Die brütende Hitze wird in meinen Kleidern immer unerträglicher. Im Standgas rolle ich weiter, dann beginnt der Motor zu stocken und schaltet aus. Mit dem Mund blase ich in den Tank, um restliche Tropfen mit Druck in den Vergaser zu befördern. Vierhundert Meter weiter dasselbe Spiel. Nach dem vierten Mal ist aus. Sehe ich eine Fata Morgana in der Hitze schimmern? Nein. An der Einmündung in die Schnellstraße steht tatsächlich eine Tankstelle. Die letzten Meter schiebe ich Feuertiger.

Ich habe den Weg zurück zu meinem Lachen gefunden. Denn nach diesen nervlichen und körperlichen Strapazen sitze ich mit einem Strahlen im Gesicht und voller Selbstachtung hier und genieße die kleinen Dinge im Leben. In diesem Fall ein eiskaltes Getränk.

Die Stadt Antofagasta ist geprägt von den weltgrößten Kupferminen in der nahegelegenen Atacama-Wüste. Die Idee, als

Maschinist oder Mechaniker an einem so außergewöhnlichen Ort zu arbeiten, fasziniert mich immer noch. Am Straßenrand bestaune ich gigantische Baggerlöffel, die auf LKWs herumstehen. Ich schätze ihre Größe auf ein kleines Einfamilienhaus. Neue Lademulden für Muldenkipper sind so breit, dass sie beide Fahrspuren belegen. In der Ferne sind terrassenförmige Hügel zu sehen. Es ist eine vom Menschen geschaffene Landschaft aus Aushubmaterial. Am Fuß befindet sich ein im Vergleich winziger Maschinenpark. Die Riesen-Dumper sind nur kleine Punkte. Die Dimensionen sind unvorstellbar.

In der Stadt halte ich Ausschau nach einem Campingplatz. In einem eingezäunten Viertel am Stadtrand sehe ich eine Freizeit- und Sportanlage. Am Eingangstor frage ich den uniformierten Wächter nach einem Campingplatz. Eher unfreundlich schickt er mich gleich weg. Ich habe keinen Zutritt, denn dies ist das Wohnviertel für tausende Minenarbeiter. Sie leben von der Außenwelt abgeschnitten hinter Zäunen, auch wenn es ihnen mit Sportanlagen, Restaurants und Parkanlage an nichts fehlt.

Bei der nächsten Gelegenheit schreibe ich Julieta, wo ich mich befinde und dass es mir nach meinem Verirr-Erlebnis gut geht.

»Von wegen frei sein in der Natur. Außer, dass ich der Kraft der Naturelemente frei ausgesetzt bin, erkenne ich als winziger Mensch keinerlei Freiheit darin. Nein, die Natur bestimmt die Gegebenheiten, ich kann sie nur akzeptieren. Die einzige Freiheit ist, dass ich frei entschieden habe, diesen Weg zu wählen. Der Wind in Patagonien war so stark, der hätte mich leicht aus dem Sattel reißen können und beim Waldbrand fallen ganze Wälder wie brennende Zündhölzer um. Nun hat mich auch das bewegende Element Erde an meine Grenzen gebracht. Erdrutsche, die Wege zerstören und unpassierbar machen, sind wohl im Gebirge keine Seltenheit und werden mich bestimmt wieder in die Irre führen. Die Hauptsache ist, zurück zum Ursprung zu finden, sodass ich immer wieder über mich selbst lachen kann. Wie du siehst, nehme ich mir deine Worte sehr zu Herzen. Ich weiß sie zu schätzen und danke, dass ich mit praktischen Erfahrungen daran teilhaben darf. Grüß die Aura-Seherin beim nächsten Mal dankend von mir.«

In den nächsten Monaten wird Julieta zu meiner Funkzentrale. Sie wird sozusagen ein Teil von mir und eine wichtige Partnerin, mit der ich Momente teile. Sie ist die Einzige, die immer weiß, wo ich unterwegs bin und wie es mir geht. Trotz der großen Distanz sind wir beide in Zweisamkeit statt Einsamkeit angelangt.

Perfekte Zeitpunkte

Meistens alleine, ist meine Denkmaschine konstant damit beschäftigt, Pläne zu schmieden und Entscheidungen zu fällen. Aber sogar als Kontrollmensch habe ich keinen Einfluss darauf, wann der richtige Zeitpunkt für etwas gekommen ist. Meiner Augenfarbe gerecht werdend, schieße ich oft blauäugig einer Ungewissheit entgegen und lasse die Dinge einfach geschehen.

Einige behaupten, ich sei naiv unterwegs. Das kann schon sein. Dadurch merke ich jedoch, dass Momente von Schicksal, Zufall und Glück unvorstellbar kraftvolle Phänomene sind. Sie sind das Wichtigste für die Erfüllung meiner Ideen und gerade sie sind nicht plan- oder kontrollierbar. Trifft ein perfekter Zeitpunkt ein, gibt es nichts weiter darüber nachzudenken. Man handelt, als wäre es das Selbstverständlichste der Welt. Inzwischen weiß ich eigentlich, dass ich auf solche Momente nur warten muss. Trotzdem bleibt es für mich eine große Herausforderung, der Ungewissheit zu vertrauen. Umso grösser ist die Freude, wenn mir das Glück die Lösung plötzlich wie aus heiterem Himmel vor die Füße fallen lässt.

Vor kurzem hat mich das Glück praktisch ohne Benzin und Wasser bis knapp vor die Tankstelle geführt. Ein unerklärliches Phänomen – als wäre die Distanz exakt berechnet gewesen, ist schlussendlich alles perfekt aufgegangen.

Durch die staubtrockene Wüstenhitze gelange ich in das Oasendorf San Pedro de Atacama, im Nordosten von Chile. Es ist beeindruckend, wie Wasser die braune Landschaft auf einmal in eine grüne Oase verwandelt. Vor einiger Zeit wurde mir ein Floh ins Ohr gesetzt. Im Gegensatz zum letzten spontanen Off-road-Entscheid bereite ich meine nächste Tour seriös vor. Das ist auch nötig. Falls dabei etwas schief geht, wird es richtig ernst.

Die Laguna Route führt gleich hinter der Grenze sechshundert Kilometer durch Bolivien, über die Altiplano-Hochebene bis zur weltgrößten Salzpfanne der Erde, dem Salar de Uyuni, der etwa gleich groß ist wie ganz Jamaika. Ich plane dafür vier Tage. Auf einem Weg ohne Straße in über 4300 Metern Höhe.

Entsprechend gibt es einiges vorzubereiten. Zum Beispiel suche ich wieder einmal eine Schweißanlage, um ein Gestell für einen Zusatzkanister Benzin zu konstruieren. Die nächste Tankstelle befindet sich in Uyuni, was bedeutet, dass ich meine Reichweite auf sechshundert Kilometer erhöhen muss. Durch den Hostal-Besitzer lerne ich eine Frau kennen, die für ein Jeep Tour-Unternehmen arbeitet. Sie ist im Kontakt mit Tourguides und kann mir darum genaue Angaben zu den aktuellen Gegebenheiten und zu den Distanzen geben. Von ihr erfahre ich sehr hilfreiche Tipps wie zum Beispiel, dass ich immer Früchte mit dabeihaben soll, um den Leuten, die im Gebirge mit sehr wenig leben, eine Freude zu bereiten.

Seit meiner Ankunft geschieht hier etwas extrem Ungewöhnliches. Es regnet konstant und das kommt hier alle hundert Jahre einmal vor. Die Bedingungen sind alles andere als optimal. Zurzeit ist der Schneefall in den Bergen das große Thema in der grünen Wüstenoase. Ohne Wegweiser muss ich mich auf die Fahrspuren im Sand verlassen, um den richtigen Weg zu finden. Im Moment jedoch, so sagen die Leute im Dorf, verdecke der Schnee die Spuren und ein Durchkommen sei unmöglich. Dank der Tourguides weiß ich zumindest, dass die Schneemenge auf der Hochebene in Wahrheit sehr gering und vom Wind verblasen ist.

Trotzdem plagen mich Nervosität und Anspannung, wenn ich daran denke, wie ich vor kurzem mit einem blauen Auge davongekommen bin. Immer wieder schaue ich in die schneebedeckte, wolkenverhangene Berglandschaft und gerate zunehmend in Zweifel. Allein die riesige Hochebene zu überqueren ist ein großes Risiko. Was ich bräuchte, wäre ein Team.

Nach vier Tagen Vorbereitung und fast konstantem Regen, ist der Zeitpunkt zum Aufbruch gekommen. Ich bin eigentlich startklar, warte aber verunsichert zwei weitere Tage ab. Genau zu diesem Zeitpunkt werde ich aus heiterem Himmel überrascht. Ich erhalte eine E-Mail von den Schweizer Motorradfahrern Daniel und Roland, die ich damals im Süden von Patagonien am Lagerfeuer auf dem Camping kennengelernt habe! Zwischenzeitlich sind tausende Kilometer ohne gegenseitigen Kontakt an uns vorbeigerauscht und genau jetzt schreiben sie mir zum ersten Mal.

Ihre Nachricht freut mich riesig. Sie berichten von ihrer Route durch Uruguay und Paraguay und dass sie nun via Argentinien auf dem Weg nach San Pedro de Atacama sind. Was? Genau jetzt? Unglaublich! Ich muss den Text zweimal lesen, um es zu glauben. Tatsächlich übernachten sie heute in Salta, über fünfhundert Kilometer entfernt, und morgen werden sie über die Grenze nach Chile einreisen. Natürlich fragen sie, wo ich mich zum jetzigen Zeitpunkt befinde. Sofort schreibe ich zurück.

»Ich befinde mich im perfekten Zeitpunkt und erwarte euch morgen in San Pedro auf der Plaza!«

Am nächsten Nachmittag sitze ich aufgeregt auf der Plaza. Als hätte ich ein Déjà-vu, höre ich plötzlich dasselbe Motorradgeräusch wie damals, als sie auf den Camping einfuhren. Das Wiedersehen ist großartig. Der Moment ist unfassbar. In der Unterkunft sind wir immer wieder sprachlos, schauen einander an und beginnen vor lauter Staunen zu lachen.

Natürlich erzähle ich ihnen, was mich hierhergebracht hat. Dass ich für die Tour alle nötigen Informationen gesammelt und Vorbereitungen getroffen habe und eigentlich startklar wäre. Das Einzige, was mich noch hier hält, ist meine Verunsicherung, den Weg alleine auf mich zu nehmen. Sie fühlen sich sofort angesprochen, das Abenteuer mit zu erleben. Sobald sie darüber geschlafen haben, entscheiden die Jungs am nächsten Morgen, sich mir anzuschließen. Wie auch immer der perfekte Zeitpunkt zustande kam, ich bin extrem erleichtert und erneut zuversichtlich. Wir beschließen, trotz sichtbaren Schnees in der Ferne den Aufbruch zum längsten Offroad-Abenteuer unserer Reise zu wagen. In der letzten Nacht schlafe ich kaum. Mich hin und her wälzend, liege ich hellwach im Bett und muss gezählte sechs Mal auf die Toilette. Kopf und Magen sind von der Ungewissheit ziemlich nervös. Um fünf Uhr klingelt der Wecker. Endlich kann ich aufstehen.

Bereits bei Tagesanbruch stehen wir am chilenischen Zoll. Wegen Schnees auf der Passstraße bleibt dieser jedoch bis auf weiteres geschlossen. LKW-Fahrer klopfen an die Fenster und drängen die Beamten, die Grenze zu öffnen. Bis zehn Uhr ist die Warteschlange so groß und spannungsgeladen, dass die Zollbeamten widerwillig die Türen öffnen müssen, um Ausschreitungen zu verhindern.

Jeder will der Erste sein. Während der ersten fünfzig Kilometer und über tausend Höhenmeter sind wir in ein LKW-Rennen mit etlichen Überholmanövern involviert. Ab Kilometer 22 ist das Verkehrschaos perfekt. Diejenigen, die zwar als erste losgefahren sind, stecken nun im frisch gespurten Schneematsch fest. In der Fahrspur folgende LKWs können zwar überholen, bleiben aber danach im frischen Schnee auch wieder stecken. Einer nach dem anderen kommt einige Meter weiter, bis viele von ihnen kreuz und quer verteilt stehenbleiben. Mit unseren schlanken Zweirädern schlängeln wir uns durch den Hindernisparcour und planen auch, das Rennen zu gewinnen.

Auf der Passhöhe auf eine Schotterstraße abgebogen, gelangen wir nach einigen Kilometern im Niemandsland an ein kleines Lehmhaus. Es ist der bolivianische Zoll. Umzingelt von unzähligen Jeeps warten auch hier viele Leute. Ungeduldig stellen wir uns gleich in die Warteschlange. Jedoch scheint diesmal der Zeitpunkt ungünstig. Denn als wir am kleinen Holztisch im Büro stehen, weist uns der Zöllner zurück. Er habe keinen Computer für die digitale Erfassung unserer Fahrzeuge im System. Wir sollten die Grenze woanders überqueren. Wir sind verärgert und erklären, dass unsere Benzinreserve nicht für zusätzliche Umwege ausreicht. Alles nützt nichts.

Enttäuscht gehen wir an die frische Luft. Draußen ist es kalt und windig. Trotzdem scheint es das Wetter gut mit uns zu meinen, denn die dicken Wolken hängen auf der anderen Seite des Gebirges fest und hier scheint die Sonne. Außer den Gesetzeshütern steht eigentlich einer freien Fahrt nichts im Weg.

Die Frau hat mir bei den Vorbereitungen empfohlen, dass wir uns dem Jeep-Touren-Konvoi anschließen sollen, um nicht vom Weg abzukommen. Falls uns etwas passiert, könnten die Fahrer uns helfen. Nun stecken wir am Zoll fest und schauen ihnen zu, wie sie gruppenweise mit den Touristen losfahren. Es ist in diesem Moment schwierig, die Ruhe zu bewahren. Nun gut, sie legen zumindest eine frische Spur, der wir folgen könnten. Wenn wir nur irgendwie durch dieses Prozedere kämen. Wir sind bald die letzten auf dem Kiesplatz und wissen nicht was tun.

Nervös in die Landschaft schauend, atme ich einige Male tief durch und beruhige mich zunehmend. Dann kommt mir der Input der Frau in den Sinn: den armen Leuten mit Früchten eine Freude bereiten! Ohne lange zu überlegen, gehe ich mit einem Apfel zurück ins Büro, lege ihn auf den Tisch und bitte erneut um Einreise. Als halte man ein Knochen vor einen Hund, ist sein Blick sofort auf den schönen, saftig roten Apfel fixiert. Gierig schnappt er ihn blitzschnell, versteckt ihn unter dem Tisch und zieht ein Einreiseformular aus der Schublade.

Zehn Minuten später setzen wir die Helme auf und fahren als letzte vom Platz.

Wir folgen den Autospuren durch den nassen Sandboden und gelangen nach hundertzwanzig Kilometern an die Laguna Colorada. Der See hat eine auffällig rote Farbe, die vom hohen Mineralstoffgehalt des Wassers hervorgerufen wird. Der blaue Abendhimmel darüber schafft eine atemberaubende Farbenpracht. Das Beeindruckendste auf knapp 4300 Metern Höhe sind hunderte von Flamingos, die im Wasser stehen oder knapp über der Oberfläche dahingleiten. Es herrscht eine fantastische Stimmung.

Der höchste Punkt ist bei 4900 Meter über Meer. Im geringeren Sauerstoffgehalt verlieren die Motorräder an Leistung und genauso schnell sind auch wir außer Atem. Nur das Zweirad im Stand zu wenden verursacht Schwindel und ist Kraftakt, der mit Keuchen wie nach einem hundert Meter-Sprint endet. Schlafen geht schlecht. Um vier Uhr hellwach im Bett, warten wir, bis es endlich hell wird, um wieder aufzustehen. Zusätzlich plagt uns bereits zu Tagesbeginn Kopfweh. Wir werden automatisch langsamer. Entsprechend starten die Jeep-Touren in den nächsten Tagen immer früher als wir. Eigentlich sehen wir sie nur am Ende der Tagesetappen bei den Unterkünften, Refugios, wo wir uns Zimmer mieten.

Zum Glück legen die Jeeps gute Spuren, denen wir meistens folgen können. Das funktioniert ganz gut, nur das sich einige plötzlich im Sand verlaufen. Handkehrum folgen wir Abzweige-Spuren, die uns zu Sehenswürdigkeiten wie den vulkanischen, blubbernden Schlammlöchern abseits der Hauptverkehrsachse führen.

Fahrtechnik und Linienwahl sind ab und zu Herausforderungen, die höchste körperliche Anstrengung verlangen. Wie das eine Mal, als Daniel am Rand einer ausgetrockneten Lagune knietief im Schlamm stecken bleibt und wir zu dritt mehr als eine Stunde brauchen, ihn da wieder rauszuholen. Zum

Schluss will es das Schicksal einmal mehr, dass ich Feuertiger mit großem Vergnügen die letzten zweihundert Meter zur Tankstelle in Uyuni schiebe. Es ist alles perfekt aufgegangen. Eine sehr zufriedene Erschöpfung lässt uns drei nach fast einer Woche zum ersten Mal wieder richtig gut schlafen.

Der Horizont flimmert über dem endlos scheinenden Salar de Uyuni. Die bienenwabenförmige Salzkruste ist spektakulär. Es ist einfach abgefahren! Als wären wir mit dem Motorrad auf einem anderen Planeten, auf dem es nichts gibt, als blauen Himmel und eine endlose weiße Fläche. Im fünften Gang sehe ich mich in der Landschaft um, ohne zu schauen, wohin ich fahre. Ich freue mich, dass ich dies noch erleben kann. Wegen des hohen Lithiumgehalts steckt dieses außergewöhnliche Naturwunder vielleicht schon bald in den Batterien der Elektroautos.

Julieta schreibt und will wissen, wo ich bin. In den Nachrichten hat sie gesehen, wie die andauernden Regenfälle in San Pedro di Atacama etliche Lehmhäuser zum Einsturz gebracht haben und den Schlammmassen sogar Menschen zum Opfer gefallen sind.

Ich antworte, dass wir den Ort demnach gerade noch rechtzeitig verlassen haben und dass das Glück uns sicher nach Bolivien weitergeführt hat. Eine unvorhergesehene Begegnung im perfekten Zeitpunkt hat mir geholfen, meinen Wunsch mit zwei tollen Partnern zu verwirklichen. Einmal mehr hat sich bewahrheitet, dass Warten hilft, die gewünschte Unterstützung zu empfangen. Roland und Daniel danke ich von Herzen dafür. Wir drei sind inzwischen ein eingespieltes Team und verstehen uns so gut, dass wir einen Monat lang gemeinsam durch ganz Bolivien reisen.

Seit dem Beginn meiner Reise als Handwerker schwirrt die Idee in meinem Kopf, an ungewöhnlichen Orten hart zu arbeiten, gutes Geld zu verdienen und anschließend von den Ersparnissen wieder frei zu leben. Dafür wäre Garry mit seinem Ölbohrinsel-Job ein gutes Vorbild. Minen sollten ähnlich abenteuerlich sein wie Bohrinseln, nicht? Eindrücke der weltgrößten Kupferminen in Chile haben mir die gewaltigen Dimensionen vor Augen geführt. Vor dem abgesperrten Arbeiterviertel in Antofagasta habe ich von einem Wächter erfahren, dass die Mineros von der Außenwelt völlig abgekapselt leben. Da habe ich bereits realisiert, dass nicht alles Gold ist was glänzt.

Trotzdem verschaffe ich mir einen weiteren Eindruck des Gewerbes und besuche als Kontrast die Silberminen von Potosí in Bolivien, welche vor fünfhundert Jahren weltweit führend waren. Im Unterschied zu Chile mit den Megamaschinen, wird hier das Erz im Cerro Rico, dem reichen Berg, nach wie vor von Hand abgebaut. Ich möchte wissen, unter welchen Umständen diese Leute in der heutigen Zeit des globalen Rohstoffhandels arbeiten und leben. Ausnahmsweise schließe ich mich einer geführten Tour an. Es heißt, wir sollen Proviant mitbringen, um bei der Arbeit willkommen zu sein. Im Quartier, wo Dynamit, Pickel und Schaufeln verkauft werden, sind auch Verpflegungsstände für die Mineros. Nur seltsam, dass keiner Essen verkauft. Kokablätter mit verschiedenen Mineralsteinen zum Kauen und neunzig-prozentiger Industrie-Alkohol mit einer Flasche Fanta sind die Verpflegung und einzige Energiequelle im Stollen. Die Arbeiter essen anscheinend kaum. Dementsprechend ist die Lebenserwartung dieser Menschen. Viele sterben aus gesundheitlichen Gründen vor dem vierzigsten Lebensjahr. Der Berg ist mit einem komplexen Netz von Stollengängen praktisch ausgehöhlt und bricht langsam in sich zusammen. Die Bevölkerung nennt ihn deshalb auch den Berg, der Menschen frisst. Regelmäßig werden Arbeiter unter den Gesteinsmassen lebendig begraben.

Beim Stolleneingang schieben Männer volle Gesteinswagen auf Geleisen von Hand hinaus. Wir gehen hinein. Über kriminelle Holzleitern gelangen wir durch Löcher mit einen halben Meter Durchmesser in die nächsthöheren oder –tieferen Etagen. Die Bretter sind kaum befestigt und jeder Tritt bedarf größter Vorsicht. Das einzige Licht sind unsere Stirnlampen. Wir hören Sprengungen und fühlen sogar Vibrationen durch den Felsen. Wie weit von uns explodiert da gerade etwas? Es ist ein arges Gefühl, wenn's rumpelt und man im engen Stollen gefangen ist.

Zwei Arbeitsgruppen bringen wir Proviant. Ich packe kurz mit an und schleppe volle Kessel zum Seilzug. Die wiegen bestimmt vierzig Kilogramm und werden von Hand zum Geleise hinabgelassen. Alles andere als groß und kräftig gebaut, buckeln die Männer den ganzen Tag Gesteinsmassen. Ihre ernsten Blicke verraten mir die Zähheit und Ausdauer, die in ihnen stecken. Die Münder den ganzen Tag vollgestopft mit Kokablättern, arbeiten sie mit Industriealkohol betrieben ununterbrochen für Hungerslöhne. Die krassen Umstände im lebensgefährlichen Bergstollen gehen mir sehr nahe. Für mich ist es unfassbar, dass es solche Arbeitsbedingungen heute überhaupt noch gibt. Bei uns wird Sicherheit am Arbeitsplatz völlig übertrieben vermarktet und hier ist sie ein absolutes Fremdwort. Zum Schluss der Tour erzählt unser Führer Fakten, die mir noch den Rest geben.

Mit der Kolonisierung durch die Spanier und mit der Kirche hat vor fünfhundert Jahren der Raubbau an Bolivien mit brutalster Sklaverei angefangen. Heute sind es Multikonzerne, die das ärmste Land Südamerikas beherrschen und mit moderner Sklavenarbeit weiterhin ausbeuten. Diejenigen, die praktisch ihr Leben opfern, damit wir jährlich das Handy mit dem neusten Hype bequem vom Sofa aus per Mausklick kaufen können, profitieren am wenigsten und riskieren am meisten.

Jährlich werden über 7500 Tonnen Silber alleine in Elektronikgeräten verbaut und dabei liegt auf unserem Planeten bereits mehr Edelmetall in Form von Elektroschrott herum, als in den Erzlagerstätten noch vorhanden ist. Die fetten Silberadern im Cerro Rico sind eigentlich ausgereizt und trotzdem bauen sie für jedes weitere Gramm eine Unmenge an Gestein mit geringem Gehalt ab, bis der Berg womöglich komplett einstürzt. Das ist tragisch, denn laut Tour Guide werden bis heute nur knapp fünfzehn Prozent des Rohstoffs aus Schrott wiedergewonnen. Warum nur? Bestimmt, weil effektive Nachhaltigkeit unwirtschaftlich ist und wohl auch, weil der Schrott in reichen Ländern anfällt, wo niemand für einen Hungerlohn Elektro-Müll zerlegt. Wenn immer alles möglichst billig sein muss, kratzen eben blutige Menschenhände in ärmeren Ländern auch die letzten Adern noch aus dem Berg. Wenn tatsächlich so viel herumliegt, sollten wir wirklich unseren Planeten erstmal aufräumen und bereits vorhandene Edelmetalle wiederverwenden. Stattdessen nimmt anscheinend im Zeitalter der digitalisierten Welt der Abbau sogar massiv zu.

Emotional geladen verabschiede ich mich vom Reiseleiter.

Ab diesem Zeitpunkt ist mir eines ganz klar geworden: Ich verzichte auf einen gut bezahlten Job in der Rohstoff-Industrie. Als privilegierter Europäer habe ich im Gegensatz zu den armen Menschen hier die freie Wahl. Es wäre ein zu großer Widerspruch zu meiner Lebenseinstellung. Egal, wie viel ich verdienen würde, das kann ich mit meiner Arbeitsleistung unmöglich unterstützen. Ich verzichte auf das viele Geld und mache einfach das Beste aus dem, was ich habe.

In Rurrenabaque im Amazonas-Gebiet erleben wir bei unserer Ankunft einen weiteren Klassiker eines perfekten Momentes. An einer Kreuzung halten wir an und bemerken, dass um die Hausecke hunderte von Leuten mit Transparenten und Fahnen auf der Straße bereitstehen. Es wird gleich eine politische Kundgebung starten und wir halten rein zufällig direkt vor ihnen! Sie müssen uns gehört haben, denn sofort eilen Leute herbei und wollen wissen, woher wir kommen und wohin wir gehen. Die üblichen Fragen halt.

Dann verlässt der Anführer der Kundgebung sein Fahrzeug, das mit großen Lautsprechern, Fahnen und Dekorationen an der Front steht. Auch er kommt zu uns herüber. Offenbar legen wir soeben die gesamte Demo lahm. Er will wissen, was wir hier suchen. Ich frage nach einer Übernachtungsmöglichkeit. Sogleich schließt er die Tür seines Lieferwagens und sagt, wir sollten ihm folgen. Im Stechschritt eilt er die Straße entlang und verlässt die wartende Menschenansammlung. Wir folgen ihm bis zum Dorfrand.

Hier steht ein unbewohntes Haus. Er überreicht uns die Schlüssel und sagt, wir könnten so lange hier wohnen wie wir möchten. Dann geht er im selben Tempo zurück ins Dorf und startet seine Kundgebung. Nun gut, kein Strom und keine Fenster, aber ein Dach über dem Kopf haben wir geschenkt bekommen.

Gewisse Begegnungen haben einen bestimmten Grund. Roland und Daniel sind mir genau dann zugefallen, als ich zögerte, allein aufzubrechen. Es kommt auch vor, dass mir die Bedeutung von Informationen erst in einer späteren Situation erst richtig bewusst wird. Als mir gesagt wurde, ich solle Früchte mit auf die Reise nehmen, hätte ich doch im Traum nicht an die Bestechung eines Zöllners gedacht. Unbewusst haben wir zum richtigen Zeitpunkt San Pedro verlassen. Es ist unbeschreiblich, halt eben Magic. All die Ereignisse können doch kaum Zufall sein.

Oder habe ich einfach nur Glück gehabt? Was ist Glück überhaupt?

Für mich bedeutet es immer weniger, Schwein zu haben. Vielmehr ist es ein konstanter Begleiter im Gepäck. Dankbar, als wäre es mein Partner, schenke ich ihm mein volles Vertrauen. Im Gegenzug, so glaube ich je länger je mehr, wirkt es dafür beschützend und fürsorglich wie in einer Beziehung.

Wir reisen weitere unzählige Kilometer auf dreimal zwei Rädern nach Cusco, Peru. Hier ist unser gemeinsamer Weg zu Ende. Wieder alleine und ohne Plan auf der Straße dahinschlendernd, staune ich über die vielen Tourismus-Anbieter und Souvenirläden im Zentrum. Auch wenn mir einiges gefällt, kaufe ich nichts. Seit Beginn der Reise habe ich mir angewöhnt, mich bei allem, was ich gerne haben möchte, zu fragen: »Brauche ich das wirklich?«

In 99 Prozent der Fälle kann ich darauf verzichten. Wovon ich aber kaum loskomme, das sind die faszinierenden Bilder in den Schaufenstern der Amazonas-Dschungel-Tour-Anbieter. Die wilden Tiere und eine herrliche Pflanzenwelt verzaubern und locken mich. Klar ist, dass ich wie üblich unabhängig ohne geführte Tour auf Erkundung gehe. Auf diese Weise bin ich freier und überlasse die Erlebnisse mehr dem Zufall – oder dem Glück? Auf einer Landkarte kann ich eine Straße sehen, die mitten im Nationalpark Manú an einem Fluss endet. Da könnte ich versuchen, ein Schiff zu finden, um die zirka vierhundert Kilometer lange Strecke nach Puerto Maldonado zurückzulegen, von wo aus ich wieder nach Cusco fahren würde. Diesen spontanen und vielversprechenden Plan teile ich gleich meiner Funkzentrale Julieta mit, damit sie ungefähr weiß, wo ich mich als nächstes aufhalten werde.

Nur mit der Idee dieser Rundtour im Kopf, breche ich ohne spezielle Vorbereitungen auf und schaue, was sich ergibt.

Rasch bin ich auf dem Weg zum Nationalpark im Dreiländereck von Bolivien, Brasilien und Peru.

Es ist eine herrliche Bergfahrt bis nach Paucartambo. Im Ort erzählen sie mir, die Straße sei vierzig Kilometer weiter zerstört und ein Durchkommen unmöglich. Eigentlich wäre Mittagspause, aber ich will jetzt gleich wissen, ob ich wirklich nicht weiterkomme, und fahre mit knurrendem Magen weiter.

An der Stelle angekommen, entdecke ich die Straße etwa hundert Meter weiter unten im Tal. Sie wurde von einem Erdrutsch mitgerissen. Fußgänger- und Zweiradspuren bilden einen zirka zwanzig Meter langen, schmalen Pfad und bestätigen mir, dass die Überquerung schon anderen gelungen ist. Ich denke nicht über die Gefahr nach, weiß, dass ich es schaffe und verlasse mich auf mein Glück. Voll bepackt auf den Fußrasten stehend, balanciere ich über die steile Hangtraverse. Nie nach unten schauen, nur geradeaus und rüber. Alles geht gut.

Stolz auf meinen Erfolg beschäftigt mich im Verlauf des Tages aber immer mehr, wie lange die Gebirgsüberquerung bis zum Dschungel noch dauert. Die holprige Kies-Straße scheint kein Ende zu nehmen. Nach jeder Bergflanke hoffe ich, den Wald zu entdecken, aber immer taucht dahinter wieder der nächste Berg auf.

Auf einmal liegt ein riesiges Wolkenmeer vor mir. Die Wolken ziehen greifbar nahe vorbei, es ist so beeindruckend, als wäre ich am Eingang zum Himmel. Ich halte kurz an und trinke einen Schluck Wasser. Da unten müsste der Dschungel sein. Wo zum Engel werde ich in diesem Wolkenmeer bloß übernachten?

Ich höre ein Motorrad-Geräusch, das sich mir durch die Wolken nähert. Auch dem Himmel nahe ist man selten ganz alleine, an abgelegensten Orten trifft man immer wieder auf Menschen.

Was da aus dem Dunst auftaucht, ist ein Mitarbeiter einer Wildtier-Auffangstelle, die auch Übernachtungsmöglichkeiten anbieten. Ich müsse einfach diesem Weg weitere siebzig Kilometer folgen, bis ich am Straßenrand einen markierten Stein sehe, dann hätte ich es gefunden. Dann fährt er in die andere Richtung davon. Aus heiterem Himmel fliegt mir also eine vielversprechende Information zu. Enorm erfreut, jetzt ein Tagesziel zu haben, ignoriere ich erneut den Hunger und starte den Motor wieder.

Talwärts im Amazonas-Becken herrscht stockdicker Nebel. Bei der extrem schlechten Sicht im Wald immer ein Auge auf die Marksteine am Straßenrand gerichtet, komme ich nur langsam vorwärts. Zwischen den Signalisationen liegen jeweils zehn Kilometer, in der wachsenden Sehnsucht nach Entspannung eine Ewigkeit. Die verlangte Konzentration nach dem langen Fahrtag frisst meine letzte Energie. Ich spüre, wie mich die Kraft verlässt, das Motorrad sicher über den schlammigen Holperweg zu führen. Mein Magen schreit nach Essen. Ich entschuldige mich bei ihm und erkläre, dass wir das Mittagessen nur ausgelassen haben, um das Tagesziel pünktlich zu erreichen. Die Abenddämmerung setzt ein und es beginnt zu regnen.

Als ich angehalten habe, um Regenkleider zu montieren, kippt Feuertiger auf dem aufgeweichten Boden vom Ständer und fällt auf die Straße. Auf der rutschigen Erde stelle ich ihn mit aller Kraft wieder auf die Räder und suche einen sicheren Stand. Wie aus dem Nichts steht in diesem Moment ein Mann auf der Straße, um zu sehen was hier vor sich geht. Was ich denn hier um diese Zeit suche, will er wissen. »Ich suche die Tierauffangstelle, wie weit ist es noch?«

»Bei diesen Wetterbedingungen ist das zu weit, außerdem ist es gleich dunkel und darum zu gefährlich. Du übernachtest besser bei uns. Wir sind Bike Tour-Führer. Unsere Touristengruppe hält sich in der Lodge auf und wir haben uns beim Unterstand gleich hinter den Büschen eingerichtet. Wir schlafen da gemeinsam auf dem Boden und übrigens ist auch gleich unser Nachtessen bereit. Schieb das Motorrad weg von der Straße und komm zu uns!«

Kaum das Gepäck abgeschnallt, prasselt ein so heftiger Regen aufs Wellblechdach, das wir einander beim Essen kaum verstehen. Was für ein Glück, dass ich exakt vor ihrer Hütte hungrig zu Boden gefallen bin! Vom Weg aus kann man im dichten Wald die Häuser nicht sehen. Niemals hätte ich erwartet, in dieser Wildnis zum perfekten Zeitpunkt einen Menschen, noch dazu mit einem Teller Reis und Huhn, anzutreffen. Auch für meinen weiteren Weg erhalte ich wertvolle Informationen. In Salvacion soll es eine günstige Unterkunft geben und im angrenzenden Naturpark Machuhuasi bewegen sich die Tiere frei in der Natur. Das will ich nicht verpassen.

Am nächsten Tag lege ich aber erst noch bei der Tierauffangstation einen Halt ein. Der Betreiber zeigt mir freundlich seine Einrichtung für verletzte Tiere. Während der Besichtigung klammert sich ein kräftiger, gefühlte zwanzig Kilo schwerer Affe wie ein kleines Kind an mich. Als Affen-Fan genieße ich diesen ersten Nahkontakt meines Lebens sehr.

Kaum wieder unterwegs, verklebt mein Reifenprofil derart mit schlammigem Teig, dass es bis Salvacion eine Rutschpartie im Schritttempo ist. Unter solchen Umständen weiterzufahren und beim hohen Wasserstand noch zu riskieren, dass das Schiff nicht fährt, erscheint mir plötzlich sinnlos. Also gebe ich die Rundtour auf.

Bei der Casa Municipal klopfe ich genau rechtzeitig an und bin extrem dankbar für das Dach über dem Kopf. Ein herrliches Zusammenspiel der Zeitpunkte, denn ein sintflutartiger Regen prasselt gerade erneut vom Himmel. Bei der Registration schaut mich die alte Dame mit großen Augen an und sagt: »Was für ein Glück, dass du hier bist. Dein Bruder erwartet dich bestimmt.« Und zeigt mir einen alten Schweizerpass von einem anderen Gast.

Frisch geduscht auf der Veranda schaue ich dem starken Regen zu und bemerke am ganzen Körper einen Juckreiz. Den vergesse ich schnell wieder, als ich den Schweizer Gast treffe, der neben mir wohnt. Vor langer Zeit ausgewandert, nennt er sich Don Miguel und ist ein echter Aussteiger, der zurückgezogen mit seiner Familie in einem kleinen Bergdorf etwa fünf Autostunden von Cusco entfernt wohnt. Er lebt ein einfaches Leben nach den Grundsätzen, nach denen Jesus mit seinen Jüngern damals gelebt haben soll. Fast ohne materiellen Besitz teilt er das wenige, das er hat, mit den Menschen. Er bietet mir von seinem Tee und seinen Nüssen an und redet in meinen Augen wirres Zeug aus dem Alten Testament. Auch wenn ich von der Bibel keine Ahnung habe und mich nie auch nur im Geringsten dafür interessiert habe, entsteht trotzdem eine hitzige Diskussion.

Denn sobald ich Jesus höre, stelle ich mir die christliche Kirche mit ihren weltweit angehäuften Reichtümern vor. Der ursprüngliche Glaube verschiedener Kulturen wurde von den europäischen Eroberern in vielen Ländern gewaltvoll vernichtet, um den eigenen aufzuzwingen. Während ich Don Miguel, ohne viel zu überlegen, ständig widerspreche und meine Ansicht um die Ohren haue, hört er sich meine Meinung an, hält inne, bevor er wieder etwas sagt, und widerspricht mir nie. Er scheint ein nachdenklicher, weiser und ruhiger Mann zu sein, ganz im Gegensatz zu mir. Ich fühle mich als Hitzkopf.

Am Ende des Abends bedankt er sich freundlich für das Gespräch. Er findet, ich sei wahrhaftig Thomas der Widersprecher und sei in seine Bruderschaft aufgenommen.

Bis heute habe er nicht gewusst, warum er vor langer Zeit den Auftrag bekam, irgendeinmal nach Salvacion zu reisen. Jetzt sei ihm das Ziel seiner Reise jedoch bewusst. Salvacion bedeute Rettung oder Erlösung. Alles habe immer einen Grund, so auch unsere Begegnung. Es müsse so sein. Gute Nacht.

Verrückt, kaum habe ich die Rundtour verworfen, treffe ich auf Don Miguel, der in unserer Begegnung einen tieferen Sinn sieht. Welchen kapiere ich aber nicht.

Am nächsten Morgen beim gemeinsamen Kaffee sagt er, er ziehe mit seiner Familie einige Dörfer weiter und ich sei herzlich willkommen, sie zu besuchen. Gerne würde er mir einige grundlegende Sachen übers Leben erklären, die ich nach seinem Empfinden noch nicht wisse und hilfreich seien. Ich bedanke mich für die Einladung, möchte jedoch zuerst den

Naturpark zu Fuß besichtigen und werde in zwei Tagen gerne nachkommen.

Per Bambusfloss werde ich auf eine Insel im vielverzweigten Fluss gebracht. Für einige Stunden darf ich alleine einen Rundweg genießen. Leise und achtsam, in der Hoffnung auf eine Entdeckung, lausche und schaue ich wie auf der Pirsch. Beinahe ein wenig unheimlich ist mir zumute, denn ich merke, dass mich Tiere beobachten, die ich jedoch nicht sehen kann. Durch wegfliegende Vögel fällt es mir auf. Ihre schrillen Geräusche tönen wie elektrische Alarmanlagen. Ob sie weitere Waldbewohner über meine Anwesenheit informieren? Denn ich entdecke nebst einer orangen Schlange, die vor mir über den Weg huscht, nur zwei junge Affen, die mit sich selbst so beschäftigt sind, dass ich sie beobachten kann. Egal, auch die kleine Tierwelt ist sehr beeindruckend. Riesenameisen transportieren in Einerkolonne unermüdlich zwei Zentimeter große Blattstücke. Auf dem schlammig braunen Weg herrscht reger Arbeitsverkehr in unzähligen, grünen Laublinien, die in ständiger Bewegung sind.

Nach einigen Stunden wieder bei der Anlegestelle angelangt, ist zwar das Floss noch da, jedoch keine Spur von den zwei Männern, die mich hierhergebracht haben. Wo stecken die bloß? Bin ich zu spät? Oder haben sie mich vielleicht vergessen? Erstmal verputze ich alles Essbare aus meinem Rucksack und warte eine ganze Weile. Mir kommen die Worte von Don Miguel in den Sinn. Alles habe einen Grund, nichts passiere zufällig und er wolle mir grundlegend wichtiges Wissen weitergeben. Das Glück oder das Schicksal, irgendetwas hat mich anscheinend hierhergeführt. Unbewusst und ohne zu überlegen, habe ich seine Einladung angenommen. Warum eigentlich?

Es ist später Nachmittag. Die Sonne steht bereits tief über den Bäumen und noch immer kehrt kein Mensch zurück. In dem Moment wird mir bewusst, was für ein Riesenglück ich habe, dass das Floss noch da ist und ich nicht ohne Zelt auf dieser Sumpfinsel mit allem was hier kreucht und fleucht übernachten muss. Die haben bestimmt Feierabend, da kommt niemand mehr. Die Seilknoten geöffnet, greife ich mir die Bambusstangen, stake das Floss zurück zum Startpunkt und entdecke tatsächlich eine bereits geschlossene Bootshütte. Die Zeit habe ich beim spannenden Ameisenrennen wohl tatsächlich vergessen.

Es lässt mir keine Ruhe, was Don Miguel noch zu erzählen hat, und so breche ich nach zwei Tagen wie vereinbart auf, um ihn und seine Familie wiederzusehen. Auf demselben Weg wieder zurück ist es nur ein paar Dörfer weiter. Aber auf dem Weg dahin muss ich das zweihundert Meter breite Kiesbett überqueren, vor dem ich jetzt stehe. Mehrere Bäche fließen darin talwärts. Bei der Hinfahrt hat die Überquerung gut geklappt. Nach dem Regen der vergangenen Tage ist der Wasserstand jetzt deutlich höher als zuvor.

Motorräder und Autos stehen in einer Warteschlange. Ein mindestens fünfzigjähriger Radlader transportiert mit seiner Schaufel kleine Motorräder und Fußvolk in die eine Richtung über den Fluss. Auf dem Rückweg wird die Fahrspur präpariert, große Steine werden aus dem Weg geschafft und alles frisch ausgeebnet. Wie lange das wohl dauert? Ich habe keine Lust, den ganzen Tag hier zu verbringen und kehre um. Die Leute sagen mir, ich solle einen Tag warten, bis der Wasserstand wieder tiefer ist. Ungeduldig wie ich bin, versuche ich mein Glück aber schon gegen Abend. Tatsächlich ist das Wasser etwas gesunken, reißt aber immer noch stark. Die Fahrzeugkolonne und der Radlader sind verschwunden.

Zu Fuß suche ich angespannt die beste Stelle für eine Überquerung. Von der gegenüberliegenden Seite fährt ein Auto in das breite Flussbett. An der tiefsten Stelle sind die Räder des Geländewagens kurze Zeit komplett unter Wasser. Also muss die Schlüsselstelle wohl gegen achtzig Zentimeter tief sein. Eine wertvolle Information.

Mein Herz schlägt schneller, ich werde zunehmend nervöser. Zwei Frauen schauen sich die Situation am Ufer sitzend an und raten mir von meinem Vorhaben ab. Sie meinen, ich solle warten, bis zwei starke Männer kommen, die mir helfen, das Motorrad durch die Wassermassen zu schieben. Mein Drang, Don Miguel heute noch zu treffen, ist jedoch stärker als die Vernunft. Meine altbekannte Sturheit kommt zum Vorschein. Nicht nur höre ich nicht auf die zwei Frauen, ich ignoriere auch mein Bauchgefühl und habe nur noch das Ziel vor Augen, als stecke ich mitten in einem Rennen. Je länger ich warte, desto grösser wird die Verunsicherung. Ich entscheide mich zu fahren.

Ohne Halt, exakt der ausgedachten Linienwahl folgend, stoppe ich erst an der Schlüsselstelle für eine kurze Beurteilung. Um erneut nachzudenken ist es aber zu spät. Voller Adrenalin richte ich mich in Startposition. Mit erhöhtem Gas, auf den Fußrasten stehend, lasse ich im ersten Gang die Kupplung schleifen und fahre ins Wasser. Das Hinterrad wühlt sich durch die Gesteins- und Wassermassen. Den Blick auf das näherkommende Ufer gerichtet, habe ich es gleich geschafft. Denke ich. Exakt an der tiefsten Stelle schiebt ein loser Stein mein Vorderrad zur Seite. Als stoße mich jemand, stürze ich in die strömenden Wassermassen. Ich kann Feuertiger kaum halten, er dreht sich auf alle Seiten und wird einige Meter bachabwärts mitgerissen. Einen festen Stand suchend, kann ich mich gegen die Strömung sperren und das Motorrad fixieren. In Panik versuche ich mehrmals mit aller Kraft Feuertiger wieder aufzustellen. Es ist zwecklos. Peinlich, dass ich nicht auf die Frauen gehört habe. Ich schaue zurück, um zu sehen, ob sie mir zugeschaut haben. Sie sind aber verschwunden. Einmal mehr bin ich zum Warten verurteilt. Und in was für einer misslichen Lage! Es vergeht eine gefühlte Ewigkeit, bis mir tatsächlich vier Männer zur Hilfe eilen. Vielleicht haben die Frauen sie alarmiert.

Völlig außer Atem schaffen wir es erstmal auf die nächste Sandbank. Die andere Flussseite ist so nahe, ich will noch immer vorwärts statt zurück und versuche den Motor zu starten. Erfolglos, der Motor ist voll Wasser und blockiert. Ich frage die Jungs, ob sie mir auf die andere Flussseite helfen, da ich heute ein Treffen habe und weitermuss. Sie schütteln nur die Köpfe und überzeugen mich aufzugeben. Wir schieben Feuertiger durch das gesamte Kiesbett zurück und durchqueren die Bäche darin erneut. Es ist richtig mühsam und anstrengend. Auf dem Dorfplatz bieten mir die hilfsbereiten Leute ein Wellblechdach mit trockenem Betonboden für die Reparatur an.

Nach wie vor unter Schock funktioniere ich nur und es kommt mir nicht einmal in den Sinn, die durchnässten Motorradklamotten zuerst auszuziehen. Sofort schraube ich die Zündkerze heraus, um das Wasser aus dem Zylinderraum zu pumpen. Noch immer voller Hoffnung, den Motor schnell wieder starten zu können, will ich schon wieder runter zum Fluss. Denn wie sehe ich Don Miguel jemals wieder ohne einen Kontakt zu haben?

Auf den Kickstarthebel getreten, spritzt eine drei Meter hohe Fontäne aus dem Motor. Gemeinsam heben wir Feuertiger auf das Hinterrad und lassen etliche Liter aus dem vollen Auspuff fließen.

Immer mehr Leute versammeln sich um uns herum. Das halbe Dorf scheint mitbekommen zu haben, dass auf dem Dorfplatz eine Attraktion stattfindet. Zum Glück kontrolliere ich, bevor ich den Motor starten will, den Ölstand. Meine Euphorie zerfällt augenblicklich, als ich den Messstab ziehe. Das Motor- und Getriebeöl ist mit Wasser vermischt und sieht aus wie Milch. So darf ich nicht weiterfahren.

Die Aluminiumkisten waren völlig undicht und mein gesamtes Material schwimmt im Wasser. Schnell merke ich, dass die Zuschauer neugierig sind, habe jedoch das Gefühl, dass niemandem in den Sinn kommt, mir etwas zu stehlen. Ich räume die Kisten vor allen aus und verteile vertrauensvoll alles zum Abtropfen auf dem Boden, inklusive meines Notgeldes.

Nebenan ist ein mit Pflanzen überwucherter Rohbau ohne Fenster und Türen. Überall liegt Dreck und Abfall. Alles egal, bin ich einfach nur dankbar, irgendwo schlafen zu können. Völlig erschöpft lege ich mich auf den Betonboden und habe nicht mal Zeit, an giftige Spinnen oder Schlangen zu denken, bevor mir die Augen zufallen.

Zu früher Morgenstunde weckt mich ein Geräusch, ich öffne

die Augen und erblicke eine Person beim Feuertiger. Schnell auf den Beinen, begrüße ich den Herrn freundlich und erkenne ihn gleich wieder von gestern Abend. Er gibt keine Antwort und beginnt, mir mit seinen Händen Zeichen zu geben. Rasch merke ich, dass er taubstumm sein muss. Mit Handzeichen frage ich, wo man neues Motoröl kaufen kann. Gemeinsam gehen wir zu einem Kopiergeschäft, das auch Esswaren und Bier verkauft. Mein neuer Kollege übernimmt gleich das Gespräch mit seinen Händen, woraufhin mir der Verkäufer acht Liter Öl auf den Tresen stellt. Auch Motoröl scheint in seinem Laden beliebt zu sein. Er erklärt mir ausführlich, wie jetzt vorzugehen ist.

Motor- und getriebeölseitig zuerst mit Benzin füllen. Dann eine Weile den Motor laufen lassen. Das verunreinigte Benzin aus dem Getriebe ablassen und neues Öl einfüllen. Skeptisch, den heiklen Rennmotor ohne Schmierung laufen zu lassen, nehme ich seinen Tipp trotzdem gerne an. Nach der Benzinspülung und drei Ölwechseln bin ich schlussendlich mit dem Ergebnis zufrieden. Zündkerze gewechselt, und dann läuft die Maschine wieder.

Beim Zusammenpacken schenke ich meinem Kollegen als Dank für seine Unterstützung ein Sackmesser. Er hat eine Riesenfreude und ist ganz aufgeregt. Er will mir helfen, Feuertiger sicher über den Fluss zu bringen. Dieses Geschenk nehme ich sehr gerne an und schenke ihm dafür zusätzlich eine kleine Spritzfahrt. Wir beide sind übermotiviert vor Freude, dass alles funktioniert und stoppen unten am Fluss wieder. Der Wasserstand ist leicht zurückgegangen. Wir manövrieren mein Vehikel vorsichtig über Kiesbänke und durch Bäche, bis wir erneut bei der tiefsten Stelle ankommen. Das Wasser reißt immer noch so heftig, dass wir uns maximal anstrengen müssen, um Feuertiger aufrecht zu halten, über Steine zu heben und zusätzlich zu schieben. Nach etwa einer

Stunde haben wir es auf die andere Seite geschafft. Sehr erleichtert teile ich meinem neuen Freund meine Dankbarkeit auf alle möglichen Arten der Mimik, Gestik und Handzeichen mit und verabschiede mich.

Ohne große Hoffnung, Don Miguel noch anzutreffen, erreiche ich Pilcopata mit Verspätung. Er und seine Familie sind zwischenzeitlich bestimmt weitergereist. Zur Vergewisserung halte ich Ausschau nach ihrer Unterkunft und fahre langsam durchs Dorf. Am Straßenrand sehe ich zwei Kinder mit ihrer Mutter, die mir bekannt vorkommen. Tatsächlich! Freude durchströmt mich und ich kann es kaum fassen, dass es wirklich Don Miguels Familie ist! Ich habe wirklich Glück, dass ich sie noch getroffen habe. Sie kommen vom Einkauf und in einer Stunde reisen sie per Bus weiter. Was für ein perfektes Timing!

In der Unterkunft treffe ich auf Don Miguel, der das Zimmer aufräumt. Beim kurzen Gespräch tauschen wir unsere Kontaktdaten. Ich gebe ihm meine E-Mail-Adresse und er schreibt mir den Namen seines Dorfes auf einen Zettel. Elektronische Kontakte besitzt er keine. Falls ich in der Nähe vorbeikomme, sei ich herzlichst eingeladen, bei ihnen zu wohnen.

Don Miguel entdeckt meinen juckenden Hautausschlag, der sich in der Zwischenzeit über den ganzen Körper verteilt hat. Er meint, es seien Flöhe und ich solle eine Gefriertruhe suchen, in der ich für zwei Tage meine gesamten Kleider einfrieren müsse, um die Tiere loszuwerden. Dann müssen sie los. Die Verabschiedung fällt mir schwer. Ich bin ein wenig sauer auf mich, weil ich so spät kam.

Am Fluss habe ich den Herzschlag gespürt, den Ratschlag der Frauen gehört, und trotzdem hat mein stures Hirn alles ausgeblendet. Wenn ich die Warnsignale doch nur ernstgenommen hätte. Anstelle meiner nassen Materialschlacht, hätte ich hier im trockenen einen Tag mit Don Miguel verbringen und

Neues lernen können. Das habe ich jetzt davon. Ich sitze alleine in meinem Chaos. Warum nutze ich bloß den Verstandes-Teil meines Gehirns und blende die Gefühle immer wieder aus? Sayakos Übung, sich ständig zu fragen, was man im Moment fühlt, vergesse ich generell immer wieder und in einer brenzligen Situation wie am Fluss erst recht. Aber wie kann ich es schaffen, dass meine beiden sich widersprechenden Hirnteile als Einheit funktionieren?

Moment einmal, Don Miguel hat gesagt, alles habe einen Grund und Salvacion heiße Rettung. Wenn ich nur wüsste, was er mir Wichtiges erzählen möchte. Eigentlich ein wenig mysteriös, er ist bereits zum zweiten Mal kurz nach meiner Ankunft weitergereist. Es scheint, ich müsse ihm erneut folgen, um mehr Klarheit zu schaffen. Oder bilde ich mir das nur ein? Seit ich im Dschungel bin, folgen Schicksal, Glück und Zufall so dicht aufeinander, dass meine Gefühle eine Achterbahnfahrt unternehmen.

Wegen der hohen Luftfeuchtigkeit sind nach zwei Tagen weder Kleider noch Bargeld trocken. Eine Gefriertruhe finde ich keine, mein Körper ist übersät mit roten Punkten, und das Jucken ist kaum noch auszuhalten. Ich habe die Nase voll von irren Dschungel-Ereignissen, will nur noch raus, wieder zurück nach Cusco und bin froh, wenn es bald vorbei ist.

Auf dem Rückweg fahre ich die kurvige Kiesstraße wieder hoch in Richtung Gebirge. Aber noch sind die überraschenden Momente nicht vorbei. Denn urplötzlich steht ein Typ mit einem Maschinengewehr auf der Straße. Das Visier ist auf mich gerichtet, ich sehe nur das kleine Loch im Gewehrlauf. Mein Gehirn schaltet sofort aus und ich halte widerstandslos an.

Nervös zielt er mit seiner Flinte und kommt zu mir. Ohne Begrüßung, fragt er schon fast schreiend nach Kokain. Sein altes Maschinengewehr hat abgewetzte Holzgriffe. Oben links ist ein verblasster Polizei-Aufdruck auf dem verwaschenen T-Shirt zu sehen. Dazu bemerke ich seine kaputten Schuhe und Hosen. Der Typ wirkt eher wie ein Krimineller als wie ein Polizist. Er will auch keinen Ausweis sehen, sondern weißes Pulver. Sicher sein kann ich mir aber nicht, denn mir wurde erzählt, dass Leute aus der ärmsten Bevölkerungsschicht unter erbärmlichen Umständen und für einen miserablen Lohn für die Polizei arbeiten. Korruption wird dadurch überlebensnotwendig.

Das Einzige, was mir als Antwort auf sein Begehren über die Lippen kommt, ist: »Nein, habe ich nicht.« Völlig erstarrt, ist mein Blick nur nach vorne gerichtet. Bloß nicht durch Blickkontakt verraten, wie sehr ich verängstigt bin. Wie ein Tiger, der seine Beute begutachtet, umkreist er mich. Während er mich inspiziert, warte ich angespannt seine weiteren Reaktionen ab. Es läuft ein Spiel mit der Zeit. Eine übersinnliche Kraft scheint mich gerade zu beherrschen und hat Verstand und Denkapparat ausgeschaltet. Ich bin komplett sprachlos. Solange, bis Rettung naht. Denn plötzlich kommt mein Schutzengel im kleinen Lieferwagen um die Kurve angefahren. Der Polizist stoppt auch ihn mit einer winkenden Hand, während er mit der anderen noch immer sein Gewehr auf mich richtet. Unbewusst, wirklich wie ferngesteuert, ignoriere ich den neben mir stehenden Polizisten. Als existiere der arme Teufel nicht, beginne ich direkt mit dem Fahrer zu quatschen. Die üblichen Standardsätze, woher ich komme und wohin ich gehe, fallen mir direkt aus dem Mund. Ich labbere ununterbrochen. Jetzt ist auf einmal der Polizist sprachlos und hört nur zu. Und wie es der Zufall will, es herrscht sonst kaum Verkehr, kommt zum perfekten Zeitpunkt ein weiteres Auto von hinten und muss wegen uns anhalten. Das Chaos wird immer besser. Um das Gespräch aufrecht zu halten, frage ich den Fahrer alles Mögliche. Je länger die Situation andauert, umso nervöser wird der

Bewaffnete. Mit einer Überzahl konfrontiert, ist er plötzlich mit der Situation überfordert und wird verunsichert. Zwischen den Fahrzeugen hin und her irrend, schickt er mich auf einmal per Handzeichen weg.

Zutiefst erleichtert unterwegs, schaltet sich mein Gehirn wieder zu. Ich bin während der Fahrt durch die Berge tief in Gedanken an mein Glück. Wer weiß, was hätte passieren können, wenn kein anderes Fahrzeug gekommen wäre? Sind diese wirklich rein zufällig dazugestossen? Habe ich einfach nur Glück gehabt?

Keinen Platz für auch nur einen einzigen Gedanken zu haben, hat mich möglicherweise vor einer panischen Handlung bewahrt. In der Gegenwart existiert wohl keine Zeit zum Überlegen. Reagiert man in solchen Momenten möglicherweise rein instinktiv? Ohne mich zu wehren und mein Gegenüber zusätzlich zu provozieren, bis er die Kontrolle verlieren und abdrücken würde, überließ ich alles dem Schicksal und blieb dadurch ruhig. Durch meinen erstarrten Neutralzustand, habe ich ihm vielleicht freien Raum zur Entstehung der Lösung geschaffen.

Mit der Strömung statt gegen sie zu schwimmen, so glaube ich, regelt vieles wie von selbst. Mit meinem Verstand dagegen anzukämpfen und mich verteidigen zu wollen, lässt dem Glück keine Möglichkeit, eine wortwörtlich glückliche Lösung zu liefern. Ein Kampf entsteht, bei dem man nicht weiß, wie er endet.

Ein gutes Beispiel ist doch die Erfahrung des Sturzes in den Fluss. Mit einem Tagesziel im Kopf ignorierte ich jegliche Warnsignale. Ohne dem Glück eine Möglichkeit zu bieten, mir zwei starke Männer zur Hilfe zu senden, widersetzte ich mich ungeduldig der Wasserkraft und habe dabei den Kampf schnell verloren.

Bis zur Abenddämmerung bin ich zurück in der Nähe von

Cusco. Plötzlich rennt ein ausgewachsenes Schwein über die Straße. Mit achtzig Stundenkilometern sofort auf Vollbremse, rutsche ich mit blockiertem Hinterrad dem Schwein entgegen. Ich schlittere haarscharf an ihm vorbei. In diesem Moment springt ein Ferkel, an die dreißig Kilo schwer, zum Busch heraus direkt vor meine Räder. Auf den Rücken gefallen rutscht es unter mir zur Seite weg bevor ich zum Stillstand komme. Sofort schaue ich nach hinten und sehe, wie es der Mutter folgend davonrennt. Da haben wir noch einmal richtig Schwein gehabt und gehen auf unseren Wegen weiter.

Je länger, je mehr habe ich ein Gefühl von tiefer Dankbarkeit, dass Glück, Zufall und Schicksal mich durch die Reise führen und maßgebliche Entscheidungen für mich treffen, denen ich folgen kann. Denn mit meinem Denken habe ich kaum Kontrolle darüber, was sich wie und warum zum perfekten Zeitpunkt abspielt.

Einfach leben

Meine Reise ist die reinste Suche. Die Tiefkühltruhe wird zum zweitägigen Projekt, löst dann jedoch mein Floh-Problem. Sonst suche ich nach Übernachtungsmöglichkeiten, Ersatzteilen oder dem Weg. Aber was suche ich in Wirklichkeit?

Bei Besuchen von Sehenswürdigkeiten mit vielen Touristen oder in unbequemen Situationen hintersinne ich mich oft, warum ich mir all dies überhaupt antue. Ich brauche mehr, als eine oberflächliche Pendenzenliste abzuhaken. Denn so ein Häkchen fühlt sich nicht wie ein gefundener Schatz an. Er muss tiefgründiger verborgen liegen, denn tief in meinem Inneren versuche ich mich zu verstehen.

In Peru habe ich mehrmals von Reisenden gehört, dass sie an Selbstfindungsritualen teilgenommen haben. In diesen Momenten habe ich immer gedacht: Falls ich zufällig einem Schamanen begegne, könnte ich mir gut vorstellen, auf eine innere Reise zu gehen. Aktiv danach gesucht habe ich nie. Die täglich neuen Eindrücke lenken mich immer wieder ab.

Es ist doch einfach Magic. Anstatt einem Schamanen von hier über den Weg zu laufen, treffe ich im Dorf der Rettung, in Salvacion, zufällig den Schweizer Don Miguel. Er wolle sein großes Wissen gerne mit mir teilen, damit auch ich die Wahrheit über das eigene Leben lernen kann. Als habe mich mein Wunsch unbewusst zum Dschungeldorf geführt, um dort meinem persönlichen Lehrer zu begegnen. Aber wieso begegnet mir im Land der ehemaligen Inkas ausgerechnet jemand, der mir von Jesus erzählt? Es ist mir ein Rätsel, aber gleichzeitig bewusst, dass es einen bestimmten Grund haben muss.

Irgendwo zwischen Cusco und Lima lege ich auf einer weiteren Passhöhe eine Pause ein. Mit Verpflegung aus der Kiste

171

bestaune ich die Gebirgslandschaft. Etwas nervös studiere ich das Papierstück mit dem Namen von Don Miguels Dorf. Ich bin auf der Suche nach seinem Zuhause und will ihn überraschen. Die Abzweigung auf den schmalen Kiesweg müsste mich eigentlich steil im Zickzack auf einen Talzwischenboden und damit ins kleine Bergdorf hinunterführen. Plötzlich wechselt das Wetter. Zeit aufzubrechen!

Mit dem letzten Bissen im Mund fahre ich vorsichtig weiter. Der Weg führt durch dicke Wolken. Ich sehe kaum, was oben und was unten ist. Nach einigen Kilometern reißen die Wolken auf. Unter dem blauen Himmel freue ich mich über die Aussicht und entdecke in der Ferne ein kleines Dorf auf dem grünen Talboden. Das muss es sein. Dahinter präsentiert sich eine einzigartige Kulisse. Zwischen dem sich bewegenden Wolkenmeer ragt auf der gegenüberliegenden Talseite die Bergkette mit von Schnee und Eis bedeckten Gipfeln von über sechstausend Metern empor.

Langsam durch das kleine Dorf fahrend halte ich Ausschau nach Einwohnern. Die erste Person, die ich treffe, ist ein älterer Mann, den ich gleich nach Don Miguel mit den langen Haaren und dem Bart frage. Hier bekomme ich zur Abwechslung keine widersprüchliche Wegbeschreibung. Alle kennen Don Miguel und so werde ich sofort zu seinem Haus geführt. Ich klopfe an die Holztüre und warte einen Moment. Ein Schieber geht auf und ich werde von zwei Augen ins Visier genommen. Ich winke und lache ihn an. Sofort öffnet er die Tür und begrüßt mich mit den Worten: »Ich wusste, dass du bald hier anklopfen wirst. Herzlich willkommen und komm herein! Als hätte ich gespürt, dass ich heute länger im Haus bleiben muss, bin ich soeben eigentlich grundlos eine ganze Weile am Tisch verweilt. Du hast Glück, denn wir leben seit einiger Zeit außerhalb des Dorfes und sind nur noch selten hier. Da hättest du uns nicht so leicht gefunden.«

Wir setzen uns in der düsteren Küche mit rohen Lehmwänden an den Tisch. Hinter Don Miguel, der oben am Tisch sitzt, ist ein mit Holzkohle auf die Wand gemalter Jesuskopf zu sehen. Die Situation ist etwas unheimlich. In dem düsteren Raum sind zwei von Bärten und langen Haaren umrahmte Gesichter, die mich ruhig anschauen. Das riesige an der Wand und Don Miguels in Normalgröße. Nachdenklich schiebt er langsam die Hausschlüssel über den Tisch.

»Ich bin dir dankbar, wenn du das leerstehende Haus ein wenig bewohnst. Bleib solange du willst, wir nutzen es nicht mehr. Gott hat uns vier Schafe geschenkt, und nun leben wir in Gemeinschaft mit den Tieren unter einem Dach auf freiem Feld. Komm mit, ich zeige dir gerne unsere Mikrofarm.«

Wir verlassen das Haus und spazieren wortlos vom Dorfrand über eine große Wiese den Hang hinunter.

Plötzlich sagt er: »Weißt du, in allem, was wir sehen, hören, riechen, berühren oder essen steckt immer göttliche Kraft, welcher wir größte Sorge tragen. Wir nehmen immer nur so viel in Anspruch, wie wir zum Leben benötigen. Jeden Grashalm ehren wir dankbar als Geschenk Gottes. Es ist das Futter für unsere Schafe. Gehe bitte in meinen Spuren, damit wir nicht unnötigen Schaden anrichten. Wir leben in einem makellosen Kreislauf der Vollkommenheit von Pachamama. Mutter Erde ernährt schlussendlich mit den Schafen auch uns.«

Bei der Mikrofarm angekommen begrüßen mich Carolina und die zwei Söhne herzlich. Don Miguel zeigt mir die einfache Einrichtung und erklärt mir, wie sie hier leben.

»Klopapier findest du bei uns nicht. Das ist eine schmutzige Erfindung für das Geschäft des Menschen und befindet sich außerhalb des natürlichen Kreislaufes. Man benutzt ein Stück Papier nur ein einziges Mal und wirft es achtlos weg. Es dient niemandem erneut. Wasser hingegen befindet sich immer im Kreislauf. Es bedeutet Wachstum, Reinheit und Energie für

Körper und Geist. Als reinigendes Naturelement steht es für alle Lebewesen der Erde an erster Stelle.

Die Nächte können bei uns auf 4300 Meter ganz schön kalt werden. Wir schlafen bewusst oberhalb der Schafe auf einem Bretterboden und sind dankbar für die aufsteigende Körperwärme der Tiere. Denn wie du siehst, haben wir keinen Strom für eine Heizung oder einen Kühlschrank. All diese Produkte sind nicht im vollkommenen Kreislauf integriert und fügen Pachamama nur Schaden zu. Rücksichtslos zieht einzig der Mensch einen Nutzen daraus.

Darum versuchen wir, die Dinge so lange wiederzuverwenden wie nur möglich. Nägel, die wir an einem Brett herausziehen, schlagen wir gerade und verwenden sie erneut. Dasselbe mit Drahtstücken. Wir setzen kleine Resten zusammen, um wieder vierzig Zentimeter an einem Stück zu haben. Wir besitzen nur das Nötigste. Dadurch werden wir wieder zu dem, was die Menschheit ursprünglich war. Nämlich erfinderisch. Der einzig persönliche Besitz, den jedes Familienmitglied hat, sind Teller, Besteck und Becher, Kleider und eine Wolldecke. Das reicht. Überflüssige Gegenstände suchst du auf unserer Mikrofarm vergebens. Weißt du, wir leben so einfach wie Jesus damals.«

Der aufs absolute Minimum reduzierte Lebensstil beeindruckt mich zutiefst. Das kleine Lehmhaus mit zirka neun Quadratmetern Grundfläche ist Stall und Wohnstatt in einem. Die offene Küche befindet sich unter einem Wellblechdach. Sie besteht hauptsächlich aus einer Feuerstelle am Boden. Das Klo ist ein Eimer in einer anderen Ecke des Geländes. Diese komplette Mikrofarm, wie sie es nennen, ist mit einer Lehmmauer umgeben. Von einem Ende bis ans andere ist es nicht weiter als fünfzehn Meter.

Als Don Miguel mein Staunen bemerkt, fragt er mich, ob ich Lust hätte, hier bei ihnen zu wohnen und auf der Bank in der

Küche zu schlafen. Aber ich entscheide mich doch für etwas mehr Privatsphäre. Wenn ich das Haus im Dorf hüte, habe ich einen Rückzugsort. Und nicht zuletzt kann ich dort wieder einmal in einem Bett schlafen und meine undichte Luftmatratze verstaut lassen.

Am Sonntag kaufe ich Brot und gehe zu Don Miguel, um gemeinsam mit seiner Familie zu frühstücken. Als ich eintrete, sitzt er gedankenversunken am Tisch. Plötzlich meint er: »So, jetzt haben wir Zeit, über das Wichtige im Leben zu reden. Als ich dich zum ersten Mal getroffen habe, hast du gesagt, du seist auf der Suche nach Freiheit. In diesem Augenblick war für mich klar, dass du in unsere Bruderschaft gehörst, weil du nach demselben strebst wie ich, als ich vor über dreißig Jahren die Schweiz verlassen und mich von allem distanziert habe.«

Er nimmt ein Stück Brot aus meiner Tasche, bedankt sich und fährt fort.

»Freiheit habe ich erst erlangt, seit ich nach den zehn Geboten lebe. Suchst du deine eigene Wahrheit? Dann lebe nach den Grundsätzen, die Jesus damals den Menschen vorgelebt hat. Du solltest die Weisheiten der Bibel lesen und verstehen lernen. Mutter Erde hat Jesus als Übermittler der göttlichen Kraft zu uns gesandt. Er hat den Menschen aufgezeigt, wie man als Teil des Gesamten in Vollkommenheit lebt. Durch unterschiedliche Lebensumstände der Völker haben sich etliche Glaubensrichtungen entwickelt. Der Ursprung für alle Religionen der Welt ist aber Mutter Erde. Die Bibel ist der beste Reiseführer zu dir selbst.«

Don Miguel greift nach dem Buch und will es mir überreichen. Ich lehne es jedoch dankend ab. Mit meiner Einstellung zur christlichen Kirche kann ich mir nicht vorstellen, dieses Buch je zu lesen.

»Die Kirche und die Bibel sind zwei verschiedene Dinge. Die Kirche hat die Bibel als Machtinstrument missbraucht. Die wahre Göttin, Pachamama, ist überall. Jeder Grashalm besitzt eine göttliche Kraft, nämlich Leben. Flora und Fauna sind makellos aufeinander abgestimmt und leben gemeinsam als ein Ganzes. Bäume zum Beispiel kommunizieren miteinander und unterstützen sich gegenseitig über ihre Wurzeln. Steine besitzen Energien. Auch alles vom Menschen Erschaffene strahlt eine gewisse Energie ab. Die Rohstoffe eines Fernsehers zum Beispiel stammen auch aus Mutter Erde.«

Ich erzähle von der schrecklichen Stimmung in den Silberminen von Potosí und frage, ob demnach negativ geladene Energie in einem Endprodukt steckt.

»Grundsätzlich gibt es kein Gut oder Böse. Alles ist gleich. Vielleicht muss ich dir aber recht geben, dass negative Energie in von Menschen produzierten Produkten stecken kann. Das Problem dabei ist, dass wir in einem Ungleichgewicht mit Pachamama sind, gierig immer mehr und noch mehr nehmen und nichts als Sondermüll zurückgeben.

Der Mensch ist so intelligent und gräbt doch sein eigenes Grab. Er trägt die Verantwortung dafür, dass seine Produkte nicht wie in der Natur üblich nach einem Jahr wieder zu Erde verrotten, nein, es dauert tausende von Jahren. Diese Zeit, welche die Natur länger für die Kompostierung unserer Güter benötigt, wird dem menschlichen Dasein gekürzt, weil alles zusammenspielt. Braucht etwas länger, ist das andere dafür kürzer. Logisch, oder?

Weißt du, Pachamama ist die einzige unendliche Kraft, die alles überlebt. Die menschliche Macht ist reine Einbildung, zudem extrem klein und von kurzer Dauer. Wegen der undankbaren Lebensweise von heute, weil wir von Mutter Erde nur respektlos nehmen und nichts zurückgeben, läuft unsere Zeit ab. Wir haben den Zenit erreicht und werden zu einer radikalen Veränderung gezwungen. Pachamama wird bedingungslos und ohne Gut oder Böse zu bewerten den vollkommenen göttlichen Kreislauf wiederherstellen. Darum lege ich dir ans Herz, die Bibel zu lesen. Werde frei von allem und lebe gemeinsam mit Gott weiter.«

Das Frühstück zieht sich in die Länge. Bis wir das erste Mal vom Tisch aufstehen ist Nachmittag. Auf einmal werden wir regelrecht von den Schafen überfallen. Sie schnappen sich vom Tisch was sie nur können.

»Siehst du, jetzt haben wir in unserer ganzheitlichen Gemeinschaft zu lange nur für uns geschaut und einen Teil davon aus der Balance gebracht. Jede Aktion bewirkt im Kreislauf Gottes eine Reaktion. Die wollen hinaus, um zu fressen.«

Don Miguel spricht zu den Tieren und öffnet die Tür. Während wir alle außerhalb der Mauer stehen und ihnen beim Fressen zusehen, werden mir die gewaltige Weitsicht, das helle Sonnenlicht und die frische Luft bewusst. Hinter dieser kreisförmigen Mauer, unter dem schwarz verrußten Wellblechdach über der Feuerstelle ist es dunkel. Fast in jedem Satz ist das Wort Gott gefallen und beim Herauskommen fühle ich mich befreit, wie aus einem Kloster ausgebrochen. Ich verabschiede mich für heute.

»Vielen Dank für das sehr interessante Gespräch, aber ich fühle mich müde von dieser ersten intensiven Lektion. Ich möchte mich ins Haus zurückziehen und mir die vielen Informationen von heute nochmal durch den Kopf gehen lassen.«

Nach diesem mehrstündigen Frühstück werde ich das Gefühl nicht los, dass Don Miguel mich zu seinem Glauben bekehren will. Bin ich an eine Sekte geraten? Carolina hat mir gesagt, ich solle jeglichen Besitz aufgeben, das Motorrad verkaufen und das Geld mit ihnen teilen. So etwas lasse ich mir doch nicht vorschreiben! Dennoch übt diese Familie eine Faszination auf mich aus, und ich möchte mehr über diese für mich neue Welt erfahren. Denn Don Miguel erlebe ich als belesenen Mann, der sich mit Weisheiten aus alten Schriften auskennt.

Das ausgiebige Frühstück wird in den nächsten Tagen zum Ritual. Jeden Morgen kaufe ich Brot und Bananen, die wir bei der Gottesphilosophiestunde bis in den Nachmittag hinein essen. Don Miguel nimmt sich Zeit, bis ich müde werde und Ruhe wünsche. Diese finde ich auf Spaziergängen in der fantastischen Bergwelt.

Am Abend allein bei mir in der Küche schaue ich dem Kohle-Jesus auf der Lehmwand in die Augen und denke über die Widersprüche zwischen meiner Einstellung zur Kirche und Don Miguels Erklärungen nach. Ich hinterfrage und kritisiere sehr vieles. Zum Beispiel sagte Jesus anscheinend, man solle nicht sündigen. Aus meiner Sicht hat die Kirche in fremden Ländern aber wacker gesündigt. Was ist richtig, was falsch? Irgendwo muss doch ein Haken sein.

Was ich von ihm höre, ist für mich nicht nachvollziehbar. Vielleicht liegt es an seiner Redensweise. Obwohl er Schweizer Dialekt spricht, tönt es für mich wie eine höhere Fachsprache, die ich zu wenig verstehe.

Eines Tages vermutet Don Miguel, dass der Schafbock eine Gabel aus der Küche verschluckt hat. Eine fehlt, und das arme Tier hustet wirklich sehr speziell. Nach langem Zögern entscheidet die Familie, einen Zaun um die Küche zu bauen. Auf gar keinen Fall möchten sie jemanden wegsperren, der zur Gemeinschaft gehört. Denn durch Abgrenzung entsteht in ihren Augen automatisch ein Besitzanspruch. Sie diskutieren unter sich eine ganze Weile, bis ich meinen Senf auch noch dazugebe.

»Den Schafen ist doch die Gemeinschaft egal. Die haben nur Fressen im Kopf. Für mich ist es logisch, dass sich ein Tier schnappt, was es findet. Den schönen Kräutergarten und die Blumen haben sie abgefressen, weil sie freien Zugang haben. Das mit dem Teilen klappt doch nur, wenn das Gegenüber auch ein Verständnis dafür hat.«

Meine einzige Aussage setzt der endlosen Abgrenzungsdiskussion ein Ende. Der Fall ist plötzlich klar. Ich biete meine Hilfe auch für andere Arbeiten auf der Mikrofarm an. Die Bauvorhaben sind ein größerer Kamin, ein Brotofen und eine Dusche. Es bleibt jedoch beim Schafzaun mit einem Tor aus herumliegenden Holzresten. Ich verknüpfe zuerst einzelne Drahtreste und biege alte Nägel wieder gerade, um schlussendlich alles damit zu fixieren. Wenn schon mal Besuch hier sei, meint Don Miguel, teile er lieber sein Wissen mit mir. Damit ich die wahre Welt Gottes kennenlerne, ist die andere Arbeit für ihn momentan zweitrangig.

Immer wieder werde ich aufgefordert, die Bibel zu lesen. Carolina will sogar extra in die Stadt, um für mich eine übersetzte hebräische Schrift zu kopieren. Am besten sei es, wenn ich Schriften aus dem Alten Testament lese. Ich kenne nicht mal den Unterschied vom alten und neuen. Doch ich befürchte immer noch Bekehrungsversuche und will mich davor schützen. Also lehne ich jedes Mal dankend ab und verweise auf meine Einstellung zur Kirche. Außerdem bezweifle ich, dass in der

Bibel wirklich steht, was Jesus vor gut zweitausend Jahren gesagt hat. Wie oft wurde die Geschichte überarbeitet und neu aufgelegt?

Für einmal schaffe ich es, Don Miguel mit meiner rebellischen Art aus seiner stoischen Ruhe zu bringen.

»Du bist wirklich Thomas der Ungläubige. Wie oft habe ich dir bereits erklärt, dass Jesus ursprünglich nichts mit der Kirche zu tun hatte?« Er schweigt und denkt wieder nach. Ich sage nichts und warte ab.

»Weißt du, mein Bruder, generell urteilt man nicht über andere. Jedoch im Falle deines starken Widerspruches, sehe ich mich gezwungen, dir eine andere Wahrheit zu offenbaren. Durch das viele Lesen habe ich gelernt, die Gottessprache zu verstehen. Du musst lernen, hinter den Zeilen zu lesen. Denn das Neue Testament wurde als Führungsinstrument missbraucht, um Herrschaft und Macht über andere Mitmenschen zu erlangen. Die echte Wahrheit blieb nur den geschulten Menschen in den Klöstern, welche anhand der Gottessprache dahinter sahen, zugänglich.«

»Redest du von einer Art Geheimsprache?«

»Ja, weil die heiligen Schriften der Wahrheit bewusst hinter dicken Mauern vom Volk ferngehalten wurden. Das Wissen der Menschen wird noch heute unterdrückt. Immer mehr Wahrheiten über unser Leben werden verschwiegen. Auf diese Weise kann man ein Volk einfacher führen und kontrollieren. Darum solltest du die wirkliche Wahrheit hinter den Texten kennenlernen. Denn Volksbeherrschung und Zerstörung anderer Glaubensrichtungen war nie die Absicht von unserer allumfassenden Göttin, der Mutter Erde. Im Kern sind alle Religionen gleich.«

Nach einer Woche halte ich es nicht mehr aus. Mein Kopf platzt fast vor Gedanken. Ich brauche einen Tapetenwechsel, möchte am liebsten in eine andere Welt flüchten. Einfach weit weg von hier, um die intensive Zeit zu verdauen und einen klaren Kopf kriegen. Don Miguel ist enttäuscht. Am nächsten Morgen kommt er zu mir und sagt:

»Da mich deine kurzfristige Entscheidung sehr überrascht und stark beschäftigt hat, habe ich eine schlaflose Nacht hinter mir. Ich möchte dir doch noch so viel Wichtiges für deine Lebensreise beibringen. Also habe ich mich an den Tisch gesetzt, um meine Gebote für dich zu schreiben. Die Bibel willst du nicht lesen, aber nimm bitte diese Informationen von mir mit. Wenn du nach den Geboten lebst, hast du die wahre Freiheit gefunden.«

Dann steckt er mir das Papier in meine Jackentasche und umarmt mich. Seine Emotionen berühren mich. Wir verabschieden uns einmal mehr, ohne zu wissen, ob wir uns jemals wiedersehen.

Die freie Fahrt durch die frische Bergluft gönnt meinen Gedanken eine Pause. Große Vögel kreisen am Himmel, ich vermute, sie begleiten mich, um zu sehen, was in ihrem Revier passiert. Mit der Talfahrt ändert die Klimazone. Die Temperatur steigt so stark, dass mir der Schweiß den Beinen entlang in die Motocross-Stiefel fließt. In der staubtrockenen Wüstenhitze gelange ich schlussendlich in eine andere Welt. Zwischen hohen Sanddünen liegt das saftig grün bewachsene Oasendorf Ica vor mir. Als ich das Dorf von einer Düne aus von oben betrachte, stelle ich fest, dass ich in meinem Paradies von früher gelandet bin.

Das Dorf ist ein Offroad-Sport-Mekka. An jeder Ecke stehen Motocross-Bikes und Sanddünen-Buggys in allen Größen herum. Nur habe ich heute alles andere als Adrenalin und Action im Kopf. Wer hätte je gedacht, dass ich Motocross-Fahrern nur zuschauen würde, mich freue, dass sie Spaß haben, aber mit Gedanken über Gott beschäftigt bin. Wenn mir das zwei Jahre früher jemand gesagt hätte, hätte ich ihm eine Einweisung in eine psychiatrische Klinik empfohlen.

Etwas später bin ich einquartiert, liege frisch geduscht im Bett und lese Don Miguels Abschiedsgeschenk.

Seine Lebensgeheimnisse füllen etwa eine Seite, beschäftigen mich aber tagelang. Stunde um Stunde sitze ich in der grün bewachsenen Oase am kleinen See, denke nach und schreibe, um mein Gedankenwirrwarr zu sortieren. Don Miguel will mich von verschiedenen Dingen überzeugen. Ich notiere zu jedem Punkt meine Meinung und insbesondere Ungereimtheiten.

Existiert Jesus, damit sich die Menschen unter Gott eine Figur vorstellen können? Ich finde sie eher abstoßend statt einladend. Denn seltsamerweise ist diese Figur an Händen und Füßen ans Kreuz genagelt. Wenn laut Don Miguel jeder von uns göttliche Kraft in sich trägt, die ohne Urteil über andere ist, warum verkörpert diese Figur dann eine solche Brutalität? Das abscheuliche Bild lässt in mir Wut auf die Täter aufkommen.

Für mich hat Gott keinen Namen. Ich erlebe eine grenzenlose Kraft, die nicht definierbar ist. Wenn in jedem Grashalm, überall auf Erden und bei allem was passiert, die Kraft der Mutter Erde mitspielt, ist es für mich einfach Magic. Dazu ist sie eher weiblich statt männlich, vor allem lebendig, sehr schön, vielseitig und voller Überraschungen.

Eigentlich steckt sie doch in jedem von uns, nur dass wir sie selten wahrnehmen oder verdrängen, weil sie nicht in unsere definierte Welt passt. Sie ist aber hier. Die unglaublichen Phänomene, die ich bisher auf der Reise erfahren habe, könnten für mich Zeugen einer Kraft sein, die alles vereint, regelt und führt. Warum soll ich meine Nase in ein Buch stecken, wenn ich mich doch nur in der Welt umsehen muss, um diese Kraft zu entdecken? Vielleicht ist dies die Lösung des Rätsels, warum ich diesen Mann, der nach der Bibel lebt, hier getroffen habe und nicht einen Schamanen. Denn in einem Punkt muss ich Don Miguel recht geben: Es ist für mich absolut nachvollziehbar, dass alle Religionen ihren Ursprung in der Gotteskraft von Pachamama haben. Dass in bitterkalten Eiswüsten andere Götter verehrt werden als im feucht-heissen Dschungel finde ich nur logisch.

Wie jeden Abend genieße ich auch heute den Sonnenuntergang auf einer Düne außerhalb des Dorfes und Blicke gedankenversunken in die Ferne. Etwas hat sich verändert seit ich hier bin. Nach einigen Tagen Schreiben und Nachdenken am kleinen See habe ich mehr Fragezeichen im Kopf als zuvor. Ich bin hin- und hergerissen, ob ich ins Mikrokloster zurück soll. Einerseits befürchte ich eine Gehirnwäsche, andererseits spüre ich einen starken Drang, mehr über das auf ein Minimum an Besitz reduzierte Leben zu erfahren. Ist es nicht auch ohne Bibel möglich, von ihm etwas zu lernen, das mich meinem Ziel einfach zu leben näherbringt? Kann ich mich vor allfälligen Bekehrungsversuchen genügend schützen?

Don Miguel hat mir angeboten, mich in seine Bruderschaft aufzunehmen. Ein Bruder sei mehr als ein Freund, man verstehe sich, ziehe in die gleiche Richtung und teile alles. Ich dürfe auf seinem Land mein eigenes Haus bauen. Als ungläubiger Thomas sei ich doch ein Vertrauter. Was ist der Haken? Was will er im Gegenzug von mir? Trotz meines Misstrauens beeindruckt mich, dass er tatsächlich nicht das geringste Bedürfnis nach Besitz zu haben scheint. Er sagt, sein einziger Besitz seien sein Leben und sein Wissen.

Auf einmal kommt ein Mann den schmalen Grat der Düne hoch und fragt, ob er sich zu mir setzen darf. Er ist Belgier und erzählt, er habe kürzlich seinen Job gekündet, um Freiheit in einem neuen Leben zu finden. Gerade eben, als er mich allein auf der Düne sah, sei ihm bewusst geworden, dass er aber alle seine Gewohnheiten bisher beibehalten habe. Spontan hat er sein Essen stehen gelassen, um den Sonnenuntergang zu erleben. Der Mann führt mir vor Augen, dass es manchmal spontane Entscheidungen und etwas Mut braucht, wenn man für Veränderungen offen sein will. Also beschließe ich kurzerhand, meiner Neugierde zu folgen und am nächsten Tag auf die Mikrofarm zurückzukehren.

Don Miguel hat einmal gesagt, jeder Tag solle dankbar gefeiert werden, als sei es der letzte. Leider fehle ihm dafür oft der Rotwein. Also kaufe ich neben Proviant so viel Wein wie möglich. Schlussendlich packe ich zehn Liter in Tetra Paks in jede freie Ecke und bringe ihm jetzt meine Überraschung vorbei. Mal sehen, wie lange ich es dieses Mal aushalte.

Don Miguel freut sich sehr, dass ich mit Wein und vielen Gedanken auf Papier nach zwei Wochen zurück auf der Mikrofarm bin.

Wir sitzen mit einem Glas Wein in der Wiese und schauen den Schafen zu. Ich lese ihm meine Gedanken vor.

»Wie soll es in der heutigen Welt möglich sein, nicht für Geld zu arbeiten? Hast du dein Busticket nach Salvacion etwa mit Kartoffeln bezahlt?«

»Ein damit zusammenhängendes Gebot ist: Du sollst dir keine Sorgen machen. Schenke Gott dein volles Vertrauen, und das nötige Kleingeld kommt auf irgendeine Art zu dir. Er schaut immer, dass der Mensch das bekommt, was er verdient.«

Ich sehe immer noch nicht, wie ich, selbst wenn ich mein restliches Hab und Gut verkaufen würde, bis an mein Lebensende versorgt sein sollte. Auch ist es mir ein Rätsel, wie sich ein Großteil der Menschheit Trinkwasser leisten soll, muss man es doch vielerorts in Flaschen kaufen, weil die Wasserqualität so schlecht ist. Dennoch lese ich ihm weiter meinen Text vor. Was hat er damit gemeint, ich müsse meine gesellschaftlich geprägte Muttersprache vergessen? Hat er gemeint, ich soll meine bisherigen Lebenserfahrungen und Prägungen ausradieren und wieder bei null anfangen? Liegt das Geheimnis meiner Bestimmung nicht von Geburt an in meinem Leben?

Er hört aufmerksam zu. Zu jedem Punkt findet er eine Antwort. Die eigene Lebenserfahrung sei das Wertvollste, das wir haben. Die könnten wir nicht einfach ausradieren. Hingegen sei es wichtig, gesellschaftliche Prägungen jeglicher Art abzulegen, denn sie hätten uns von Geburt an vom wirklichen Selbst entfernt und genau dieses Geheimnis gelte es wiederzuentdecken. Der Schatz liege so tief unter den äußeren Einflüssen begraben, dass man darum alles hinter sich lassen solle. Nach drei bis fünf Jahren weg von Zuhause komme eine persönliche, ehrliche Sprache tief aus dem Inneren zum Ausdruck, die dem wahren Wesen entspreche.

Am Ende des Gesprächs bedanke ich mich herzlich. Er beginnt zu jodeln und singt ein Volkslied im Berner Dialekt. Fast scheint es, als säßen wir beide in den Schweizer Alpen. Die vertrauten Melodien in dieser atemberaubenden Berglandschaft versetzten mich in eine Märchenwelt. Der Ort ist irgendwie mystisch. Ich fühle mich dem Himmel nahe, das Wolkenbild vor unseren Augen verändert sich ständig. Die Bergriesen wagen mal hier und mal da einen Blick zwischen dem Wolkenteppich hindurch. Jeder Moment ist ein neuer Ausblick in die Ferne. Das Licht ändert von gelblich zu grau, später wird es bläulich und bis zum Abend sogar violett. Auf dem Rückweg mit den Schafen zur Mikrofarm meint er nur:

»Das Leben ist die ständige Veränderung.«

Jeden Tag hängt im Dorf an einem Haus eine rote Fahne. Die Dorfbewohner bieten abwechselnd Chicha und Suppe an. Heute bringe ich der Familie ein Mittagessen auf die Mikrofarm.

Die Mutter des Hauses streckt mir zur Begrüßung gleich

einen halben Liter des frischen Maisbiers und etwas Suppe zum Probieren entgegen. Rein optisch vermute ich, dass eine kleingehackte Schweinsschnauze mit Bartwuchs in der Suppe schwimmt. Wenn ich nicht hinschaue, schmeckt sie aber ganz lecker, und auch die Chicha ist so frisch, dass sie sogar vom Gärprozess noch warm ist. Es kommen vier weitere Frauen mit ihren Kindern dazu. Alle, auch ein dreijähriges Töchterlein, trinken Chicha.

Sie erklären mir, der fermentierte Maissaft sei gesund für den Magen. Dies hätten bereits die Inkas gewusst und Chicha gehöre in den Bergdörfern zu den Grundnahrungsmitteln. Die Mutter erklärt mir, dass sie aus Maismehl gebackene Fladen im Mund kauen und dabei die Masse mit ihrem Speichel tränken, um die Gärung auszulösen. Die ausgespuckte Mischung wird anschließend in einem Topf mit Wasser gemischt und für einen Tag dem Gärungsprozess überlassen. Das Getränk schmeckt sauer wie vergorener Apfelsaft. Es schwimmen noch kleine Stücke der Masse darin, was mich an Erbrochenes erinnert. Aber gesund soll es sein.

Die Freude von Don Miguel und seiner Familie über das Mittagessen ist so groß, dass ich die nächsten Tage immer die rote Fahne im Dorf suche und Chicha mit Tagessuppe aus dem Dorf mitbringe.

Donnerstag ist Markttag. Bereits bei Tagesanbruch sind wir vor Ort. Die Menschen sind auf den Markt angewiesen, da es im Dorf kein Lebensmittelgeschäft gibt, wo man bequem holen kann, was man vergessen hat. Für Sonderwünsche organisiert man sich mit den Marktleuten, die einem bis zur nächsten Woche die Ware besorgen.

Während wir unseren Wocheneinkauf tätigen und von Stand zu Stand gehen, fällt mir auf, dass die Dorfbewohner Don Miguel mit Ehrfurcht und Respekt begegnen. Er muss auch für sie etwas Spezielles sein.

Für den Metzger ist heute ein besonderer Tag. Nach langem durfte er wieder einmal ein Rind aus dem Dorf schlachten, das nun in große Stücke zerlegt im Hinterhof seines Hauses an Haken hängt. Don Miguel kann ein Kilo Fleisch ergattern. Zum Glück sind wir rechtzeitig aufgestanden, denn um zehn Uhr ist das ganze Tier verkauft.

Die Marktfrauen sitzen auf dem Boden hinter ihren farbigen Tüchern, auf welchen sie ihre Waren präsentieren. Wir haben vorige Woche etwas ganz Spezielles bestellt, das wir jetzt abholen. Wir treffen die Frau, die für uns die peruanische Spezialität Cuy vorbereitet hat.

Sie erklärt uns stolz, dass sie zuerst die Innereien sorgfältig entfernt hat, um sie dann gehackt und mit verschiedenen Kräutern gemischt wieder in den Körper zu stopfen. Das Meerschwein wird kurz in siedendes Wasser getaucht, um die Haare besser zu entfernen. Dann wird das Nagetier mit der Haut im eigenen Saft gegart.

Nach der Besorgung von Gemüse, Obst und Getreide, begeben wir uns auf den Rückweg zur Mikrofarm. Nachdem Don Miguel das frische Stück Kuhfleisch mit Salz eingerieben hat, hängt er es zeremoniell mit einem seiner speziellen Dankesgebete an einem Haken in die Sonne zur Lagerung.

»In großer Ehre bist du bei uns. Alles auf Erden ist eins und nährt sich gegenseitig. Uns fressen die Würmer und lassen zum Schluss nahrhafte Erde für andere Lebewesen hinter sich. Die einen leben, damit andere später überleben. Vielen Dank für das Leben. Amen.«

Das Cuy wird auf dem offenen Feuer knusprig gebraten. Dazu gibt es für jeden von uns eine Kartoffel. Am Tisch betet Don Miguel erneut.

»Für dieses Festmahl spreche ich große Dankbarkeit aus. Fleisch von anderen Lebewesen zu essen ist keine Selbstverständlichkeit und genießen wir in Gottes Ehren als Hoch-

genuss. Jeder Biss ist Teil von uns, sodass wir größten Respekt
für dieses wunderbare Geschenk aufbringen. Amen.«

Während des delikaten Essens schweigen alle. Das Meerschwein ist sehr gut gelungen. Das wenige Fleisch an diesem
kleinen Tier ist so zart, dass ich es locker allein verschlingen
könnte. Wir teilen es aber zu fünft, und auch wenn ich eine
Kartoffel dazu bekomme, regt es meinen Hunger zusätzlich
an. Für mich ist diese Menge eine kleine Vorspeise. Als hätte
Don Miguel meinen knurrenden Magen gehört, erklärt er mir
nach dem letzten Bissen folgendes:

»Das reduzierte Leben beginnt mit bewusstem Essen in der
Gegenwart. Jeden Biss essen wir in größter Dankbarkeit. Das
Auge isst mit, indem wir Farbe und Beschaffenheit wahrnehmen. Mit der Nase werden Gerüche gespeichert. Mit jedem
Biss erkennen wir einzelne Geschmäcke und beim Kauen die
verschiedenen Konsistenzen. Diese Informationen nimmt
unser Magen bereits im Voraus zur Kenntnis. Auch er ist mit
unseren Sinnen als Ganzes verbunden. Dabei spielt die Menge
auf dem Teller gar keine Rolle. Im Gegenteil. Weniger ist mehr.
Unser Körper nimmt durch das Bewusstsein die Nährwerte
ganzheitlicher auf, was uns, mit weniger von allem, trotzdem
gesünder macht.

Für uns ist auch selbstverständlich, dass ein Tier komplett
verwertet wird. Geschnittenes Gras lassen wir ja auch nicht zur
Hälfte auf den Weiden liegen. Jeder einzelne Grashalm ernährt
ein Schaf, warum sollte dann nicht jeder Teil eines Tieres auch
uns ernähren? Wir sind doch allem auf der Welt gleichgestellt
und keineswegs etwas Besseres. Wenn wir nur das Filet essen,
werfen wir ohne Dankbarkeit achtungslos den größten Teil
vom Gottes Geschenk weg. Der ganzheitliche Naturkreislauf
wird dermaßen gestört, dass wir daran zu Grunde gehen.«

Während einer gemeinsamen Wanderung zu versteckten Ruinen der Inkas frage ich Don Miguel, warum er damals dem

System den Rücken gekehrt hat. Er schweigt einen Moment bevor er antwortet.

»Ich weiß, es ist viel einfacher und bequemer, nichts im Leben zu ändern, um nie der Realität in die Augen schauen zu müssen. Ich habe damals meinen Entscheid gefällt, weil die Gesellschaft keine Verbundenheit mehr mit Mutter Erde hat. Eine neu erschaffene Religion beherrscht die ganze Welt, man glaubt eben, was die Medien heute predigen. Die Manipulation der Menschen ist heute noch stärker als vor fünfhundert Jahren. Man glaubt, was man hört, dabei ist alles erstunken und erlogen. Es geht darum, die Leute zu beeinflussen, um Macht über sie zu erlangen.

Die Wahrheit bleibt dabei auf der Strecke. Mit Informationsüberfluss wird sie im Geheimen gehalten wie früher in den Klöstern. In der heutigen, angeblich demokratischen Welt sind wir aber kein Stück freier als in der Ritterzeit. Wir sind im Zeitalter der digitalisierten Diktatur gelandet, intelligent versteckt übernehmen Großkonzerne die Führung über uns. Sie glauben, die Macht über die Welt zu besitzen und ihr den Takt anzugeben. Mit künstlich inszenierten Krisen sehen sich sogar Staatshäuser gezwungen, ihnen Folge zu leisten. Journalismus und Medien sind die strategischen Hauptwerkzeuge des manipulativen Theaterspektakels.

Immer mehr Gesetze, Kameras oder Sicherheitsvorschriften führen zu absoluter Kontrolle. Man kann sich kaum mehr unbeobachtet in der eigenen Wohnung bewegen. Angeblich wird ja bereits von irgendwelchen Geräten jeder einzelne Schritt gezählt. Hast du noch nie etwas von George Orwell gehört?«

»Nein das habe ich nicht.«

»Dann musst du unbedingt sein Buch 1984 lesen. Es wurde 1948 geschrieben und beinhaltet viele Wahrheiten zur heutigen Weltmacht.

Länder und Religionen verlieren an Macht, während Großkonzerne sie übernehmen. Die Gier nach Reichtum ist grenzenlos, als könnte man alles mit ins Grab nehmen. Dabei ist der größte Reichtum die Lebenserfahrung, die man von dieser Welt mitnimmt.

Darum frage ich dich einmal mehr: Willst du frei sein? Dann drehe dem System dem Rücken zu. Lass alles hinter dir, um die eigene Wahrheit zu finden. Gehe deinen eigenen Weg und löse dich von alten Mustern. Ändere deine bequemen Gewohnheiten. Mach dich frei und verzichte. Zu Beginn kann es ganz schön hart sein, aber es ist nötig. Denn bald kommt das Wahre in dein Leben, die Wahrheit, wofür du hier bist.

In Bezug auf Verzicht sagte ich dir auch, dass du deinen Anspruch auf Besitz aufgeben sollst. Es ist eine rein menschliche Krankheit. Denn sobald sie einen ergreift, will man mehr. Es gibt auf Erden aber nicht immer mehr. Was der eine mehr hat, bleibt dem anderen weniger. Es entsteht ein Ungleichgewicht. Im Grundsatz Gottes gibt es keinen Besitz, alles ist eins und gehört zusammen. Darum teile mit deinen Mitmenschen alles, was wir auf der Erde haben.«

Nach zehn Tagen voll intensivster Gespräche neigen sich Gesprächsstoff und Wein dem Ende zu. Als hätte ich beim Einkauf der zehn Tetra Paks gewusst, wie lange mein erneuter Besuch dauern wird. Die Familie würde sich freuen, wenn ich in ihrer Gemeinschaft leben würde. Aber als Thomas der Ungläubige sehe ich meinen Platz nicht hier. Am Freitagmorgen ergreife ich wieder meine eigene Freiheit auf zwei Rädern. Ich kann den Fahrtwind kaum erwarten.

Bei der Verabschiedung bedanke ich mich bei Don Miguel, dass er sein Wissen mit mir geteilt hat. Für meinen weiteren Weg habe ich viel dazugelernt. Trotz meines ständigen Widerspruchs habe ich eindrückliche Gedankenanstöße bekommen, die ich nie vergessen werde. Ich sage ihm: »Es ist für mich unvorstellbar, eure Lebensweise zu übernehmen. Das ist dein Lebensstil, für meine Freiheit pflege ich meinen eigenen.«

Da meint Don Miguel: »Jeder Samen braucht Zeit bis er gedeiht. Alles ist gut. Den Anfang hast du bereits mit Zuhören geschafft. Später in deinem Leben wirst du sehen, ob Don Miguels Weisheitssamen gedeihen.«

Seit ich ihn kenne trägt er wie viele Peruaner robuste Gummisandalen. Seit sechs Jahren besitzt er keine anderen Schuhe. Sie faszinieren mich, denn sie sind aus alten Autoreifen angefertigt. Don Miguel hat mir eine Adresse in der nächsten Stadt angegeben, wo sie hergestellt werden. Die Neugierde bringt mich in die heruntergekommene Werkstatt in einer engen Gasse. Der düstere Raum ist mit Reifen vollgestopft. Der Empfang ist freundlich, und ich darf bei der Arbeit zusehen.

Es ist ein Knochenjob. Zu zweit zerren sie von Hand große Reifenstücke durch ein Messer, das auf einem Bock montiert ist. Schicht für Schicht wird auf diese Weise mühsam voneinander getrennt. Die dabei entstehenden Bänder dienen als Riemen. Die meiste Zeit sitzen die Arbeiter mit Messer, Feile und Hammer auf dem Erdboden vor einem Holzklotz. Für die Sohle verarbeiten sie von Hand ganze Reifenstücke, die sie anschließend mit den anderen Teilen clever vernageln.

»Das ist der Schuh für unser armes Volk«, sagen sie mir.

Am Nachmittag, ich kann es kaum glauben, steht plötzlich Don Miguel mit Carolina im Eingang. Sie mussten in die Stadt, um einige Sachen zu besorgen, und dachten, dass wir die Gelegenheit für eine letzte gemeinsame Mahlzeit nutzen. Wir treffen uns am späteren Nachmittag in einem Straßenrestaurant. Carolina legt erneut die Bibel und dazu ein Buch über Krishna auf den Tisch. Ich lehne zum letzten Mal dankend ab, noch immer mit der Begründung, dass ich von keiner Religion beeinflusst werden möchte. Dann zieht Don Miguel einige Blätter aus seiner Tasche. Soeben hat er extra für mich eine Kopie des Thomasevangeliums anfertigen lassen. Er sagt: »Auch Thomas, der heilige Apostel, Widersprecher und Ungläubige hat die Worte Jesu niedergeschrieben. Zumindest diese musst du lesen.« Und schiebt mir das Papier in die Jacke.

Unglaublich! Sie geben einfach nicht auf! Hastig verabschiede ich mich und steige auf Feuertiger. Im Fahrtwind auf kurvigen Bergstraßen fühlt es sich an, als säßen mir Don Miguel und Carolina noch im Nacken. Der Eindruck, verfolgt zu werden, verflüchtigt sich aber bald. Im Rennmodus fühle ich mich wieder frei. Die Seitenkisten kratzen in den Kurven am Boden.

Trotzdem, dass ich zweimal das Gefühl gehabt habe, die Flucht ergreifen zu müssen, werde ich die Zeit auf der Mikrofarm als äußerst intensive Erfahrung in Erinnerung behalten.

Noch nie zuvor bin ich von einem Ort mit so vielen neuen Informationen im Kopf weitergereist. Es ist gut möglich, dass mich diese Zeit noch lange beschäftigen und auch ein Stück weit prägen wird.

Bis heute habe ich einfach gelebt und getan, was Spaß macht. Nach und nach ist mein Gepäck geschrumpft, ich improvisiere mehr und lebe unabhängiger. Jetzt weiß ich aber auch, dass bewusster Verzicht auf praktisch allen persönlichen Besitz nochmal ein ganz anderes Level ist. Das reduzierte Leben von Don Miguel beinhaltet tiefgründige Lebensgrundsätze. Einfach leben ist doch nicht so einfach …

Plötzlich werde ich abgelenkt. Weit entfernt vom nächsten Dorf entdecke ich kleine Kinder, die im Fluss spielen. Träume ich? Das ist doch nicht möglich so weit im Nichts draußen. Woher kommen sie? Hier wohnt niemand.

Drei Kurven weiter löst sich das Rätsel. Frauen in farbenfrohen Röcken waschen im Fluss ihre Wäsche. Die kräftigen Farben leuchten, ein bunter Klecks in der Landschaft. Es ist also Waschtag, und die Kinder gehören zu den Müttern. Aber wo sind ihre Häuser? Ich kann nicht sehen, wo sie wohnen. Diese Menschen leben bestimmt fast ohne Besitz in einer sehr kargen Berglandschaft, wo ich von bloßem Auge keinerlei Nahrungsquellen sehe. Wovon ernähren sie sich? Wahrscheinlich ist ein sehr reduziertes Leben für sie normaler Alltag. Sie leben einfach und machen sich wohl kaum derart verstrickte Gedanken über ein bewusst gewähltes einfaches Leben wie ich.

Weiter unten im Tal trocknen Bauern auf verschiedenen Straßenabschnitten Mais und Quinoa. Eine Fahrspur ist jeweils mit Steinen abgesperrt, um das ausgelegte Getreide zu schützen. Fahrzeuge müssen sich mit entgegenkommenden auf der anderen Spur kreuzen. Vorherige Warnsignale gibt es nicht. Vorsicht ist gefragt. Überall können große Steine auf der Fahrbahn liegen. Die Straße scheint die einzige ebene, saubere Fläche für die Verarbeitung ihrer Grundnahrungsmittel zu sein.

Es ist eine schöne, aber lange Fahrt, bis ich am Abend in Ayacucho ankomme. In der Stadt suche ich wieder einmal via Internet Kontakt zur Außenwelt. Ich habe das Bedürfnis, Julieta zu berichten, was ich die letzten Wochen auf der Mikrofarm erlebt habe und mich derart beschäftigt. Das Alleinsein hilft nicht, mein Gedankendurcheinander zu entwirren. Ich bin ihr so dankbar, dass ich mich mit ihr austauschen darf.

Im gefühlt zehnten Internetcafé sind dann endlich Kopfhörer und Mikrofon installiert. Die Freude über den Fund ist von kurzer Dauer. Das Mikrofon ist defekt. Ich höre sie, sie mich aber nicht. Der Inhaber eilt über die Straße und besorgt an einem Marktstand ein neues. Was für ein Geschenk, die Stimme meiner Funkzentrale Julieta wieder zu hören.

Herausforderung schenkt Erfahrung

Die Evolution der Menschheit verkörpert sich in der Diversität von Handwerken. Was wir mit bloßen Händen schon alles erschaffen haben, ist für mich Zeuge einer Artenvielfalt. Ständig fordern Menschen sich heraus, indem sie neugierig Wagnisse eingehen und ausprobieren, um weiterzukommen. Ein menschlicher Urinstinkt.

In der Neuzeit scheint sich das geändert zu haben. Die Ungewissheit eines Vorhabens verängstigt uns oft und wird schnell als unzumutbar gewertet. Natürlich ist es bequemer, alles beim Alten zu lassen, nichts zu riskieren oder zu verändern. Denn selbstverständlich kann ich bei einem Wagnis auf den Kopf fallen, Herausforderungen können extrem schmerzhaft und anstrengend sein oder auch schiefgehen. Sie rauben mir oft den letzten Nerv und eine weitere Folge daraus sind zum Beispiel schlaflose Nächte. Das alles wünscht sich natürlich niemand und trotzdem gehören sie dazu.

Sowohl Garry in der Sickergrube, wie auch ein alter Mann auf der Fähre nach Puerto Montt haben eine Empfehlung mit mir geteilt. Diese Aufforderung habe ich im Tagebuch festgehalten und erinnern mich noch heute daran.

»Du musst lernen, Unbekanntes selbst zu erfahren, und sei es nur beim Kochen. Auch wenn es in die Hose geht. Immer hat der Mensch ausprobiert, sich mit eigenen Erfahrungen weiterentwickelt und somit sein Selbstwertgefühl, seine Kreativität und Motivation gestärkt. Aber das geschieht nur, wenn man sich dafür Zeit nimmt.«

Fünf Monate später hallen diese Worte immer noch in meinem Kopf nach. Jetzt scheint mir der Zeitpunkt gekommen, sie bewusst in die Tat umzusetzen. Alles, was ich benötige, ist Zeit, haben sie gesagt.

Wo ich herkomme, stehen Effizienz und Produktivität zuoberst auf der Prioritätenliste und für beides ist die Zeit immer sehr knapp berechnet. Wir leben leistungsorientiert und mit Zeitdruck. Den Reiz der Digitalisierung kann ich durchaus nachvollziehen. Ist es nicht praktisch und bequem, dass uns das Internet in Sekundenschnelle Antworten auf jegliche Fragen liefert? Das lange Suchen nach Lösungen ist Vergangenheit, wir könnten also viel Zeit für uns gewinnen. Wieso haben denn die Menschen heutzutage trotzdem immer weniger? Zeit fehlt eigentlich konstant. Dabei ist anscheinend sie das wichtigste Werkzeug für die persönliche Entwicklung. Dem gehe ich jetzt nach.

Als gelernter Landmaschinenmechaniker interessiert es mich, auf welche Art und Weise in anderen Ländern Maschinen repariert werden. Wie sind hier Werkstätten eingerichtet, wie sieht die Denk- und Arbeitsweise aus? Bei meinen Erlebnissen mit der peruanischen Mechaniker-Szene staune ich nicht schlecht und komme zwischendurch ganz schön ins Schwitzen.

Von Huaraz, der Bergstadt an der wunderschönen Cordillera Blanca mit ihren Sechstausendern fahre ich über das Gebirge erneut in die staubtrockene Wüstenlandschaft Richtung Pazifikküste. In der Stadt habe ich soeben den Präsidenten eines Kinderheims getroffen. Von Kontakten habe ich gehört, dass sie die Hilfe eines Mechanikers suchen. Er ist mir sehr dankbar, wenn ich mich auf der dazugehörigen Farm der Herausforderung annehme und einige defekte Maschinen unter die Lupe nehme.

Im Zentrum des Wüstendorfs angelangt, frage ich einen Mototaxi-Fahrer nach der Adresse des Heims. Sofort startet er seine dreirädrige Maschine und begleitet mich bis vor die Türen.

Von der Heimleiterin werde ich freundlich empfangen und gleich zu Tisch gebeten. Der Zufall meint es wieder gut mit mir. Zuerst darf ich mit den Kindern ein köstliches Mittagessen genießen. Es ist spannend, die Mädchen im Alter von zwei bis sechzehn Jahren kennenzulernen. Von allen Seiten prasseln Fragen auf mich ein, und ich komme kaum dazu, sie zu beantworten. Alle nennen sie mich *Padrino* und ich weiß zunächst nicht warum.

Anschließend fahre ich mit der eigentlich pensionierten Heimleiterin auf die Farm, wo die Knaben wohnen. Stolz zeigt sie mir die umliegenden acht Hektar Mais, die Orangen- und Papaya-Plantage und den großen Gemüsegarten, den sie zusammen mit den Kindern pflegen. In der Scheune treffen wir Carlo. Er ist zuständig für die Bewirtschaftung des Hofes. Zusammen schauen wir die defekten Maschinen an.

Wie ich es in Peru oft sehe, sind auch diese Maschinen in einem erbärmlichen Zustand. Carlo erklärt, sie hätten kein Geld für bessere Maschinen. Darum wird seit Jahrzehnten an den alten Maschinen herumgebastelt. Mit Improvisationskunst werden sie irgendwie am Leben erhalten. Kaum ein Bestandteil ist noch original. Das wird bei der Behebung der Probleme sicher zur Herausforderung und verunsichert mich ein wenig.

Carlo ist mir sehr dankbar, dass ich mir nur schon Zeit nehme und den Versuch wage, seine Maschinen wieder in Gang zu bringen. Das Hauptproblem ist der über vierzigjährige Traktor. Immer wieder hätten Mechaniker etwas repariert. Nach Schweizer Ordnungsmanier frage ich nach Quittungen, um mehr Informationen zu erhalten. Aber natürlich sind keine Servicearbeiten niedergeschrieben und niemand weiß genau, was in der Vergangenheit bereits repariert wurde. Das aktuelle Sorgenkind ist die Hydraulikanlage, welche seit langem an Leistung verloren und nun komplett versagt hat. Auch die Servolenkung ist defekt.

Sofort werden Hirnwindungen aktiviert, die ich eine Zeitlang nicht mehr benutzt habe, und darum etwas eingerostet sind. Wie funktioniert diese Hydraulikanlage überhaupt? Wie verläuft schon wieder der Ölkreislauf? Ich weiß nicht mehr alles auf Anhieb und werde nervös. Kann ich diese Aufgabe ohne technische Angaben bewältigen? Wenn ich nur wüsste, was bereits repariert wurde. Wo können die Fehler nur liegen?

Meine erste Herausforderung ist, nicht die ganze Maschine zu zerlegen, sondern erstmal klar zu denken und danach sehr vorsichtig und überlegt vorzugehen. Wo soll ich hier in der Wüste überhaupt passende Ersatzteile finden?

Die Gedanken drehen. Carlo ist zurück bei seiner Arbeit und seither stehe ich regungslos neben dem Patienten. Ich brauche eine Denkpause und steige auf das Windrad, das seit langem außer Betrieb ist. An der Wasserpumpe steht als Ersatz ein uralter Dieselmotor, den die Heimleiterin gerne abschalten möchte. Sie hat auf der Hinfahrt bereits die Hoffnung ausgedrückt, dass ich das Windrad wieder zum Drehen bringen könnte. Jetzt stehe ich erstmal oben auf dem Turm und genieße die Aussicht. Aber nur kurz. Ich werde von der zehn Meter langen Antriebswelle abgelenkt, die vom Windrad zur Pumpe führt. Sie ist nicht nur verbogen, sondern an mehreren Stellen gebrochen!

Enttäuscht wird mir klar, dass ich dem Heim diese Freude nicht so schnell bereiten kann. Dieses Projekt nähme mehr Zeit in Anspruch als mein Visum noch gültig ist. Ich muss also dem völlig undichten Dieselmotor, der unten im Schlamm steht, ein wenig mehr Liebe geben. Der Alte muss leider weiterhin Wasser fürs Haus ins Reservoir pumpen.

Am nächsten Tag entscheide ich, die Hydraulikpumpe auseinanderzunehmen. Ein wenig Werkzeug habe ich zum Glück im Gepäck, und den Rest besorgen wir bei einem von Carlos Kollegen im Dorf. Nebst abgewetzten Pumpenkolben entdecke ich noch andere Schwachstellen. Ich benötige also einige Ersatzteile.

Nun heißt es, auf die Suche zu gehen. Während ich mich bei der Tankstelle nach frischem Öl und Filtern umschaue, sagt mir der Verkäufer, dass die Lieferung von Originalteilen manchmal Jahre dauert. Davon gehe ich in diesem Fall nicht aus. Denn die professionell gestaltete Internetseite der Traktorenmarke mit Sitz in Lima sieht vielversprechend aus. Der Generalimporteur ist sicher die beste Anlaufstelle und hat bestimmt ein Ersatzteillager.

Frühmorgens breche ich mit allen defekten Teilen auf. Ich habe gut vierhundert Kilometer mit der Last vor mir. Die etwa einen Meter lange Lenksäule des Traktors, ein schweres Gusseisen, an dem normalerweise das Lenkrad befestigt ist, schnalle ich quer auf meinen Gepäckträger. In den Kurven spüre ich das Gewicht und ich muss aufpassen, dass ich keine Fahrzeuge streife.

Unbekannte Millionenstadt, ich komme! Um vier Uhr nachmittags habe ich ohne größere Umwege zum Hauptsitz gefunden. Der moderne Neubau mit Showroom bringt mich ins Staunen. Gleichzeitig werde ich aber enttäuscht, denn der Laden ist bereits geschlossen. Ich quartiere mich in der Nähe ein und kehre am Morgen zurück.

Schon nach kurzer Zeit liegen meine Nerven blank. In der Eingangshalle sitzen acht Personen mit zugeschnürten Krawatten hinter Monitoren an Kundenschaltern. Sie sehen alle sehr beschäftigt aus. Ich warte mehrere Minuten, bis einer aufsteht und ohne Begrüßung fragt, was ich suche. »Guten Tag. Ich suche Ersatzteile für das Modell 2030.« Er schaut mich erstaunt an und sagt, er habe noch nie von diesem Modell gehört. Verwirrt schickt er mich gleich zur nächsten Person.

Diese hat vom Modell zwar gehört, jedoch nie damit zu tun gehabt. Der Mann verschwindet für eine Abklärung. Endlich, ich habe schon gedacht, dass er mich vergessen hat, kommt er wieder zurück. Er zeigt mir auf dem Tablet verschiedene

PDF-Dateien mit Kundendienstinformationen, jedoch von ganz anderen Modellen. Ich merke sofort, dass er absolut keine Erfahrung mit der Grundmaterie besitzt. Nach einer Weile schlägt er mir als einzige Lösung vor, dass ich einen neuen Traktor kaufen soll.

Mir macht es den Anschein, dass ich die Mitarbeiter ein wenig überfordere. Keiner scheint mit Traktoren auch nur die geringste Erfahrung selbst gemacht zu haben. Sie sind komplett abhängig von dem, was der Bildschirm ihnen sagt. Als ich dann aber in die Ersatzteile-Abteilung gelange keimt wieder Hoffnung auf.

Wieder schildere ich meine Situation und reiche dem Angestellten die im Heim ausgedruckte Ersatzteilliste, auf der ich die benötigten Artikel markiert habe. Er verkriecht sich hinter dem Bildschirm, will wohl hineinkriechen, so nahe hält er den Kopf. Verkrampft und hilflos zappelt er mit seiner klickenden Maus umher und sucht nach einer Lösung. Wie kann denn diese einfache und alte Mechanik plötzlich so kompliziert sein? Ich bekomme zunehmend das Gefühl, dass er sich aus seiner Position lieber verziehen würde, weil das elektronische Gehirn nicht auf meine Anfrage programmiert scheint und keine Lösung ausspucken will.

Verzweifelt fragt er seinen Büronachbarn um Hilfe. Auf einmal stellt sich irgendwie heraus, dass alte Artikel-Nummern nicht im System erfasst sind. Die Landeshauptvertretung kann mir also weder mit Informationen noch in materieller Hinsicht weiterhelfen. Um Himmelswillen, das glaube ich nicht! Nach den zwei Stunden bedanke ich mich so freundlich wie möglich und verabschiede mich innerlich kochend.

Auf dem Parkplatz des riesigen Firmengeländes überlege ich, was ich soeben erlebt habe. Das Erlebnis ist für mich Zeuge einer Abhängigkeit, die den menschlichen Urtrieb gefährdet. Das Ausprobieren und Selbsterfahren gehen aufgrund der technologischen Entwicklung verloren, sodass viele dabei verblöden.

Erfahrungen mit Mechanik scheinen die Mitarbeiter in der digitalisierten Geschäftswelt kaum mehr zu haben. Der Bildschirm sagt den Mitarbeitern was Sache ist, kommuniziert mit Smileys und Daumen hoch, vermittelt aber kaum Wissen. Zählen denn in der heutigen Verkaufswelt Reparaturen, Fachwissen und Kundenservice nichts mehr?

Und ist es denn begrüßenswert, dass wir das Denken einer Maschine überlassen? Könnte die Bequemlichkeit nicht sogar unseren Untergang bedeuten? Außerdem hat mir mein Erlebnis bewiesen, dass auch der Computer nicht für alles eine Lösung kennt.

Wer kann sich in Peru überhaupt diese teuren, neuen Maschinen leisten? Auf den Feldern sehe ich praktisch nur Maschinen, die in Mitteleuropa höchstens noch im Museum ausgestellt würden. Etwas geht nicht auf. Woher kriegen denn die Leute ihre Ersatzteile?

Es muss noch eine andere Quelle geben. Ratlos kurve ich durch diese Millionenmetropole und fühle mich in einem Labyrinth voll unbekannter Möglichkeiten. Einige Blocks weiter halte ich spontan beim nächsten Landmaschinenhändler an und frage in der Lagerhalle einen Hubstaplerfahrer, in welchem Stadtteil Ersatzteile verkauft werden. Dieser erklärt mir, wie ich dahingelange.

Mit der Lenksäule quer auf dem Motorrad kämpfe ich mich stundenlang durch den chaotischen Verkehr und ärgere mich über die Verkehrsteilnehmer. Hier lässt niemand jemandem den Vortritt. Jeder hupt und drängelt sich rücksichtslos durch den Verkehr. Wut steigt in mir auf, bis ich mich den anderen anpasse und im aggressiven Rennmodus zwischen den Autos hindurchmanövriere. Ich will nur noch so schnell wie möglich die Ersatzteile und wieder aus diesem Chaos raus.

Im Vorort sind die Straßen in einem desolaten Zustand. Es herrscht ein wildes Treiben der Handelsleute und Mechaniker, welche ihre Arbeit an Ort und Stelle verrichten. Die Ladenbesitzer pflegen die heruntergekommenen Häuser nur im Eingangsbereich. Ab dem ersten Stock aufwärts sind sie in einem erbärmlichen Zustand und zerfallen teilweise bereits. In den Seitenstraßen wühlen unzählige Hunde auf der Suche nach Essbarem im Abfall. Mir ist unwohl. Die Szenerie scheint unheimlich und eher gefährlich, denn den Menschen hier ist die Armut anzusehen, besonders denen, die überall herumstehen und andere bei der Arbeit beobachten. Hier darf man bestimmt kein Werkzeug unbeaufsichtigt liegenlassen.

»Nun komm schon, meine Tigra del Fuego klaut doch hier niemand. Und die Lenksäule schon gar nicht!« Leicht zögerlich parkiere ich am Straßenrand, wo ich sie an einem Zaun ankette. Zu Fuß geht die Suche weiter.

Ein Händler verkauft nur Fahrzeuglampen, Duftbäumchen und Fußmatten, ein anderer Reifen, Autoradios oder Ölfilter. Wo zum Teufel soll ich zwischen Autositzüberzügen und anderem Krimskrams meine passenden Pumpenkolben finden?

Ich muss aufpassen, wohin ich trete. Der Boden ist zum Teil ölverschmiert und ein metallischer Geruch von Schleif- und Schweißarbeiten liegt in der Luft. Soeben sehe ich jemanden einen Ölwechsel direkt über dem Schachtdeckel erledigen. Außer mich wundert das niemanden. Überall sind offene Motorhauben zu sehen. Repariert wird am Straßenrand, die Werkstätten sind vollgestellt mit alten Autos und Maschinenteilen aller Art. In den Seitengassen qualmen kleine Feuer. Rauchschwaden ziehen hervor. Wohin sonst mit dem Verpackungsmaterial? Müll kennt man, Müllentsorgung wird improvisiert. Inmitten dieses Lärmes, dieser Hitze und des Qualms behalten Mechaniker einen kühlen Kopf und beheben konzentriert Fehler.

Ich frage den ganzen Tag nach einem Traktor-Spezialisten. Im hektischen Umfeld bekomme ich Empfehlungen für Geschäfte, die ich dann stundenlang suche, denn ich bekomme wie schon oft widersprüchliche Wegbeschreibungen. Ich muss mich also allein zurechtfinden. Ich tigere von einer Straße zur nächsten auf einer erfolglosen Suche. Im Hinterkopf immer meine Tigra del Fuego und die Sorge, sie heil wiederzufinden.

Jetzt sehne ich mich doch nach einem Computer und nach einer Bestellung per Mausklick. Für heute gebe ich die Suche auf. In der Nähe finde ich eine günstige Arbeiterunterkunft. Von der Hektik erschöpf falle ich gleich ins Bett. In der Nacht quälten mich die bellenden Hunde und die Aussicht auf einen weiteren Tag wie diesen.

Bei Reis, Bohnen und Spiegelei, also beim Frühstück, setzt sich ein anderer Gast neben mich. Er ist Händler und beruflich hier. Ich frage ihn nach einem Traktor-Spezialisten. Er denkt kurz nach und erinnert sich, dass er einmal Ölfilter an eine solche Firma geliefert hat. Nach zwei Telefonaten hat er die Adresse herausgefunden. Das klingt vielversprechend!

Nach einer weiteren Slalomfahrt durch das Verkehrschaos entdecke ich ein unscheinbares Traktor-Logo. Hier werde ich hoffentlich fündig!

Schon die Begrüßung ist nicht mit der des Vortags vergleichbar. Ein älterer Mann hinter dem Tresen empfängt mich freundlich. Ich schildere ihm mein Anliegen, er verschwindet wortlos hinter den Regalen und kommt wenige Minuten später mit einer Handvoll Ersatzteilen zurück. Das Gehirn dieses Mannes funktioniert ein x-faches besser als alle Computer im Hauptsitz zusammen. Er hat sein gesamtes Lager im Kopf. Er ist in seinem Element, in seinem Stolz und Selbstbewusstsein spüre ich die Passion für seine Arbeit. Sofort fühle ich mich bestens aufgehoben. Auch wenn er keine Steuerwelle an Lager hat, kann er mir auch hier weiterhelfen. Da er weiß, wo das

Problem vermutlich liegt, organisiert er für mich eine Reparatur-Möglichkeit auf dem Rückweg, zweihundert Kilometer nördlich. Vorsichtshalber gibt er mir zusätzliche Teile mit auf den Weg. Falls ich sie nicht benötige, darf ich sie zurückbringen. Den zusätzlichen Weg nehme ich gern in Kauf, wenn ich nur den Traktor in der Wüste zum Laufen bringe.

Dann erklärt er mir noch den peruanischen Landmaschinenmarkt.

»Nur wohlhabende, meist ausländische Großproduzenten von Früchten und Gemüse für den Export können sich neue Maschinen des Importeurs leisten. Das sind auch diejenigen, die alles Land kaufen und im großen Stil produzieren. Unser Volk hat außer Rückenweh nichts vom weltweiten Exportgeschäft. Im Gegenteil, damit die Leute in reichen Ländern unsere Früchte essen können, geht den Dörfern in der Umgebung der großen Anbaugebiete das Grundwasser aus.

Bei der Volkslandwirtschaft herrschen ganz andere Voraussetzungen. Hier geht es darum zu überleben. Oftmals ist ein Traktor für das ganze Dorf im Einsatz. Es ist kaum Geld für Reparaturen vorhanden und darum müssen reisende Mechaniker improvisieren und die Maschinen so kostengünstig wie möglich wieder in Gang bringen. Wenn überhaupt eine Maschine vorhanden ist. Denn sehr oft sieht man, wie die Leute nach wie vor mit Ochsen die Erde pflügen.«

Stolz und erleichtert, in diesem Metropolen-Labyrinth eine Lösung gefunden zu haben, verlasse ich laut singend die Stadt. Etwa auf halbem Weg zur Farm treffe ich den reisenden Mechaniker, der sich als Bruder des Ladenbesitzers herausstellt. Alle seine Brüder sind Mechaniker und reisen per Bus im ganzen Land umher. Für seine tägliche Arbeit besitzt er nicht einmal eigenes Werkzeug. Er sucht sich jeweils vor Ort alles Nötige zusammen und schafft dabei laufend neue Kontakte.

Er besitzt nur ein soziales Netzwerk und die eigene Erfahrung.

»Weißt du, niemand zeigt uns wie etwas funktioniert. Um ein Problem zu lösen, müssen wir einfach ausprobieren und etwas riskieren. Auf diese Weise lernen wir und sammeln unsere persönliche und wertvolle Erfahrung.«

Wir gehen zu einer Werkstatt, die eher einer chaotischen Alteisensammlung gleicht. Er kennt den Besitzer und hat in der hintersten Ecke einen kleinen Platz, wo er seine Arbeit verrichtet, wenn er im Dorf ist.

Auf einem Karton auf dem Erdboden zerlegt er die Lenksäule. Filigrane Teile müssen anschließend in derselben Reihenfolge wieder vorsichtig montiert werden. Das Gehäuse geöffnet, schlägt er mit dem Hammer darauf bis alle Einzelteile völlig durcheinander auf dem Karton und einzelne sogar im Sand landen. Mich trifft fast der Schlag wegen der unzimperlichen Vorgehensweise.

Wir suchen im Quartier eine andere Werkstatt mit einer Schweißanlage, um die abgenutzten Stellen an der Steuerwelle neu aufzuschweißen.

Danach suchen wir eine Werkstatt mit einer Drehbank. Der dortige Mechaniker dreht gleich die Schweißnähte wieder auf das vorgegebene Maß herunter. Auf der uralten Maschine ist es eine wahre Kunst, auf hundertstel Millimeter genau zu arbeiten. Wir warten auf der Straße, bis er zwei Stunden später mit der fertigen Welle hinauskommt. Die Arbeit sieht gut aus, der Preis wird verhandelt und bezahlt, und dann gehen wir zurück zur ersten Werkstatt, wo mein Kollege alle Einzelteile wieder montiert.

Der ganze Ablauf ist in meinen Augen pure Ineffizienz. Wie verrechnet ein Mechaniker seine Zeit, wenn er den halben Tag auf der Straße Däumchen dreht? Aber was bleibt ihnen mit den knappen Mitteln anderes übrig? Der eine besitzt eine Schweißanlage, der andere die Drehbank, man hilft einander aus.

Auch wenn der Schweißer und der Dreher schon mit eigener Arbeit beschäftigt waren, nahmen sie sich Zeit für unser Anliegen. Mir scheint, dass Menschen mit weniger Besitz die Zeit mehr mit anderen teilen anstatt sie zu verrechnen. Der Preis ist relativ. Der Preis kommt durch geschicktes Verhandeln zustande anstatt mit der Stoppuhr. Normalerweise wird er auch erst bezahlt, wenn er um die Hälfte heruntergehandelt wurde.

Bis zum Abend hat mein Kollege das Puzzle wieder zusammengesetzt. Mit dem Tag und dem Ergebnis zufrieden, lade ich ihn zum Nachtessen ein, um den Preis zu verhandeln und die Abrechnung zu erledigen. Als ich einen Beleg wünsche sagt er: »Das mache ich nicht gewerbsmäßig, und ich habe keine Quittungen. Der Staat würde mir einen Drittel des Einkommens versteuern. Ich kann von meinen Kunden, den armen Bauern, unmöglich dreißig Prozent mehr für die Arbeit verlangen, niemand hat Geld. Jeder muss für sich selbst schauen, denn der Staat schaut nicht zu uns, nicht wenn wir hungern und nicht, wenn wir krank sind.«

Wir schreiben den Betrag mit Unterschrift auf eine Serviette und verabschieden uns zu später Stunde. So kann ich meine Ausgaben belegen.

Am nächsten Tag wird mir auf dem Rückweg zur Farm bewusst, dass eine Woche vergangen ist, bis ich alle Teile gefunden habe. Jetzt muss ich nur konzentriert und vorsichtig alles zusammenbauen. Keinesfalls darf ich bei der Reparatur weitere Schäden anrichten. Brauche ich sonst noch etwas? Das Öl wurde vermutlich schon lange nicht mehr ersetzt. Öl im Motor ist wie Blut im Körper. Es sollte sauber sein. Fünfzig Liter sollten genügen, die finde ich sicher beim Ölhändler an der Tankstelle im Dorf.

Auf der langen Fahrt denke ich über etwas nach, das schon Don Miguel gesagt hat: Kein Besitz macht erfinderisch. Denke ich weniger, wenn ich einfach einkaufe? Schwinden vielleicht zusätzlich meine Sozialkompetenzen?

Die Leute, die wenig haben, sind zum Teil wirklich kreativer und helfen einander, Lösungen zu finden. Die Mechaniker, die alles mit dem, was sie zur Verfügung haben, reparieren, sind für mich die wahren Helden. Ihr Ideenreichtum und ihre Fantasie müssen meine deutlich übertreffen. Denn in der Werkstatt, wo ich die Lehre absolvierte, war für jeden Handgriff ein Werkzeug vorhanden.

Mit Erfahrung weiß man sich zu helfen. Herausforderungen meistern die Mechaniker hier verantwortungsbewusst, gelassen und sogar ohne eigene Mittel. Wenn ich ein Auge auf die professionell ausgestattete Firma in Lima richte, sehe ich Mitarbeiter, die sich hilflos hinter dem Bildschirm verkriechen und hoffen, vom System eine Lösung zu bekommen. Weil die Erfahrung fehlt, gibt man dem System die Schuld oder man schiebt Probleme einfach zur nächsten Person weiter. Ich vermute, dass wir in der digitalen Welt zunehmend weniger am eigenen Leib erfahren werden, da uns der Computer immer mehr sagt. Ob es dann stimmt, was er sagt, oder auch nicht, wir glauben es einfach. Aber wie soll man bei diesem Übermaß an Informationen noch selbst klar denken und entscheiden können?

Wenn ich jetzt das zweite Auge auf mich selbst richte, erkenne ich sofort, dass ich viel zu viel unnötigen Ballast dabeihabe. Für mich hat bis heute eigenes Werkzeug zu besitzen eine gewisse Freiheit und Selbständigkeit bedeutet. Der Individualismus. Vielleicht kommt es daher, weil ich aus einer Wohlstandsgesellschaft stamme, wo jeder alles besitzt, was er braucht, und dadurch nicht abhängig von der Hilfe anderer ist. Bei mir Zuhause muss man nicht den Rasenmähroboter vom Nachbarn ausleihen. Nein, die fahren in doppelter Ausführung nebeneinander her.

Bezüglich persönlichen Besitzes hat Don Miguel zudem gesagt, man solle alles miteinander teilen. Wie das wohl gehen soll in unserer materialistischen Welt? Jeder hat zuhause was er braucht, oft in mehrfacher Ausführung. Wer möchte auf diesen Wohlstand verzichten?

Bei uns muss man einander nicht mehr helfen und sich um andere kümmern. Das tun Dienstleistungsunternehmen. Das menschliche Zusammenleben wird immer mehr verdrängt. Eine logische Folge, wenn sich es jeder leisten kann, für sich alleine zu leben. Gut für die Verkäufer, schlecht für die Menschen, die ja soziale Wesen wären.

Wenn ich die aktuelle Entwicklung betrachte, frage ich mich, wie Don Miguel noch so etwas vorschlagen kann. Der Strom läuft ja in eine komplett andere Richtung. Denn ich vermute, der Wohlstand lässt uns zu Individuen heranwachsen, die isolierter leben, weniger teilen und helfen. Auf diese Weise lässt sich noch mehr verkaufen. Don Miguels Wunschvorstellung hat hier einen schweren Stand.

Recht hat er irgendwie trotzdem. Denn wenn einer damit angefangen hat, überzeugt es vielleicht einen zweiten.

Zurück im Dorf fahre ich als erstes zur Tankstelle und frage nach dem Öl. Er hat Öl im Laden, aber ausgerechnet das richtige fehlt. Er kann es jedoch für mich bestellen und versichert mir, dass es in zwei Tagen abholbereit ist.

Ich muss erneut warten. Noch immer löst das in mir eine Spannung aus, die sich auf die Arbeit auswirkt. Bei der Montage der neuen Teile brechen Schrauben, die ich mit dem Schlüssel nur anfasse, auseinander, als würde ich ein Boot mit morschen Holznägeln flicken. Diese Art von Überraschungen lassen die Nervosität weiter steigen. Ein erneuter Rattenschwanz der Ungeduld entsteht. Nervös suche ich ungefähr passende Ersatzschrauben in den Alteisen-Kübeln. Dabei weiß ich in diesem

Moment noch nicht mal, wie sehr mich die Warterei auf das Öl noch auf die Palme bringen wird.

Zwei Tage später verkündet der Tankstellen-Verkäufer, dass die bestellte Ware nicht eingetroffen ist. Ich solle in zwei Tagen wiederkommen.

In der Abendsonne schaue ich auf dem Windrad-Turm in die weite Wüstenlandschaft. Der Traktor ist inzwischen bereit, ich warte nur noch auf das Öl. Ach, hier ist doch alles so ungewiss. Welchen komplizierten Weg durch die Wüste geht meine Bestellung?

Ich denke an früher und an all meine gleichzeitigen Projekte damals. Ich nahm mir nicht die Zeit, Herausforderungen gelassen anzugehen. Wenn ich langwierige Fleißarbeit zu erledigen hatte, fühlte ich mich gestresst, weil ich noch tausend andere Dinge erledigen wollte. Noch jetzt, wo ich Zeit hätte, spüre ich meine alten Prägungen. Wie werde ich die nur los und wo finde ich mehr Geduld? Denn in Lima habe ich mich nur selbst gestresst. Für die Menschen hier ist die Situation völlig normal. Man braucht viel Zeit und Geduld. Und zwar für alles. Das bringt bei ihnen eine Gelassenheit zum Ausdruck, von der ich zurzeit nur träumen kann.

Zwei Tage später heißt es: »Das Öl ist nicht hier aber komm doch in zwei Tagen wieder.«

Verärgert fahre ich zurück. Warum kann der mir nicht sagen, was Sache ist? Hat er das Öl überhaupt bestellt? Ich verliere die Geduld. Kurzerhand frage ich die Heimleiterin nach dem Auto des Heimes. Ich will gleich jetzt in die nächste Stadt, welche einige Stunden entfernt liegt und da in einem Ersatzteil-Quartier mein Glück versuchen. Neue Schrauben wären auch kein Luxus. Ein weiterer Tag vergeht, wenigstens ist er erfolgreicher.

Eine Woche nach meiner Rückkehr auf den Hof ist das Öl endlich im Tank. Aufgeregt starte ich den Motor für eine erste Probefahrt. Die Freude steht mir ins Gesicht geschrieben. Die Lenkung funktioniert und der starke Öldruck lässt sogar den Pflug anheben! Stolz fahre ich über den Hofplatz zum Feld, das gepflügt werden sollte. Zuschauende Kinder jubeln mir zu.

Auf dem Feld angekommen, setze ich den Pflug auf den Boden und fahre zuversichtlich eine ganze Feldlänge. Es ist fantastisch, wie sich die Erde wie eine Welle wendet! Der Pflug lässt sich am Ende des Feldes sogar aus der Erde heben. Hurra, seine Kraft ist wieder da! Ich wende und will den Rückwärtsgang einlegen. Du meine Güte, das gibt's doch nicht! In meinen Händen halte ich schon die nächste Herausforderung. Soeben habe ich den Schalthebel ausgerissen! Ich eile zurück zum Hof, hole Werkzeug aufs Feld, öffne den Getriebedeckel und kann den Schalthebel zum Glück wieder einhängen. Gegen erneutes Ausklinken wird er mit einem Stück Draht im Getriebe befestigt. Die Testfahrt geht weiter. Jedoch wieder nur für kurze Zeit. Von irgendwoher spritzt mir Öl ins Gesicht! Sofort halte ich an und suche das Leck. Es ist eine Ölleitung, die früher einmal zersägt und mit einem inzwischen spröden Gartenschlauch wieder verbunden wurde. Nachdem ich auch dieses Problem mit einem neuen Schlauchstück und mehreren Briden gelöst habe, geht die Fahrt weiter.

Mit überraschenden zusätzlichen Gebrechen des alten Traktors wird der kleine Acker zur großen Gelassenheitsprobe. Sobald sich das Gefährt wieder bewegt, kommt Freude auf, die allen Ärger und alle Sorgen in Luft auflösen. Vor allem, wenn zuletzt der Acker für die neue Aussaat bereit ist. Denn die Reparatur hat einen triftigen Grund.

Das Kinderheim bekam eine Maissämaschine gespendet. Vor einigen Tagen wurde sie per Lastwagen auf den Hof geliefert und wir wussten nicht, wie wir die Maschine, die etwa so schwer wie ein Auto ist, von der einen Meter hohen Ladebrücke abladen sollten. Wir diskutierten. Meine Vorschläge, einen Hubstapler oder Kran zu benutzen, wurden gleich wieder verworfen. Es gibt nichts dergleichen im Dorf. Männer aber schon, mit einigen Telefonanrufen wurden diese dann mobilisiert. Fünf dicke Holzstangen wurden unter der Maschine durchgeschoben. Jeder packte ein Ende und zehn Personen hoben mit hervorstehenden Adern die Maschine von der Ladebrücke und setzten sie auf den Boden. Das Abladen der Maschine war aber nur die erste Herausforderung. Denn niemand weiß, wie sie funktioniert. Die Mitarbeiter des Hofs sehen zum ersten Mal eine Sämaschine. Praktisch im ganzen Land wird Mais nach wie vor von Hand gesät.

Unüberlegt versichere ich ihnen, dass ich ihnen in den nächsten Tagen das maschinelle Mais-Säen beibringen werde. Sie freuen sich. In diesem Moment wird mir aber bewusst, welche weitere, ungewisse Herausforderung ich mir soeben selbst eingebrockt habe. Denn ich habe selbst noch nie Mais gesät. Zwar bin ich auf einem Hof aufgewachsen, aber das war als Kind immer Vaters Arbeit, denn es durfte dabei nichts schief gehen.

Im Dorf sitze ich stundenlang im Internetcafé und suche nach Informationen zur Bedienung der Maschine. Erfolglos. Via Internettelefon versuche ich spontan meinen Vater zu erreichen. Es klingelt eine ganze Weile. Trotz Zeitverschiebung geht er aber plötzlich ans Telefon. Meine Rettung! Ihm ist die Maschine bekannt und so erklärt er mir gleich, welche Einstellungen ich wo vornehmen muss. Sofort kehre ich zurück aufs Feld und starte erste Versuche allein. Allerdings nur kurz, denn sobald die Mitarbeiter sehen, dass ich säe, stehen sie daneben und wollen wissen, wie die Maschine funktioniert. Alles funktioniert einwandfrei und ich fühle mich schnell mit der Maschine vertraut. Selbstbewusst erkläre ich die verschiedenen Faktoren, die es zu beachten gilt. Von der Drehzahl des Motors, der Fahrgeschwindigkeit, bis zu Saatabstand und –tiefe. Interessiert lernen sie, die neue Technik zu bedienen. Nach Feierabend sehe ich die Mitarbeiter stolz nach Hause gehen, denn sie sind die ersten im Dorf, die mit einer Maschine Mais säen können.

Fünf Tage später sprießt die nächste Überraschung. Die noch winzigen Maispflanzen leuchten kräftig grün im staubtrockenen Sandboden! Es ist ein überwältigender Anblick, die Pflanzen stehen sogar ungefähr in geraden Linien und regelmäßigen Abständen! Sofort rufe ich die Mitarbeiter aufs Feld und freue mich gleich doppelt über ihre Begeisterung.

Am Abend im Bett denke ich über die außergewöhnliche Freude von heute nach. Ist es ein natürliches Zusammenspiel der Gegensätze? Benötige ich im Leben nervenaufreibende und ungewisse Herausforderungen, um im Gegenzug wahre Freude zu erleben? Denn irgendwie hat die gesamte Erfahrung mein Selbstvertrauen zusätzlich gestärkt. Ich fühle mich so gut.

Die Gewohnheiten zu verändern ist herausfordernd. Gleichzeitig bedeutet es aber auch, ständig Neues zu lernen und gelassener vorwärts zu kommen.

Mir ist bewusst, dass sehr viele Menschen mit lebenswichtigen Herausforderungen konfrontiert sind. Bei vielen geht es seit der Geburt ums nackte Überleben. Das kann nur bedingt mit meinen freiwillig gesuchten Erfahrungen verglichen werden. Jedoch gilt wahrscheinlich auch für sie, dass sie selbstbewusst vorwärts gehen müssen, um etwas zu erreichen. Man kommt weiter, indem man neugierig ausprobiert, sich etwas zumutet und es riskiert, eigene Erfahrungen zu machen, wie auch immer sie ausgehen. Fällt man hin, steht man auf und geht weiter. Ich glaube, das stärkt und schenkt Lebenserfahrung.

Das älteste Mädchen im Kinderheim ist die aufgestellte sechzehnjährige Patricia. Sie scheint mir als kleines Fräulein sehr selbstbewusst und sie weiß, was sie will. Eines Tages kommt sie zu mir und fragt:

»Möchtest du morgen mein Padrino sein? Es ist Vatertag und ein spezieller Moment. Ich gehe zur Konfirmationsvorbereitung in die Kirche und möchte, dass du mitkommst. Die Eltern müssen ihre Kinder in die Kirche begleiten.« Ich fühle mich zutiefst geehrt und sage sofort zu.

Padrino oder Padrina, was soviel wie Pate heißt, werden alle Erwachsenen im Heim genannt. Die Kinder haben keine Eltern oder wurden ihnen weggenommen. Patricia wächst in einem nicht ganz einfachen Land ohne Eltern auf. Sie steht vor einer grundsätzlichen Herausforderung. Bald muss sie das Heim verlassen und wird plötzlich, von null auf hundert selbstständig und alleine irgendwo ihr eigenes Leben meistern müssen.

Sonntagmorgen, die Heimleiterin sucht hektisch saubere Kleidung und anständige Schuhe für mich. Alles, was ungefähr meiner Größe entspricht, ziehe ich an. Die vielen Padrinas, die Heimleiterinnen, inspizieren mich. Wir alle lachen und haben Spaß an der Modeschau in der Küche. Für diesen speziellen Tag muss ich mich natürlich schön herrichten. Die kleinen Mädchen sagen mir, ich sei kein schöner Mann und ich müsse die Haare schneiden. Der heutige Tag ist ein guter Grund dazu, finde ich. Sie sind fast schulterlang und meistens ziemlich zerzaust. Wann habe ich überhaupt das letzte Mal meine Haare geschnitten? Per Mototaxi auf dem Weg zur Kirche, legen wir also zuerst einen Zwischenhalt im Friseuren-Quartier ein.

Einer neben dem anderen sitzen Haarschneider am Straßenrand und warten auf Kundschaft. Jeder Laden verkauft neben Haarschnitten noch etwas anders. Ich wähle den Zaumzeug-Verkäufer. Inmitten von Pferdesätteln, Seilen und Tierfutter steht ein Stuhl für mich bereit. Ein Wunder, dass er keinen Amboss hat und mir nebenbei noch Hufeisen aufschlägt. Es ist eine lustige Situation. Patricia, Padrina und ich lachen uns krumm.

Bei der Besammlung vor der Kirche sind tatsächlich alle herausgeputzt wie an einer Hochzeitsfeier. Trotz meiner anständigen Kleidung und gepflegten Frisur komme ich mir sehr fremd vor. Ich bin ein Fremder und falle sowieso auf. Das merke ich an den vielen Blicken der Leute. Ich fühle mich unwohl.

Wie muss sich wohl Patricia fühlen, mit mir als Begleitung hier zu stehen? Alle sehen, dass ich nicht der Vater des Mädchens sein kann. Ein weißer Reisender, ein Gringo, wie sie uns nennen, der bevor er in die Kirche geht zum Frisör muss und nicht einmal eigene Kleider trägt. Das ist mir peinlich.

Patricia bemerkt mein Zögern, schnappt sich meine Hand und geht voraus. Mit dem Mädchen an meiner Hand steigt sofort eine andere, innere Verbindung in mir hoch. Ich fühle mich plötzlich verantwortlich für sie. Meine Beklemmung löst sich, das beruhigende Gefühl einer gewissen Zugehörigkeit entsteht. Sie führt mich in die Warteschlange vor dem Kircheneingang. Beim Erklingen der Glocken führen nun die Eltern ihre Kinder in die Kirche. Es ist extrem ungewohnt. Dennoch denke ich nicht an meine Meinung zur Kirche, sondern füge ich mich zum ersten Mal völlig gelassen in die Situation.

In Peru feiert man also den Vatertag. Der Pfarrer spricht während der Messe ausschließlich über die Funktion des Vaters einer Familie. Er sollte die Verantwortung übernehmen, der Beschützer sein und so weiter.

Nach einer Weile bin ich abwesend in eigene Gedanken vertieft. Ach, wie schön, einen Vater zu haben. Er ist immer für mich da, egal wo ich bin. Wie bin ich dankbar, ihn jederzeit nach Rat fragen zu können. Dass der Pfarrer davon redet, wie wichtig ein Vater ist, muss doch hart für Patricia sein. Schließlich muss sie ohne ihren aufwachsen. Wer wird sie unterstützen, ihren Weg zu finden?

Ein Lied reißt mich aus den Gedanken. Alle singen. Ich versuche, Anschluss zu finden, jedoch erfolglos. Mir wird als Mann das erste Mal bewusst, was es wohl heißen mag, als Vater für einen jungen Menschen die volle Verantwortung zu übernehmen. Meine Gurgel schmerzt und Tränen beginnen zu fließen. Die schönen Gefühle, die ein stolzer Vater für seine heranwachsende Tochter haben muss, berühren mich dermaßen.

Der zweite Tagesabschnitt gefällt mir persönlich besser. Meine Einladung ins Dorfrestaurant nehmen die beiden Frauen gerne an. Gemeinsam lassen wir es uns als kleine Familie gut gehen. Patricia erzählt von ihren Zukunftsplänen, und ich höre interessiert zu. Lehrstellen wie bei uns gibt es nicht. Die Leute sind hier auf Kontakte angewiesen, um überhaupt eine Arbeit zu finden. Vermag es eine Familie, gehen ihre Kinder an die Universität. Das sind jedoch wenige.

Patricia wünscht sich, irgendeinmal als Administrations-Mitarbeiterin für einen Weltkonzern zu arbeiten. In diesem Punkt enthalte ich mich meiner Meinung und sage nichts über meine Erfahrung beim Traktor-Importeur in Lima. Auf keinen Fall will ich ihre Träume ruinieren und sehe sie vor meinem inneren Auge schon als eine aufgestellte, junge Mitarbeiterin, die ihre Aufgabe verantwortungsbewusst ausführt.

In ihrem jungen Leben musste sie vermutlich bereits sehr unschöne Herausforderungen meistern. Wenn ich ihre selbstbewusste Art sehe, habe ich aber das Gefühl, das die harten Erfahrungen sie positiv gestärkt haben. Dieser fröhlichen, jungen Dame wünsche ich nur das Beste auf ihrem Weg zum eigenen Glück. Der Tag war mir eine große Ehre.

Herausforderungen können sich in unterschiedlichsten Formen zeigen und stellen alle Menschen auf die Probe. Ist die größte von allen nicht das eigene Leben?

Es ist doch bei allem so wie in der Küche: Für eine kreative Geschmacksvielfalt muss ich mich getrauen zu experimentieren. Nur so kann ich mich persönlich weiterentwickeln, um schlussendlich vor der besten Lasagne der Welt zu sitzen. Denn wo steckt im Pizzalieferdienst die Freude und Wertschätzung, wenn das Futter in der Schachtel vor der Tür steht und bereits kalt ist? Es kann nur der hübsche Lieferant sein.

Francesca, mit der ich wie ein Kind im patagonischen Wald herumgealbert habe, hat mir damals gesagt:

»La vida es un banquete, hay que sentarse a probar de todo«!

Das Leben ist ein Bankett, man setze sich hin und koste von allem.

Sicherheit als Werkzeug

Wir alle streben nach einem gesunden und sicheren Leben. Trotzdem fürchten sich viele vor möglichen Gefahren wie Diebstahl, Gewalt oder Krankheit.

Woher kommt das? Und warum geben viele die Verantwortung für ihr Glück an andere ab – ob Versicherungen, Polizei oder Ärzte. Was ist es, das uns ein echtes Gefühl von Sicherheit gibt?

Im Norden des Landes, zwei Wochen nach meinem Abschied aus dem Kinderheim, ist in der Dorfbäckerei die Verkäuferin dermaßen vom fremden Besuch überrascht, dass sie mich in die Backstube einlädt, wo sie mich ihrer ganzen Familie vorstellt. Bei diesen neugierigen Gastgebern vergehen mehrere Stunden. Bis zur Mittagszeit kenne ich nicht nur alle Familienmitglieder, sondern auch jede ihrer Spezialitäten. Als ich viel später pappsatt wieder auf der Straße stehe, verschiebe ich die vorgesehene Tagesetappe und beziehe nochmal das Zimmer von letzter Nacht. Auf der Veranda denke ich über den Vormittag nach.

Das Gespräch mit dieser Familie drehte sich ums Gleiche wie fast jedes Gespräch, das ich bei Begegnungen führe. Fast täglich werde ich gefragt, woher ich komme und wohin ich gehe, ob ich immer gesund sei, und ob mir noch nie etwas Gefährliches zugestoßen sei. Für die meisten ist es komplett unverständlich, dass ich ganz alleine reise. Sie können nicht begreifen, dass ich alleine in der Natur übernachte ohne Angst vor wilden Tieren oder bösen Menschen. Meistens sagen sie, dass so etwas für sie viel zu gefährlich wäre und sie sich das nie im Leben getrauen würden. Inzwischen habe ich darauf eine Standardantwort:

»Si quieres, puedes – willst du, kannst du.

Respekt gibt mir Sicherheit, einen fremden Weg zu gehen.

Angst würde diesen nur blockieren.«

Ich weiß jeweils nicht so genau, was sie mit diesen Worten anfangen. Denken sie nach? Verwirrt es sie? Stempeln sie mich gleich als Irren ab? Jedenfalls folgen in der Regel keine weiteren Fragen dazu. Lieber wechselt man das Thema.

Oftmals finden es meine Gesprächspartner schon gefährlich, wenn ich nur ein Tal weiter will. Wenn ich nachfrage, merke ich jeweils, dass sie selbst noch nie da gewesen sind. Wenn ich dann sogar sage, dass ich die Landesgrenze überquere und ins benachbarte Land reise, werde ich oft als völlig verrückt eingestuft. Alles, was sie über das Nachbarland hören, ist sowieso schlecht und gefährlich. Die Leute wirken auf mich eingeschüchtert. Ich denke, dass viele Menschen fremdbestimmt und darum blockiert sind, ihre Träume zu erleben, weil sie im Hamsterrad des stetigen Sicherheitsstrebens stecken. Schreckensmeldungen und Gerüchten über Unbekanntes schenkt man Glauben – das Fremde ist gefährlich.

Woher kommt das?

Diese Länder litten in der Vergangenheit unter Brutalität und Kriegen. Ich finde es nicht erstaunlich, dass das Leben der Menschen davon geprägt ist. Ist es aber heute, wo die Lage vielerorts nicht mehr so schlimm ist, immer noch angebracht, der nächsten Generation eine solche Zurückhaltung einzutrimmen? Wird dadurch das Leben sicherer oder nur die Angst gepflegt?

Ist die Angst vielleicht ein tolles Werkzeug, mit der die Bevölkerung im Dorf gehalten wird? Ist die Bevölkerung auf diese Weise einfacher, wie fromme Schafe, zu führen? Haben denn die Leute ihr Denkvermögen verloren und vertrauen nur noch dem, was andere ihnen sagen?

Ich finde, dass mir niemand wirkliche Sicherheit geben kann. Unfälle und Krankheiten gehören nun mal zum Leben. Es ist doch wie auf hoher See. Mal ist es ruhig und sicher, ein anderes Mal turbulent und gefährlich.

Es ist ja nicht (mehr) so, dass ich Waghalsigkeit als höchste Tugend sehe. Zum Beispiel erkundige auch ich mich in Bergdörfern nach dem Straßenzustand. Da es ab und zu vorkommt, dass Erdrutsche die gesamte Straße zerstört und mit ins Tal gerissen haben, spare ich dank Informationen Zeit und Nerven. Oftmals verunsichern mich die Menschen aber mit ihrer eigenen Angst. Wenn ich zu Beginn der Reise die Befürchtungen noch ernst nahm, frage ich mich jetzt zunehmend, wieso ich Angst haben soll, wenn andere sie haben. Der Pessimismus von anderen ist ein äußerlicher Einfluss, der mich in meinen Entscheidungen und Erfahrungen bremst. Inzwischen beschließe ich oft, mir selbst ein Bild zu verschaffen und den Leuten nicht zu stark zu vertrauen. Meistens klappte eine Erdrutsch-Überquerung dank Trampelpfaden von Mensch und Tier dann doch irgendwie und ist somit kein Hinderungsgrund. Im Gegenteil: Jede gemeisterte Herausforderung verschafft Freude.

Die gnadenlose Rücksichtslosigkeit der Verkehrsteilnehmer auf peruanischen Straßen ist es aber, was meine Emotionen regelmäßig auf die Palme katapultiert. Der Größere ist der Stärkere, alle anderen müssen weichen. Die letzten drei Monate passiert es immer wieder, dass mir auf gerader Straße LKWs auf meiner Spur entgegenkommen. Fährt der vordere einen halben Stundenkilometer langsamer, setzt der hintere zum Überholen an und bleibt ohne jegliche Rücksicht auf meiner Fahrbahnseite. Mit Lichtzeichen signalisiere ich meine Anwesenheit schon von weitem, aber das nützt nichts. Auch auf fast leeren Straßen drängen sie mich ab. Von hundert Sachen auf null gebremst, ärgere mich des Öfteren am Straßenrand über den fehlenden Respekt.

Die peruanischen Fahrer verlassen sich auf Gott. Er ist es, der sie beschützt, nicht sie selbst tragen die Verantwortung dafür. Es scheint mir, dass sie etwas falsch verstanden haben. Anstatt rücksichtsvoll zu fahren klebt oben quer über die ganze

Frontscheibe ein großer Aufkleber mit der Aufschrift: *Dios me protege* – Gott beschütze mich. Jesuskreuze, Marienbilder und anderer heiliger Krimskrams in der Führerkabine vermitteln den Fahrern ein Sicherheitsgefühl. Entsprechend fahren sie wie die Irren. Rücksicht auf Mitmenschen scheint in ihrem Religionsverständnis inexistent. Hauptsache Gott ist mit ihnen.

Am letzten Tag in Peru genieße ich noch einmal eine wunderschöne, praktisch verkehrsfreie Passstraße. Im vierten Gang cruise ich mit zirka sechzig Stundenkilometer die Kurven hinunter. Es ist herrlich. Ich fühle mich mit dem fantastischen Panorama frei, als sei ich ein Vogel, der im Himmel herumschwirrt. Melodien im Helm pfeifend, bin ich glücklich, bis eine neue Überraschung in einer Kurve schlagartig meine Musik unterbricht.

Angst hat keinen Platz, da die Zeit nachzudenken fehlt. Ich weiß nur, dass ich dem Tod in die Augen schaue. Ich fahre einer Wand aus Stoßstangen und Kühlergrillen entgegen! Ein Sattelschlepper überholt im Schritttempo in einer blinden Kurve einen anderen, beide sind gleichauf. Scheiße! Ich kann nicht ausweichen! Links die Leitplanke vor der senkrecht abfallenden Felswand, in der Mitte berühren sich beinahe die Rückspiegel der zwei Fahrzeuge und rechts ragt der Berg dem Himmel entgegen!

Vollbremse! Das Hinterrad löst sich vom Boden, einzig eine münzgroße Fläche des Vorderrads haftet noch. Ich spüre, wie sich das überladene Fahrgestell durch die Bremskraft zur Seite verdreht. Der Schwung übernimmt die Kontrolle und entscheidet über die Linienwahl. Ich kann nicht mehr lenken und nicht verhindern, dass ich direkt auf den Berg zurase. Mein Leben ist zu Ende. Ich akzeptiere die Situation, schließe die Augen und bin bereit für den Abschied von dieser Welt. Leere umgibt mich, ich höre keine Motorengeräusche mehr. Ich habe keine Ahnung, was um mich herum geschieht.

Einen Moment später schlage ich die Augen wieder auf und merke verblüfft, dass ich noch immer lebendig auf Feuertiger sitze. Magic! Meinem Motorrad oder dem Schicksal ist gelungen, was ich für unmöglich gehalten habe. Das Vorderrad ist in einem Loch am Straßenrand stecken geblieben und der Lenker ist in eine Felsspalte geklemmt, was verhindert, dass ich auf die Straße kippe.

Sofort schaue ich zurück und sehe die beiden Vierzigtönner im Schritttempo unbekümmert den Berg hochfahren. Der eine versucht weiterhin den anderen zu überholen. Mir scheint, sie hätten mich nicht einmal bemerkt. Feuertiger aus der verklemmten Lage befreit, fahre auch ich weiter, als sei nichts Außergewöhnliches geschehen. Mir kommen Don Miguels Worte wieder in den Sinn: Vertraue niemandem, außer dir selbst.

Bei der Einreise nach Ecuador wähle ich bewusst einen kleinen Grenzübergang an einem Fluss. Beim Zollhaus ist niemand anzutreffen. Zu Fuß gehe ich der Straße entlang und halte Ausschau nach einem Zöllner. In der Snackbar werde ich fündig. Der Beamte liegt mit Trainerhosen in der Hängematte und spielt Karten mit seinem Kollegen. Sie empfangen mich freundlich und gelassen. Die gesamte bürokratische Abwicklung findet in einem Blechschuppen statt. Da es im offiziellen Zollhaus an der Brücke keinen Strom hat, wurde das Büro hier eingerichtet und in der Bar kopiert die Wirtin meine Papiere für die Akten. Die Einreisegebühren, verwirrend hohe Kosten für ein paar Kopien, bezahle ich direkt der Frau.

Perfekt in der Zeit, es dunkelt soeben ein, finde ich abseits der Straße einen wunderbaren Schlafplatz am Fluss. Mein Vorrat reicht gerade noch aus, um mit Gemüse und Reis meinen Curryeintopf hinzuzaubern. Beim Essen kann ich jedoch kaum stillsitzen, so sehr juckt es mich zwischen den Beinen. Auch die

Nacht vergeht beinahe schlaflos. Am liebsten würde ich mich pausenlos kratzen.

Eigentlich bevorzuge ich die Selbstheilung. Bis gestern konnte ich den Schmerz, der mich seit Patagonien begleitet, akzeptieren und ertragen. Jetzt ist aber der Zenit erreicht, ich gebe auf und suche eine Apotheke. Ich finde jedoch nur ein kleines Haus mit der Anschrift *Medicina natural*. Ach, die haben doch auch keine Lösung für mich, außer dass ich für eine Weile runter vom Sattel sollte, denke ich mir. Skeptisch, dass eine natürliche Medizin meinem Leiden vom zu langen Sitzen Abhilfe verschaffen kann, zieht mich die Neugier trotzdem hinein.

Eine alte Frau erhebt sich vor dem lauten Fernseher. Ich erkläre ihr ausführlich und hemmungslos die Geschichte meines Hinterns. Gelassen geht sie zum Regal und nimmt eine kleine Dose zur Hand, als wäre mein Anliegen völlig alltäglich. Die grüne und übelriechende Kräutersalbe soll entzündungshemmend und heilend wirken. Sie ist so überzeugend, dass ich ihr die Erklärung und die Salbe gern abkaufe.

Hinter der Natur-Apotheke lasse ich meine Hose runter und salbe die entzündete Fläche großzügig mit der grünen Masse ein. Die Hosen wieder rauf und weiter geht die Fahrt!

In den unzähligen Stunden mit meinem zweirädrigen Begleiter habe ich ein Gespür für Geräuschveränderung entwickelt. Feuertiger kann manchmal launisch sein, Geräusche kommen und gehen wie meine verschiedenen Stimmungen. Jetzt aber tönt er krank und schreit nach einer Erholungspause.

Ich denke, das ist eine gute Idee und fahre nach Montanita an der Pazifikküste. Dort verbringe ich ein paar Tage mit dem Versuch, meinen Hintern und meine Maschine zu heilen. Die Bäder im Salzwasser schmerzen, das Rasseln hört nicht auf, egal wie fest ich die Steuerkette im Motor spanne. Dennoch genieße ich den Aufenthalt in der Partytown. Es tut gut, wieder einmal unter westlichen Leuten zu sein. Mal spiele ich Schlagzeug an einer Jamsession, mal verliere ich meinen heißgeliebten Pullover in einer Stranddisco.

Mein nächstes Camp will ich im Nationalpark Cotopaxi aufschlagen, benannt nach dem zweithöchsten Berg in Ecuador, einem 5897 Meter hohen Vulkan. Ich habe Wanderungen im Sinn und mich weiter um Feuertiger zu kümmern. Plötzlich ändert das Wetter und es beginnt zu regnen. Auf dem Schotterweg fahre ich weiter, bis ich durchnässt am geschlossenen Eingangstor des Parkes ankomme.

Plötzlich erschrecke ich. Drei Gestalten mit schwarzen Gasmasken und Plastikoveralls tauchen hinter mir auf, als sei ein Atomunglück geschehen. Zunächst misstraue ich den angeblichen Park Rangern, verstehe ich doch kaum, was sie mir durch die Gummimasken sagen wollen. Dank Zeichensprache begreife ich langsam, dass der Vulkan heute Morgen ausgebrochen ist. Ich versuche, ins Gespräch zu kommen, um Genaueres über den Vorfall zu erfahren. Ein Mann zieht kurz seine Maske hinunter und spricht Klartext: Man weiß nicht, welche Gase in der Luft sind, und ich soll zu meiner eigenen Sicherheit so schnell wie möglich von hier verschwinden.

Irgendwie kann ich die Situation nicht ernst nehmen. Ich bin noch immer misstrauisch und vermute, dass sie irgendein Spiel mit mir treiben. Don Miguel hat ja gesagt, ich solle nur mir selbst vertrauen. Erst als er mir erklärt, dass es nur regnet, weil durch die Hitze des Vulkanausbruchs ein eigenes Mikroklima entsteht und man nicht weiß, welche Schadstoffe der Regen auf uns prasseln lässt, lasse ich mich überzeugen zu wenden.

Wie soll ich nur mir vertrauen, wenn ich doch keine Erfahrung mit Vulkanausbrüchen habe? Don Miguels Äußerung scheint doch ihre Tücken zu haben. Denn wenn das Tor und diese Menschen mich nicht aufgehalten hätten, wäre ich vielleicht näher am Vulkan wegen der Gase bewusstlos zusammengebrochen und unter Lava verkohlt.

Trotz Einsicht enttäuscht, bewege ich mich also zurück zur Schnellstraße, die nach Quito führt. Ich akzeptiere die Planänderung und sehe das Positive einer Großstadt. Feuertiger hat jetzt wirklich Priorität und ernsthaft medizinische Versorgung durch einen guten Mechaniker nötig.

Bei der Einfahrt zur Schnellstraße überrascht mich erneut eine Sicherheitspräsenz, diesmal die Polizei. Was hat denn diese Versammlung mit dem Vulkanausbruch zu tun? Bestimmt gegen die hundert Uniformierte stehen mit Abwehrschildern und Schutzhelmen am Straßenrand. Brennende Autoreifen und Baumstämme liegen kreuz und quer auf der Fahrbahn. Zielstrebig zirkle ich um die Straßenblockaden und fahre ungehindert und zügig davon. Was ist hier nur los? Denn bis nach Quito markiert auch das Militär bei jeder Ein- und Ausfahrt Präsenz. Überall liegen brennende Gegenstände, aber ich sehe niemanden, der sie angezündet haben könnte. Irgendwie passt das nicht zu einem Vulkanausbruch.

In einem Hostal erfahre ich von anderen Gästen, was sich zurzeit landesweit auf den Zufahrtstraßen in die Hauptstadt abspielt. Einfache Bauernvölker, meist indigene Volksgruppen, nutzen den Vulkanausbruchs, um mit den Blockaden gegen die Vorhaben des Staates zu demonstrieren. Sie verteidigen ihre Anbaurechte, kämpfen für die eigene Existenz. Der Staat plant anscheinend große Projekte für das Exportgeschäft. Zukünftig sollen Großbetriebe gefördert werden und Kleinbetriebe die Bewirtschaftung ihres Landes abtreten müssen.

Meine primäre Sorge ist jedoch zuerst eine andere. Schnell finde ich den KTM-Importeur. Der junge Besitzer fährt mit demselben Modell wie meinem die Dakar Rally für sein Land und ist beeindruckt, dass ich bereits mehr Kilometer mit Feuertiger zurücklegen konnte, als er für die Rally jeweils muss. Allerdings kann er nicht verstehen, warum ich so ein unbequemes Modell für meine Reise gewählt habe.

Wir einigen uns schnell. Ich darf in seiner top eingerichteten Werkstatt Feuertiger waschen und den Motor selbst ausbauen, um Kosten zu sparen. Die Ersatzteile muss er bestellen und er versichert mir, bis in zwei Wochen den Motor wieder startklar zu haben.

Dann verschaffe ich mir einen eigenen Eindruck von den angeblichen Demonstrationen. Im Zentrum sind die Hauptgassen mit Gittern und viel Polizeipräsenz abgesperrt. In den kleinen Nebengassen kann ich mich aber frei bewegen und das Leben scheint seinen normalen Lauf zu nehmen. Demonstranten sehe ich keine.

Am Rande des Zentrums gelange ich an eine friedliche Menschenansammlung in einem Park. Erst nach einer Weile realisiere ich, dass diese festivalähnliche Veranstaltung die eigentliche Kundgebung ist. Indigene Folk-Bands spielen und Menschen tanzen dazu. Ein Mann sieht aus wie ein Häuptling mit Federschmuck und vollzieht ein Ritual, indem er an einem kleinen Feuer Rauchzeichen abgibt und dazu etwas in den Himmel ruft. Nur einer verkündet mit Megafon Botschaften, auf welche die Zuhörer einstimmig antworten. Ich bestaune Kunsthandwerk und als ich an einem Essensstand anstehe, komme ich ins Gespräch. Der ältere Herr meint, Pachamama stehe auf ihrer Seite und die Unruhen des Vulkans seien die Bestätigung dafür.

Am Abend lese ich eine Nachricht von Julieta. Sie berichtet von ihrem nervenaufreibenden Alltagsgeschäft und will wissen, wo ich bin. Sie macht sich Sorgen um meine Sicherheit. Ihre Nachricht berührt mich. Mir scheint, als sei sie ein Vogel am

Himmel, der mich ständig begleitet. Nur ihre Angst um mich tut mir leid für sie.

In den Nachrichten, so schreibt sie, habe sie gesehen, dass in Ecuador ein Bürgerkrieg ausbreche, und dass das Volk das Regierungszentrum stürmen wolle. In Quito sei der Ausnahmezustand verkündet worden und Bilder mit viel Militärpräsenz flimmerten über den Bildschirm. Es sei zu gefährlich und ich solle in nächster Zeit auf keinen Fall in die Stadt.

Ich schreibe zurück: »Vertraue keinen Medien. Wie es der Zufall so will, bin ich zum perfekten Zeitpunkt genau hier, wo ich anscheinend nicht sein sollte. Ich erlebe aber gerade das pure Gegenteil der Panikmache. Es gibt also keinen Grund zur Sorge. Mir geht es bestens und auch Feuertiger ist in der Werkstatt zur Generalüberholung in sehr guten Händen. Bis bald und viele Grüße aus Quito.«

Ich beginne mich zu fragen, welche Funktion die ganzen Uniformierten eigentlich haben. Sollten sie nicht der Sicherheit der Bevölkerung dienen? Die Machtdemonstration, die ich hier beobachte, wirkt aber vielmehr wie eine Einschüchterung, vermutlich, weil die Regierung ungestört ihre wirtschaftlichen Vorhaben umsetzen will.

Aber ich gebe Don Miguel wieder recht was das Vertrauen angeht. Meine Erfahrung zeigt ein ganz anderes Bild, als in den Medien vermittelt wird. Mit Bildern von Absperrgittern und gepanzerten Wagen wird weltweit Angst und Schrecken verbreitet, dabei setzen sich doch nur ein paar Menschen friedlich für ihre Grundrechte ein.

Im Hostal lerne ich Mike, einen australischen Reisenden, kennen. Wir verstehen uns gut und planen einen gemeinsamen Ausflug. Von meinen Kajak-Kollegen in Chile wurde mir die Umgebung von Tena empfohlen. Ihre Bekannte, bei der ich mich melden soll, wenn ich in der Gegend bin, ist abwesend, leitet mich aber an ihre Freunde weiter. Über fünf Ecken erreichen wir eine Frau, bei der wir campieren dürfen. Freudig packen wir und steigen in den nächsten Bus nach Tena.

Dank der telefonischen Wegbeschreibung erreichen wir nach einem etwa einstündigen Fußmarsch das Grundstück mit dem Namen Samary, was in Quechua Erholung bedeutet. Die Frau lebt mit ihren Kindern mitten im Dschungel, nahe am Fluss unter einem Strohdach ohne Wände, Türen und Fenster. Es ist traumhaft schön.

Am Flussufer befindet sich ein unbenutztes Strohdach. Darunter dürfen wir unsere Zelte errichten. Da es zurzeit oft regnet, ist das Dach sehr angenehm. Die einzige Bedingung ist, dass wir einmal pro Woche mit einem Feuer und viel Rauch das Dach gegen Termiten ausräuchern müssen. Ansonsten zerfressen diese das aufwendig verknüpfte Stroh.

Mike und ich finden, dass wir das Räucher-Ritual gleich zuerst vollziehen. Er sammelt Holz und trockenes Laub für eine satte Rauchentwicklung und ich entzünde das Feuer. Es brennt rasch. Das Laub qualmt.

Nach wenigen Sekunden ist ein kräftiges Summen in der Luft. Ich blicke auf und realisiere, dass Mike und ich mitten in einem wilden Wespenschwarm stehen! Erst jetzt entdecken wir ganz oben im Dachgiebel das riesige Nest. Es misst bestimmt mehr als einen halben Meter! Der ganze Schwarm fliegt wild um uns herum. Irgendwie kümmert es uns aber erstaunlich wenig. Wir bleiben ruhig und setzen unser Auftrag fort, bis alles verbrannt ist. Nichts weiter passiert, und gegen Abend kehrt bei den pechschwarzen Wespen wieder Ruhe ein. Uns beiden ist diese große Wespenart mit zirka vier Zentimetern Länge völlig unbekannt. Im Dschungel sind viele Lebewesen, wie zum Beispiel die Riesenameisen, um einiges grösser als wir uns gewohnt sind.

Auch wenn wir im Vergleich zu den Wespen groß sind, wird

uns bald bewusst, wie bedeutungslos und klein wir in der Natur sind. In der Nacht erwacht der Wald erst richtig. Es klingt fast wie in einer Großstadt morgens um sieben. Nur dass es hier sehr viel abwechslungsreicher zu und her geht als im monotonen Stadtlärm. Die Tiergeräusche sind je nach Zeit komplett verschieden und so laut, als befänden sie sich direkt bei unseren Zelten. Leuchtkäfer tanzen zum Naturkonzert, fliegen durch die Luft und blinken von den Büschen und Bäumen zu uns herab. Anstatt eines statischen Sternenhimmels bewundern wir einen dynamisch blinkenden Käferhimmel. Die Tierstimmen verfließen mit dem Flussrauschen zu einer hypnotisierenden Melodie. So laut ich kann, schreie ich, möchte meinen Teil zur Waldmusik beitragen. Die anderen Musikanten lassen sich davon nicht beeindrucken.

Zurück im Dorf mieten wir am nächsten Tag die Kajakausrüstung und informieren uns über Flussfahrten, die wir selbständig unternehmen können. Nachdem auch der Transport der Boote organisiert ist geht's sofort los. Mike und ich paddeln in brütender Hitze das erste Wildwasser herunter. Nach einer herausfordernden Passage halten wir im ruhigen Kehrwasser, um wieder aufzuatmen. Wir schütten zur Abkühlung Flusswasser über den Kopf und trinken einen Schluck vom glasklaren Wasser.

Dabei sage ich zu Mike: »Es ist herrlich, nach langem wieder auf einem idyllischen Fluss wie diesem zu sein. Es fühlt sich wie in einer anderen Welt an. Alles, was an Land geschieht, zieht einfach an uns vorbei. Wir sind für die Sicherheit im wilden Fluss ganz allein verantwortlich. Und zu zweit macht es noch viel mehr Spaß! Vielen Dank, dass du hier bist, und ich mich auf dich verlassen kann.«

Daraufhin antwortet der eher ruhige Mike: »Zu unserer Sicherheit verzichten wir ab jetzt besser darauf, das Wasser zu trinken. Siehst du die tote Kuh da drüben? Wie kommt denn die in den Fluss?« Ich folge seinem Zeigefinger, bis auch ich das bereits aufgeblähte Tier entdecke.

Bei der mit dem Taxifahrer vereinbarten Brücke warten wir fast zwei Stunden. Der 22-jährige Fahrer sitzt sturzbetrunken mit seinen zwei kleinen Kindern auf der Beifahrerseite. Sein Vater musste für ihn das Steuer übernehmen. Er entschuldigt sich für die Verspätung und erklärt uns auf dem Rückweg, warum sein Sohn in einem solchen Zustand ist.

»Bei uns im Dschungel ist es halt normal, dass wir unter Freunden schauen, mit wem man seine Tochter oder seinen Sohn mit ungefähr vierzehn Jahren verheiratet. Wenn sie dann dreißig Jahre alt sind, haben sie bereits zehn Kinder. Die Nachkommen sind unsere Altersversicherung. Sie werden sich um uns kümmern. Mein Sohn versteht sich aber leider nicht gut mit der Frau, die wir für ihn ausgewählt haben. Darum trinkt er gerne zu viel und ist dann eben nicht mehr in der Lage zu arbeiten.«

Alkoholismus kann ich nachvollziehen, wenn man mit vierzehn zwangsverheiratet wird. Soll ich jetzt den Eltern Egoismus vorwerfen und dass sie ihre Sicherheit vor die Bedürfnisse ihrer Kinder stellen? Oder soll ich Verständnis haben, dass sie im Alter versorgt sein möchten, auch wenn ihr Land vielleicht kein staatliches Sozialsystem zu bieten hat oder die Rente einfach nicht reicht?

Nach jeder Bootstour essen wir gleich neben der Vermietung leckeren Dschungelfisch. Auf die Frage, ob der Fisch aus dem Dorf sei, antwortet der Wirt stolz: »Ja natürlich. Wir haben den besten Fisch weit und breit.«

Eines Abends versuche ich selbst mein Fischersglück bei unserem Camp. Jedoch erfolglos. Kein einziges Zucken der Schnur. Beim Einbruch der Dunkelheit gebe ich auf. Das nächste Mal im Dorf erzähle ich dem Wirt von meinem gescheiterten Versuch und frage nach einer besseren Stelle. Er lacht und sagt, dass alle Fische aus einer Zucht am Dorfrand stammen. In den Flüssen habe es seit einiger Zeit keine Lebewesen mehr.

Später kommt mir zu Ohren, dass Ölfirmen beim Straßenbau über die Berge zum Amazonasbecken Sprengstoff benutzten. Die Dschungel-Bevölkerung hat schnell herausgefunden, dass die Fischerei mit Sprengstoff einiges effizienter ist. Nur leider nicht nachhaltiger. Die tote Kuh ist der ironische Beweis dafür, dass wirklich nichts Lebendiges mehr im Fluss ist.

Mike reist nach einer Woche ab, aber vier neue Gäste sind mit ihren Zelten unter dem Strohdach einquartiert. Es ist Zeit, mein Räucher-Wissen weiterzugeben, damit sie nächste Woche für diese Aufgabe gewappnet sind. Das Feuer entzündet, lege ich trockenes Laub für die Rauchentwicklung darauf. Genau wie letzte Woche flüchten die Dachbewohner aus ihrem Nest und fliegen aufgeregt um uns herum.

»Ihr müsst nur ruhig bleiben. Es gibt keinen Grund zur Panik.« Kaum habe ich das verkündet, pikst es mich in den Ellbogen. Mit bloßen Fingern ziehe ich einen reißnagelgroßen Stachel aus der Haut. In diesem Moment sticht mich eine zweite Wespe, als hätten sie sich abgesprochen, an der exakt gleichen Stelle in den anderen Ellbogen. Von meinen neuen Kollegen wird niemand angegriffen. Die entspannte Stimmung ist aber vorbei.

Denn nach kurzer Zeit fällt mir das Atmen plötzlich schwerer. Es wird immer anstrengender, Luft zu holen. Die anderen werden nervös und wollen einen Krankenwagen rufen. In Ecuador seien Reisende über den Staat versichert und die Behandlung sei gratis. Ich finde jedoch, das sei keine Option, weil der Krankenwagen sowieso eine Ewigkeit brauchen würde, bis er hier ist. Wir informieren besser unsere Hausmeisterin Magdalena und fragen, was sie hier im Dschungel in solchen Situationen tun.

Diese kocht mir sofort Kaffee. Sie sagt, ich solle mich in der Hängematte entspannen. Kaffee helfe, die Atemwege wieder zu öffnen, und meinem Körper müsse ich nur Zeit lassen, das Wespengift zu verarbeiten. Der gesamte Prozess dauere jetzt halt eine Weile. Vertrauensvoll folge ich ihren Anweisungen. Ich beginne meinen Herzschlag zu zählen.

Die nächsten zehn Minuten verändert sich mein Zustand jedoch rapide. Ich schaffe es nicht mehr, bis zehn zu zählen. Erneut fällt der Vorschlag, einen Krankenwagen zu rufen. Ich weigere mich und will meinem Körper Zeit lassen, sich selbst zu heilen. Dann gesellt sich ein Brennen an meinem Hals, unter meinen Armen und zwischen den Beinen zu den Symptomen. Nesselfieber. Schon schwillt mein gesamter Körper rot an, als wäre ich in ein Brennnesselfeld gestürzt. Ich schwitze wie in einer Sauna.

Angst hat keinen Platz in meinem Kopf. Zu sehr bin ich damit beschäftigt, mich nicht zu kratzen, regelmäßig zu atmen und mich auf meinen Herzrhythmus zu konzentrieren. Es ist extrem anstrengend. Aber die ständige Konzentration hält mich bei Bewusstsein. Zu einem späteren Zeitpunkt bekomme ich Schüttelfrost. Ich friere, als läge ich nackt im Schnee. Meine Zähne klappern.

Welche Herausforderung, mich nicht von der Stelle zu rühren! Denn jede Bewegung erzeugt in der Kleidung Reibung, welche den Juckreiz verschlimmert. Es ist zum Verzweifeln, aber ich nehme es als Übung, geduldig zu warten.

Wie aus heiterem Himmel steht plötzlich eine Art Medizinmann neben mir. Zuerst bin ich nicht sicher, ob ich halluziniere. Er begrüßt mich mit einer weiteren Tasse Kaffee und erklärt mir, dass ich gegen das Gesetz der Natur verstoßen habe. Denn die Wespen haben sich in ihrem eigenen Umfeld angegriffen gefühlt.

»Und warum wurde dann von fünf Leuten nur ich gestochen?«

Der Medizinmann erklärt seelenruhig, dass die Verteidiger des Wespenvolks mich als Feuermacher von letzter Woche in Erinnerung haben. Ein Mal verzeihen sie einem üblicherweise. Nicht aber ein zweites Mal. Die Wespen wissen genau, wer das Feuer anzündet und verteidigen sich nur. Ich habe mich also sozusagen selbst vergiftet. Das müsse ich nun auch selbst bewältigen. Das positive an den allergischen Reaktionen sei aber, dass ich immun werde, indem ich eigene Abwehrstoffe entwickle. Seine Worte beruhigen mich. Als er wieder geht, schließe ich die Augen und fange an, mit mir selbst zu reden.

»Thomas, du hast es gehört. Wir wollen doch zusammen weiterreisen, nicht? Ich weiß, du schaffst das. Ich vertraue dir.«

Alle paar Minuten muss ich beweisen, dass ich bei Bewusstsein bin und meinen Namen weiß. Die Zeit vergeht. Fünf Stunden später beruhigt sich mein Körper langsam. Ich fühle mich besser, will schlafen gehen und sollte dringend pinkeln. Das Gift muss raus. Meine Kollegen helfen mir, ganz langsam aufzustehen. Vorsichtig gehe ich zu unserem Dach und einige Schritte weiter in den Wald. Kaum Wasser gelassen, verschwindet auf einmal das lebendig blinkende Licht der Leuchtkäfer in den Bäumen. Es dauert einen Moment bis ich realisiere, dass ich nichts mehr sehe. Auch die Waldmusik verstummt plötzlich.

Das Gefühl des Kollabierens kenne ich aus früheren, wilden Open Air-Zeiten. Wenn ich jetzt falsch reagiere, verliere ich das Bewusstsein. Ich setze mich aufrecht auf den Boden, atme tief durch und warte regungslos. Keine Ahnung wie lange.

Ich weiß bloß, dass ich keine unnötige Energie verschwenden darf. Ich warte. Nach einer Weile schaffe ich es, ganz langsam aufzustehen. Nur noch leicht wacklig auf den Beinen, gelange ich zum Zelt.

Einmal mehr wird mir klar, dass ich für die Gesundheit und Sicherheit in meinem Leben selbst verantwortlich bin. Ich akzeptiere, dass ich heute Nacht auf mich allein gestellt bin und krieche in den Schlafsack. Es beunruhigt mich nicht einmal, dass mein Zelt direkt unter dem Wespennest steht. Ich vertraue meinem Körper und schlafe erstaunlich schnell ein. Am nächsten Tag bin ich zwar sehr müde und kraftlos, ansonsten bleiben mir aber nur zwei fünfzehn Zentimeter große, rote Ringe an den Ellenbogen als Andenken. Der Schwindel ist verschwunden. Mein Körper und ich haben es geschafft.

Mir kam einmal zu Ohren, dass Ärzte die weißen Kittel bewusst tragen, da diese bereits einen Heilungsprozess auslösen können. Es ist in unseren Gehirnen verankert, dass eine derart gekleidete Person in der Lage ist zu helfen. So ein ähnliches Phänomen habe ich gestern auch kennengelernt. Ich habe Magdalena mit ihrem Kaffee und der Hängematte vertraut. Meine Einstellung kann also auf gewisse Weise meine Gesundheit wiederherstellen. Dank viel Vertrauen, Akzeptanz und einem starken positiven Willen bin ich wie von selbst wieder geheilt.

Was mein Gesäß angeht, habe ich allerdings noch keinen Erfolg zu verbuchen. Die grüne Büchse ist leer, und der Hintern röter als zuvor. Der Ausschlag wandert bereits seitlich an den Beinen nach unten. Damals vor der Heilkräuter-Apotheke war ich misstrauisch, ich habe der übelriechenden Kräutersalbe kein Vertrauen geschenkt. Wenn ich nicht an sie glaube, kann sie mir ja nicht helfen.

Drei Tage später erreicht mich eine Nachricht des Mechanikers. Feuertigers Motor ist wieder gesund. Er ist startklar! Ich verbringe einen letzten Abend unter dem blinkenden Leuchtkäferhimmel. Die Waldmusik ergänze ich mit meinem momentanen Lieblingslied *Awake My Soul* von Mumford & Sons. Totale Entspannung! Vielleicht sollte ich hier noch länger das Leben genießen und meinem Hinterteil mehr Zeit für die Heilung schenken. Aber etwas zieht mich so schnell wie möglich zurück zu Feuertiger. Es ist klar, dass ich morgen früh den Bus besteige, den Motor wieder einbaue und weiterziehe.

Wieder im selben Hostal von zuvor einquartiert, sitze ich am nächsten Abend bereits wieder an einem Computer. Ich beantworte einige E-Mails von Bekannten und Verwandten. Selbstverständlich melde ich mich bei meiner Funkzentrale Julieta und berichte ihr vom verrückten Wespen-Erlebnis. Was mich aber noch mehr interessiert, ist die Post von Großmutter zu lesen. Seit Beginn der Reise haben wir regelmäßigen Briefkontakt. Wir beide freuen uns immer, voneinander zu lesen. Sie berichtet gerne von ihrem Alltag als 89-jährige Frau. Mein Vater scannt jeweils ihre handgeschriebenen Briefe ein und leitet sie mir elektronisch weiter.

Sie schreibt:

»Hallo Thomas, als erstes gratuliere ich Dir zu Deinem Erfolg beim Mais säen im Sand. Das freut mich natürlich für Dich.

Vom Großmutter-Dasein gibt es nicht so viel Abwechslungsreiches zu berichten. Das einzig Neue ist, dass eine gute Freundin von mir gestorben ist und ich morgen an ihrer Beerdigung teilnehme. Tja, es werden immer weniger in meinem Umfeld.

Endlich ist es bei uns von der Hitze her erträglicher geworden. Im Garten pflanzte Dein Papa im Frühling reichlich Gemüse an, zurzeit ist es aber so trocken und ich mag die Gießkanne einfach nicht mehr schleppen. Ich möchte jetzt aber nicht, dass Du wegen mir Deine Route änderst, ich bin nicht krank, nur alt, und die Hitze hat mir und dem Garten die letzten Wochen stark zugesetzt. Ich denke, Deine Zukunft ist wichtiger als meine Lage. Das Altersheim ist für mich kein Schreckensgespenst, ist aber in weiter Ferne in meinen Gedanken.

Ich denke viel an Dich und hoffe es geht Dir gut. Auch das tägliche Beten für Dich habe ich nicht vergessen. Trotzdem fehlst Du mir. Aber Hauptsache, Du findest den Rank und bleibst gesund.

Ich habe immer Freude, wenn ich von Dir wieder Positives höre. So, genug für heute.

Liebe Grüße und alles Gute, dein Großmutti.«

Wie immer berühren mich ihre Worte sehr, und ich nehme mir gerne den ganzen Abend Zeit, um ihr zu antworten. Später finde ich keinen Schlaf. Großmutters Handschrift wird von Brief zu Brief zittriger. Werde ich sie jemals wiedersehen?

Wie gehe ich eigentlich mit meinem Leben um? Man weiß ja nie, was einen in der nächsten Kurve oder dem nächsten Feuer erwartet. Bis ich endlich ein wenig Schlaf finde, schwirren all meine gesundheitlichen Probleme seit Beginn der Reise durch mein Gehirn: der gebrochene Fuß, zu wenig Erholung, Ausschläge von Affenflöhen und vom Sattel, Magenverstimmungen, Rückenverspannungen und schmerzender Karpaltunnel vom Gas geben. Ich schone meinen Körper nie und der Arme muss sich ständig selbst heilen.

Den Schmerz zu akzeptieren oder zu ignorieren ist das Eine, ist Kopfsache. Geistig dem Körper vollstes Vertrauen zur Selbstheilung zu schenken, ist etwas Anderes. Denn zum Glück regeneriert er sich selbst. Es wäre doch so einfach: Ich müsste nur meinem Körper mehr Achtung und Zeit schenken und zum Beispiel etwas länger an einem magischen Ort der Verlockung des Sattels widerstehen.

Der Punkt, mir Zeit zu lassen, will aber noch nicht so ganz klappen. Ich weiß nicht, was es ist, aber irgendetwas hält mich konstant in Bewegung, zieht mich von einem Ort zum nächsten. Dabei habe ich keine Termine einzuhalten. Warum bloß kann ich meinem Hintern nicht die notwendige Zeit gönnen? Ich verstehe es nicht. Das Einzige, was ich jetzt zu verstehen glaube, ist, dass ein tiefes Selbstvertrauen meine Sicherheit gewährleistet.

Neue Horizonte verändern

Die Suche ist mein Antrieb. Mit konstantem Vorwärtsgehen sammle ich neue Erfahrungen. Von erholsamen Ferien ist keine Rede. Auch wenn beinahe täglicher Bildwechsel beste Unterhaltung ist, macht es müde. Es wurde zur Gewohnheit, getarnte Schlafplätze in der Natur, Essen oder einen Weg zu finden. Aber welchen Weg eigentlich? Denn bald ist das Ziel, das ich seit Patagonien im Kopf habe, das andere Ende des Gebirges, erreicht. Eine Veränderung steht an, was tue ich als nächstes?

Einerseits mag ich Gewohnheiten, denn sie schenken mir einen Rhythmus im Alltag. Andererseits sind sie auch belastend. Denn zurzeit befinde ich mich mitten in Kolumbien, in der wunderschönen Kaffeeanbau-Region von Salento. Interessiert, mehr über den Anbau und die Verarbeitung zu lernen, helfe ich einem kleinen Familienunternehmen eine Zeit lang mit. Aber die Gewohnheit der Suche hält mich davon ab, die Gegenwart auszukosten. Bei der Ernte der reifen Bohnen im strömenden Regen sind meine Gedanken nämlich schon wieder ein Schritt weiter als ich.

Eine alte Idee erwacht zu neuem Leben. Bald gelange ich an die karibische Küste. Ich beschließe, mir einen nächsten Suchauftrag zu geben: ein Schiff, auf dem ich arbeiten und gleichzeitig dem endlosen Horizont entgegenfahren kann.

Es ist nicht so, dass die aktuelle Tätigkeit keine neuen Erkenntnisse schenkt. Im Gegenteil, sie schenkt einen neuen Blickwinkel von großer Dankbarkeit und Wertschätzung auf bis anhin selbstverständliche Sachen dieser Welt. Mit eigenen Händen erlebe ich, wie viel Arbeit in einer Tasse Kaffee steckt. Im Büro oder Zuhause auf einen Knopf drücken, und schon fließt die braune Flüssigkeit aus der Maschine. Aber hier, wo der Kaffee herkommt, sieht es anders aus. Die Ernte funktioniert nicht mit Maschinen.

Die Pflanze ist das ganze Jahr im Wachstum und produziert kontinuierlich neue Bohnen. Frische, grüne hängen zwischen roten, reifen. Weltweit wird also jede einzelne Kaffeebohne von einem Menschenauge auserwählt und von Hand geerntet. Der Aufwand steht in keinem Verhältnis zu einer Tasse Espresso. Nach der Ernte folgen mit dem Schälen und Trocknen der Bohnen weitere zeitaufwändige Arbeitsschritte für die Bauern. Die Erfahrung lässt mich auch weitere Punkte hinterfragen.

Vielleicht werde ich bezüglich Wertschätzung ein wenig extrem, wenn für jedes einzelne Toilettenpapier, das ich nutze, Dankbarkeit entsteht. Aber in meinen Augen ist plötzlich nichts mehr selbstverständlich, und ich beginne wie von selbst, einfach zu allem Danke zu sagen.

Eine tiefgründige E-Mail von Julieta fesselt mich eines Tages an den Bildschirm. Sie schreibt vom letzten Ritual bei der Aura-Seherin.

»Der freie Vogel zieht weit oben in den Lüften dahin. Er überblickt alles auf der Erde und ohne zurück zu schauen fliegt er immer vorwärts. Das Einzige, was er braucht, ist ein Baum. Er benötigt seine Äste als Stütze, um neue Kraft zu tanken. Seine Wurzeln nutzt er, um sich zu erden und zur Ruhe zu kommen. Der Baum hat die Funktion des Wegweisenden und versorgt den Vogel mit Energie für seinen weiteren Weg. Dem rastlosen Vogel fehlt jedoch der Baum. Denn er fliegt in weiter Ferne dem Horizont entgegen und verliert zusehends seine Seele.

Die Seherin meinte, ich sei für deine nächste Etappe wichtig, damit du zur Ruhe kommst. Ihre zusätzlichen Informationen, die uns beide betreffen, sind mir ein großes Anliegen. Wir brauchen Zeit, damit ich dir alles in Ruhe erklären kann und beabsichtige, dem freien Vogel nun als Baum zu folgen.

Ich kenne an der Küste von Cartagena einen Ort, wo wir gemeinsam wohnen können. Was hältst du von der Idee, dass ich dich in zwei Monaten besuche?«

Die Nachricht verwirrt mich. Um was geht es in Wahrheit? Bis heute war sie meine Funkzentrale und will nun mein Baum werden. Sie weiß doch, dass ich keine feste Bindung suche und frei sein möchte. Ich träume doch von der Seefahrt … Dennoch freue ich mich, sie wiederzusehen und verabrede mich mit ihr.

Zwei Monate später fahre ich nach einem Unwetter auf schlammigen Nebenstraßen durch die Tiefebene des Rio Magdalena. Pünktlich treffe ich mit eingetrocknetem Dreck überzogen und ausgehungert in der brütenden Hitze von Cartagena ein. Im modernen Stadtviertel Boca Grande gelange ich vor einen Hotelkomplex. Hier bin ich bestimmt falsch. Dreckverschmiert, wie ich bin, parke ich Feuertiger neben dem roten Eingangsteppich und frage den Portier nach der Adresse, die ich suche. »Sie sind hier richtig«, meint er.

»Nein, das kann nicht sein, das muss ein Missverständnis sein.« Trotzdem frage ich an der Rezeption nach einer möglichen Reservation für Thomas und Julieta. Tatsächlich! Was hat sich diese Frau da einfallen lassen? Schon den ganzen Tag nervös, sie wiederzusehen, beginnt nun mein Herz zu rasen, weil ich mir so fremd, in einer anderen, schier unmöglichen Welt vorkomme. Meine schmutzigen Taschen darf ich nicht selbst tragen, der Gepäckträger nimmt sie mir ab und begleitet mich mit seinem goldig glänzenden Wagen in den 15. Stock. Elegant angezogen, wie immer am Telefon, steht Julieta rauchend auf der anderen Seite der Galerie! Das Wiedersehen ist unbeschreiblich.

»Bestimmt hast du großen Hunger, wie immer«, ist ihre Begrüßung. »Hier im All-inklusive-Tempel wirst du essen und trinken so viel du kannst! Ich wollte dich überraschen und habe extra nicht gesagt, was dich erwartet.«

»Essen ist immer gut! Aber …«

»Nichts aber, jetzt geh erstmal unter die Dusche! Lass dir Zeit. Ich erwarte dich im Erdgeschoss an der Bar und erledige in der Zwischenzeit einige Kunden-E-Mails. Dann zeige ich dir das große Buffet.«

Viel Zeit nehme ich mir nicht, um sauber in frische Kleider zu schlüpfen. Denn ich kann ein Gespräch mit ihr und das Buffet kaum erwarten. Gleichzeitig weiß ich aber überhaupt nicht, was ich hier verloren habe. Im komplett falschen Film gelandet, könnte ich gut auf diesen übertriebenen Luxus verzichten. Gutes Essen gibt es auch woanders.

Im Restaurant esse ich mich stundenlang durch das Buffet-Angebot, während wir uns von den vergangenen Monaten erzählen. Julieta begnügt sich mit einem kleinen Häppchen. Ihr Appetit hat sich nicht gesteigert. Als ich auch endlich satt bin, setzen wir uns in die Lobby. Ich spreche das Thema an, das mich seit zwei Monaten beschäftigt: Welche wichtigen Informationen hat die Aura-Seherin für mich?

Julieta denkt einen Moment nach. »Sie hat gesagt, dass zwischen uns eine stärkere Verbindung als nur die Funkzentrale besteht. Unsere Begegnung pünktlich zum Jahresbeginn sei kein Zufall und habe einen bestimmten Grund. Im jetzigen Lebensabschnitt brauchen unsere Seelen einander. Sie fungieren gegenseitig als spirituelle Führer auf einer inneren Reise, um Neues für eine seelische Heilung zu entdecken. Sie hat gesagt, dass ich den Vogel, der sich nie nach seinem energiespendenden Baum umschaut, nicht einfach davonziehen lassen darf. Bei den Ritualen erscheinst du ihr jedes Mal. Darum hat sie mich aufgefordert, dir jetzt zu folgen.«

»Ist denn meine Seele krank? Und warum gerade jetzt? Du weißt doch, dass ich ein Schiff suchen will, das mich irgendwo hinbringt.«

»Eben. Genau darum bin ich jetzt hier, um dir die wichtige Information persönlich zu übermitteln: Gedanken sind großartige Werkzeuge, die uns von der persönlichen Gefühlswelt ablenken. Nur was berechnet, gesehen oder kontrolliert werden kann, hat für den Verstand Gültigkeit. In meinem Fall geht es darum, mich nicht von den ständigen Ängsten unterkriegen zu lassen. Negative Gedanken und Ängste nähren sich gegenseitig. Dadurch gerate ich in eine Abwärtsspirale.

In deinem Fall soll ich genau zum jetzigen Zeitpunkt dafür sorgen, dass sich deine Seele nicht in den unendlichen Zukunftsideen verliert. Es ist ein Zwang, eine Art von Sucht, nie aufzuhören zu überlegen, wo du morgen hinfahren sollst. Was wir beide lernen müssen, ist, den Verstand für eine Weile auszuschalten um ihn besser unter Kontrolle zu bringen.«

»Und wie sollen wir das tun?«

»Sie hat uns ein Buch mit einfachen Erklärungen und Übungen empfohlen. Es ist fantastisch! Unsere Gedanken drehen doch ständig um die Vergangenheit und die Zukunft. Kaum gibt es einen Moment, in dem wir gedankenlos in der Gegenwart, im *Jetzt*, sind. Dabei tut es so gut, ab und zu einen freien Geist von allem zu kriegen. Solch gedankenlose Momente können wir uns im normalen Alltag aneignen.«

Während ich am nächsten Morgen wie ein König frühstücke, sieht es für Julieta mit ihrem Magenproblem anders aus. Lieber überlässt sie mir die Essensfreude und kümmert sich zwischenzeitlich um ihre Geschäfte. Ich versuche zum ersten Mal, jeden Teller bewusst im *Jetzt* und ohne andere Gedanken zu genießen. In diesem Umfeld jedoch an nichts zu denken ist schlicht unmöglich. Kaum kratze ich eine Schale vom Buffet leer, ersetzen sie die Mitarbeiter. Die Gäste können unmöglich alles essen. Was geschieht mit den Resten? Fragen wie diese beherrschen mich. Im sogenannten Paradies sehe ich überall unnötigen Überfluss.

Mir ist bewusst, dass Julieta es nur gut meint und mir mit dem Hotelaufenthalt eine Freude bereiten will. Für mich ist das aber eine ungewohnte Art von Ferien, und ich bin zwischen Dankbarkeit und Ablehnung hin- und hergerissen. Ich fühle mich in einer verdrehten, surrealen Scheinwelt. In vielen Teilen des Landes leben die Menschen am Existenzminimum. Ich habe ein schlechtes Gewissen, wenn ich sehe, wie viel köstlichstes Essen die Mitarbeiter täglich wegwerfen.

Mit den komischen Gegenwartsübungen, die mir Julieta im Liegestuhl beibringen möchte, schaffe ich es überhaupt nicht, meinen Verstand auszuschalten. Im Gegenteil. Er hinterfragt vieles und fügt sich mit dem Gedankenstrom eine unnötige Verärgerung zu. Der selbstverständlich tägliche Wechsel der Bettwäsche? Für mich eine unnötige Ressourcenverschwendung.

Die Ungewissheit, ob ich ein Schiff finde, beschäftigt mich zusätzlich. Nebst der wirklich schönen Altstadt und der faszinierenden Piraten-Vergangenheit entdecken wir während dreier Tage auf ausgiebigen Fußmärschen auch das Hafengelände. Einmal kommt von einem alten Kahn, der draußen im Hafenbecken geankert ist, ein Schlauchboot an Land. Wir begrüßen die Crew und fragen, was sie tun.

»Unterhaltsarbeiten. In drei Wochen geht's weiter.«

Schnell stellt sich heraus, dass sie nach Panama reisen und mich mitnehmen könnten. Sie wären aber auch froh um zusätzliche Hilfe bei den Revisionsarbeiten. »Wenn du willst, kannst du morgen um sieben gleich anfangen!«

Als sich diese Möglichkeit so schnell auftut, bin ich wieder in meiner eigenen Welt und der Euphorie des Weiterziehens gefangen. Die nächsten zwei Wochen verbringe ich aber noch mit Julieta. Sie freut sich zwar für mich, stellt jedoch fest, wie die unaufhörlichen Zukunftsgedanken tatsächlich meinen Verstand beherrschen.

»Die Aura-Seherin hatte recht. Der Vogel sieht seinen kraftschenkenden Baum wirklich nicht. Genau darum bin ich hier und übernehme die Führung, damit dein suchender Drang erstmal beruhigt wird. Ich habe eine Idee. An der Rezeption habe ich ein Hotel auf der Insel Baru entdeckt, das wir mit unserem Arrangement auch besuchen dürfen. Ich entführe dich jetzt und schalte in der Unterwasserwelt deinen Verstand aus.«

Wir beziehen ein anderes Zimmer in einem absolut abgefahrenen Resort-Tempel mitten in der Natur. Neben fünf Pools essen wir jeden Abend in einem anderen Restaurant. Wunderschöne Bambus-Konstruktionen stehen in der gesamten Park-Anlage verteilt. Es ist das Paradies. Meinen Verstand dabei komplett auszuschalten, ist trotz allen Glamours noch immer unmöglich. Angestellte bereiten das Buffet vor, und ich Idiot zähle die Säcke voll Eiswürfel, die sie hineinschütten. Automatisch mache ich die Hochrechnung. Zwölf Säcke à zwanzig Kilogramm, multipliziert auf drei Mahlzeiten in fünf verschiedenen Restaurants gibt ein Total von 3600 Kilogramm Eis pro Tag!

Der eigentliche Grund, warum wir hier sind, ist, dass Julieta leidenschaftlich gerne schnorchelt und taucht. Wenn sie in diese Welt eintaucht, vergisst sie alles um sich herum. Mit Seekajak und Schnorchel-Ausrüstung paddeln wir vom Meer landeinwärts in eine grün bewachsene Lagune. Im Gegensatz zum Sandstrand ist hier kein Mensch anzutreffen. Es macht den Anschein, dass der Wald sogar im Wasser weiterwächst. Die buschartigen Bäume sind ineinander verschlungen. Julieta will, dass wir in eine zwanzig Meter große Lichtung hinein paddeln. Rundum sind wir von einem dunklen, für mich unheimlichen, Wurzelgewirr umgeben.

Kaum haben wir das Seil um einen Ast geworfen, um das Kajak zu sichern, springt Julieta bereits ins Wasser. Ihr Kopf taucht ab und scheint, so gemütlich wie sie dahingleitet, sofort mit der Unterwasserwelt zu verschmelzen. Mir ist, als schaue ich einem neugierigen Kind zu, das sich in seiner Fantasiewelt frei und losgelöst von allem fühlt. Schnell springe ich ins Wasser und schnorchle hinterher. Ich staune über ihr plötzliches Selbstbewusstsein. Denn sie schaut nicht einmal zurück, ob ich ihr überhaupt folge. Direkt steuert sie auf das schwimmende Wurzelgewirr zu, gleitet geschmeidig wie ein Fisch durch die Lücken und verschwindet darin, als sei es ihr Zuhause.

Ich trau meinen Augen nicht! Sie ist von der Bildfläche verschwunden. Sie hat soeben ihren Verstand wirklich komplett ausgeschaltet! Ja, ist sie denn jetzt völlig übergeschnappt? Sie wird in dieser Dunkelheit doch kaum zurück zum Boot finden! Mein Verstand schaltet sich gleich doppelt ein statt aus. Jetzt habe ich Angst, sie zu verlieren, kann den Moment nicht genießen. Mir ist unheimlich. Ich kehre zurück zum Seekajak und warte ungeduldig auf sie. Wir halten uns tatsächlich einen Spiegel vor Augen. Nun verstehe ich, dass sie manchmal Angst um mich hat. Jetzt erlebt sie in ihrem freien Zustand die Entdeckungslust und ich dafür die Angst.

Die gutgekleidete Geschäftsfrau, immer gestresst, hyperaktiv, in der einen Hand eine Zigarette und in der anderen ihr vibrierendes Handy, zeigt mir soeben als gutes Beispiel, was es bedeutet, im *Jetzt* komplett ihr wahres Wesen zu sein. Als hätte mir jemand eine spezielle Taucherbrille aufgesetzt, habe ich soeben einen anderen Menschen in den Wurzeln verschwinden sehen. Was mich an ihr reizt, wird mir soeben klar. Das verspielte, neugierige, unschuldige und schwerelose Kind, das sich von Wurzeln im Wasser verzaubern lässt. Es ist ihr inneres Kind, das ich mag. Erst recht, wenn ich ihr strahlendes Gesicht sehe, als sie einen Moment später wieder auftaucht.

Der Abstand von unserem jeweiligen Alltag tut gut. Wir lernen einander auf eine neue Art kennen. Und trotzdem – so schnell sie kam, ist die gemeinsame Zeit auch schon wieder um. Bei der Verabschiedung bedanke ich mich wahrscheinlich zum hundertsten Mal für die erholsame Zeit mit dem kraftspendenden Baum, der mir den Weg weist zu meiner zukünftigen inneren Reise, die ich anscheinend antreten soll, damit sich die Seele nicht noch ganz in endlosen Ideen verliert.

»Jetzt haben wir Zeit in deiner Rollkoffer-Welt verbracht. Natürlich bist du auch herzlich in meiner Welt willkommen. Ich denke, dass ein Kontrastprogramm auch dir neue Horizonte öffnen könnte.«

Dann steigt sie, wie das letzte Mal in Chile, ins Taxi und verschwindet erneut auf unbestimmte Zeit im Verkehr.

Die Bequemlichkeit ist schnell Vergangenheit. Alle verdreckten Kleider zusammengepackt und auf den ebenso übel aussehenden Feuertiger geschnallt, verlasse auch ich den Hotel-Tempel und suche im Quartier Getsemani in Hafennähe eine günstige Unterkunft im Mehrbettzimmer.

Am nächsten Morgen weht ein neuer Wind. Um fünf Uhr heißt es aufstehen, und ich mache mich auf den Weg zum Hafen, wo mich der Kapitän am Pier erwartet. Kaum auf dem Schiff, schickt er mich direkt in den bereits 45 Grad heißen und nach Öl stinkenden Motorraum, wo es meine Aufgabe ist, das Leck des 65-jährigen Motors zu finden. Das bedeutet, dass ich den alten Kerl, der mit vier Zylindern 88 000 ccm und 300 Pferdestärken besitzt, erstmal gründlich von schwarzem Öl befreien muss. Schweiß- und ölgebadet krieche ich den ganzen Tag zwischen Leitungen hindurch, kratze alten Dreck aus jeder Ecke und erlöse den gesamten Motor von der pechschwarzen Masse. So harzig wie sich alles löst, muss das seit Jahren daran kleben. Kesselweise kippe ich öliges Schmutzwasser über Bord. Die letzten zwei Wochen in der bequemen All-inclusive-Welt wirken in meiner komplett verschmutzten Gegenwart wie ein verblassender Traum.

Die nächsten Tage ist die gesamte Crew auf Deck und trennt rostige Teile heraus. Auch diese werden einfach über Bord geworfen. Metall zersetzt sich im Salzwasser anscheinend schnell. Völlig normal, finden meine neuen Kollegen. Rundum wird Rost abgeschliffen und frischer Lack aufgetragen.

Zuletzt waschen wir das gesamte Schiff mit Salpetersäure. Ich bin entsetzt, als ich sehe, was wir alles ins Meer kippen, während Einheimische am Pier Fischen. Empört spreche ich das Thema an. Aber nur kurz …

Denn gleich wird mir klargemacht, wie es auf den 9500 Frachtschiffen, die für den Welthandel unterwegs sind, so zu und her geht. Um nur ein Beispiel zu nennen: Bei einem Ölwechsel werden anscheinend tausende Liter auf offener See entsorgt. Wieviel Schaden die anscheinend größten Umweltverschmutzer wirklich anrichten, weiß ich nicht. Ich weiß nur, dass ich einmal mehr auf eine Idee verzichte und dankbar bin für andere Möglichkeiten, die ich habe, um meinen Lebensunterhalt zu verdienen. Das Interesse, als Mechaniker auf hoher See zu arbeiten versenke ich in den Tiefen des Ozeans.

Einen Tag vor Abreise treffen wir uns am Pier, um alles Material per Kleinboot zum Schiff zu fahren und per Kran auf Deck zu laden. Drei weitere Passagiere, alles Motorrad-Reisende, bringen uns ihre Fahrzeuge mit Gepäck vorbei. Wir begrüßen einen jungen australischen Surfer mit seitlich befestigtem Brett, einen kräftigen Feuerwehrmann aus England und einen Armeeveteranen aus den USA. Sie sind für die nächsten Tage meine Reisepartner, die spannenden Erfahrungsaustausch versprechen.

Mit sieben Knoten sind wir die ersten 35 Stunden unterwegs, bis die ersten der angeblich 365 Inseln von San Blas erreicht sind. Mein Blick ist vom Bug aus oft auf den endlosen Horizont gerichtet. Gegensätze einer Welt der unbegrenzten Möglichkeiten, in der ich stecke, werden mir bewusst. Ununterbrochen gehe ich von einem Extrem ins andere. Von der letzten Schlammpiste der Tiefebene in den All-inklusive-Tempel, dann direkt in den öligen Motorraum und jetzt in eine blaue Welt aus Himmel und Wasser. Wir gleiten einer gefühlten Unendlichkeit entgegen.

Die Worte der Aura-Seherin, meine Seele verirre sich, beschäftigen mich. Dass rastloses Unterwegssein kein gesundheitsfördernder Dauerzustand sein kann, hat mir mein Körper bereits zu verstehen gegeben. Dass meine Seele aber seit vielen Jahren vom schnelllebigen Alltag der tausend Möglichkeiten, in dem ich früher gelebt habe, krank ist, und ich das ungesunde Verhaltensmuster, wenn auch in anderer Form, noch immer mit mir schleppe, wird mir erst jetzt bewusst.

Zumindest ist der Grund unserer Anziehung jetzt klar. Wir sind als spirituelle Führer füreinander bestimmt und sollen uns in einem gemeinsamen Lebensabschnitt auf der inneren

Reise zur Heilung gegenseitig begleiten. Sie empfiehlt Bücher als Hilfsmittel für eine klare Orientierung. Ich erinnere mich, dass Don Miguel dasselbe geraten hat, ich es jedoch bisher als unnötig erachtet habe. Wie ich jetzt Bücher auf Deutsch finden soll, ist mir ein Rätsel.

Nach zwei Tagen setzen wir Anker bei der ersten Inselgruppe von San Blas. Es geht nicht lange, da kommen Inselbewohner im Einbaum an Bord und verschwinden mit dem Kapitän in der Kombüse. Er hat Esswaren und Bier mitgebracht. Im Gegenzug erhalten wir frischen Fisch, dürfen die Insel besuchen und bekommen die Erlaubnis, für die Nacht hier zu ankern.

Das autonome Volk der Kuna besiedelt die paradiesischen Inseln und lebt hauptsächlich von der Fischerei und von Kokosnüssen. Die stolzen Frauen tragen traditionelle, bunte Gewänder. Auffallend sind die farbigen, enganliegenden Arm- und Beinbänder. Mit Ohren- und Nasenringen, sowie goldigen Ketten geschmückt, sind sie ein wunderschöner Anblick.
Ursprünglich stammt das Volk aus Kolumbien. Sie wurden damals von anderen indigenen Stämmen vertrieben und seither bewohnen sie diese mikrokleinen Inseln. Der Staat Panama bietet ihnen anscheinend seit einigen Jahren neu erbaute Wohnquartiere auf dem Festland an, mit dem Ziel, sie erneut umzusiedeln und ihnen ein besseres Leben anzubieten. Ein Teil ist der Verlockung bereits gefolgt, viele wollen jedoch nicht und setzen sich für ein weiterhin unabhängiges Leben ihres Volkes zur Wehr. Ausländische Investoren machen anscheinend Druck beim Staat, um auf den Inseln Ferienresorts bauen zu dürfen.

Nach vier Tagen haben wir wieder Festland unter den Rädern und fahren zu viert nach Panama City, wo wir eine günstige

Unterkunft suchen. Das Zentrum scheint mir auf den ersten Anblick wie die Downtown einer amerikanischen Stadt.

Der US-Veteran war früher in Panama stationiert und kennt die Geschichte. Er erzählt, dass die Hälfte der Downtown leer steht und ein großer Teil als Baustelle hinterlassen wurde. Die Steueroase gleicht meiner Meinung nach auf den zweiten Blick einer Geisterstadt. Es besteht zu wenig Nachfrage nach teuren Wohnungen oder Geschäftsräumen und daher zerfallen einige Gebäude wieder. Eine starke Veränderung zwischen Süd- und Zentralamerika ist spürbar. Die USA rücken näher. Fast-Food-Ketten, protzige Autos und breite Highways, sowie Dollar als Zahlungsmittel prägen hier das Bild. Wir ziehen uns aus dem Zentrum in einen Vorort zurück und suchen weiter nach einer Übernachtungsmöglichkeit.

Ein großes, rotes Hotelschild stimmt uns zuversichtlich. Die Rezeption sieht aber nicht einladend aus. Ein Typ sitzt mit einem Mikrofon hinter verschlossenen Fenstern und will uns vier Männer auf keinen Fall hier übernachten lassen. Er erklärt, das hier sei ein Stundenhotel für sogenannte Verliebte. Wir lachen und sagen, dass wir uns auch gut mögen und die ganze Nacht bezahlen werden, was doch sicher ein lukratives Geschäft für ihn sei. Er weist uns trotzdem ab.

Im kleinen Stadtviertel der für Touristen schön hergerichteten Altstadt, werden wir in einem Hostal mit Mehrbettzimmern fündig.

Wir alle haben das Gefühl, nächstens zu verhungern und suchen ein preisgünstiges Restaurant. Ein schwieriges Unterfangen. Hier, wo Passagiere von Kreuzfahrtschiffen einen Zwischenhalt einlegen, ist alles sehr herausgeputzt und unverhältnismäßig teuer. Nur einige Blocks hinter dem schön glänzenden Altstädtchen finden wir aber ein Fünf-Dollar-Chicken-House. Das passt. Nur die Umgebung ist sehr skurril. Wir stehen plötzlich in einer anderen Realität dieser verrückten Stadt der Gegensätze. Es stinkt erbärmlich. Abfall und obdachlose Menschen prägen das Straßenbild, jemand liegt regungslos im Straßengraben. Unser kräftiger Feuerwehrmann bestellt sehr schnell an der Theke und verschwindet gleich am Tisch. Beim nächsten Blick zu ihm hat er bereits Besuch einer Dame ohne Schuhe. Ihre Haut und ihre Kleider sind schwarz vom Strassendreck.

Sie scheint völlig durchgedreht, sitzt ihm lachend gegenüber und isst ihm seine Pommes weg. Unser großer Kollege ist verstummt und kommt nicht aus dem Staunen. Sie isst ungehemmt weiter, nimmt ihm zum Schluss noch das Getränk weg und geht an den nächsten Tisch. Sie scheint völlig abwesend und außer Kontrolle zu sein, schreit und lacht lauthals durch den Raum, während sie sich mit ihren schwarzen Händen das Essen weiterer Gäste schnappt. Wir sind mitten im erbärmlichen Armutsviertel der Stadt gelandet. Der US-Veteran erzählt uns erst jetzt, was hier eigentlich vor sich geht.

»Der Staat ist anscheinend daran, das Kuna-Volk aufs Festland umzusiedeln, wie wir vom Kapitän gehört haben. Hier sehen wir, was passiert, wenn Menschen vom Land in die Stadt kommen. Arbeit finden sie hier nicht. Entsprechend boomen Drogenhandel, Prostitution und Sextourismus. Den hätten wir ja fast miterlebt. Von diesen Hotels gibt es jede Menge. Gewalt und Zwangsprostitution sind da drin an der Tagesordnung. Darum die Sicherheitsscheibe an der Rezeption. Man verspricht den Leuten ein gutes Leben in der Stadt. Voller Hoffnung kommen sie und verelenden auf der Straße.«

Wir sehen verkrüppelte Menschen, Leute ohne Füße oder mit übelsten Geschwüren. Einige sind völlig zugedröhnt und schreien umher. Laut US-Veteran sind das Auswirkungen des Leimschnüffelns und anderer giftiger Stoffe, die süchtig und krank machen. In den dunklen Gassen staut sich der Abfall, während sich Touristen einige Meter entfernt in Saus und Braus verköstigen. Da sitzen viele in unserer modernen Welt in einer schwarzen Sackgasse. Niemand kümmert sich um sie. Die Menschen mit Geld besitzen immer mehr, während anderen immer weniger zum Überleben bleibt. Wo führt das nur hin? Schafft der Wohlstand wirklich eine bessere Welt für alle? Es stinkt mir erbärmlich zum Himmel, wenn ich diese Realität sehe. Oh, wie schön wäre Panama, würden die ausländischen Investoren nicht alles zugrunde richten.

Julieta macht sich Sorgen um meine Sicherheit in Zentralamerika. In El Salvador und Honduras sei es besonders gefährlich. Darum möchte sie, dass ich mir ein Smartphone kaufe und erreichbar bin, falls mir etwas zustößt. Zudem sei es bequemer, nicht ständig Internetcafés suchen zu müssen und sehr praktisch für andere Dienstleistungen. Ich muss schmunzeln und antworte:
»Gibt es vielleicht eine Elektroschock-App für Attacken von durchgedrehten Leuten, die uns die langersehnte Mahlzeit wegschnappen? Erinnerst du dich nicht mehr an meine Überzeugung? Ich habe doch auf der Insel erzählt, dass ich das Gefühl habe, dass praktische Dinge uns Menschen blöd machen. Deswegen versuche ich mich so gut es geht vom bequemen Konsumverhalten fernzuhalten und nur das zu kaufen, was wirklich wichtig ist. Mein Leben muss nicht bequem sein, du weißt doch, wie sich mein Motorradsattel anfühlt. Ich bin bereits sehr dankbar, im stinkenden Raum von gamenden Jungs umgeben E-Mails schreiben zu können.«
Solange sie meine Welt, in der ich versuche zu leben, nicht kennt, muss es schwer nachvollziehbar sein. Ich wünsche mir, sie würde einmal erleben, dass man auch mit weniger sicher und glücklich ist. Vielleicht würde sie dann meine Einstellung eher verstehen.

Zunehmend mag ich es, auf Inseln von endlosem Wasser umgeben zu sein. Inzwischen bin ich in Nicaragua angekommen und befinde mich auf dem Schiff zur Isla de Ometepe, der weltweit größten Vulkaninsel in einem Süßwassersee. Zudem ist der Nicaraguasee der größte Binnensee in Mittelamerika. Die außergewöhnliche Vegetation interessiert mich. Vor einiger Zeit hörte ich von einem Permakultur-Projekt, das ich hier besuchen möchte. Auf der Fahrt erzählen mir andere Passagiere, dass China einen zweiten Panamakanal für Handelsschiffe plant. Pazifik und Atlantik würden über den See erschlossen, was zur Folge hätte, dass der See von Salzwasser geflutet würde. Flora und Fauna wären somit vernichtet.

Mit internationalen Rucksacktouristen verbringe ich eine spannende Zeit und erfahre einiges über alternative Anbautechniken von Früchten und Gemüse. Jemand erzählt mir von ähnlichen Projekten in Portugal und Spanien. Es gebe günstige Ruinen mit Land zu kaufen, darunter auch alte Wassermühlen, die man wiederaufbauen und dafür nutzen könnte. Das ist spannend.

Diese Lebensform fasziniert mich. Vor allem, wenn ich Wassermühle höre. Ich stelle mir bereits vor, wie ich einen Wasserkraftantrieb für verschiedene Zwecke konstruiere. Dazu keimt der Gedanke, dass ein Garten mit vielen Ästen und Wurzeln ein toller Erdungspunkt und der perfekte Rastplatz für den Vogel wäre, um zur inneren Ruhe zu finden. Das ist es! Ich wünsche mir in Portugal oder Spanien ein Zuhause mit Garten! Noch am selben Abend will ich die Preise wissen und klicke im Internet durch Ruinen-Angebote. Die Zeit vergeht von einem Inserat zum nächsten klickend, bis mir spätabends plötzlich etwas anderes bewusst wird.

Verdammt, schon wieder kontrolliert mich mein Verstand mit Zukunftsvisionen! Stopp jetzt! Setzt mir jemand ein neuer Floh in den Kopf, ist die blendende Kraft so stark, dass ich an nichts anderes als an Ruinen in Europa denken kann. Dabei bin ich auf einer tollen Insel in Nicaragua und zudem in guter

Gesellschaft. Ich schalte den PC aus und lege mich verärgert über mich selbst im Zelt schlafen.

Am nächsten Tag habe ich wieder einmal ein Magic-Erlebnis. Genau zu dem Zeitpunkt, wo die Zukunft mich wieder einmal plagt, wird eine bisher fremde Person plötzlich zum Wegweiser, als hätte sie meine Emotion von gestern Nacht gespürt.

Unter einem Bananenbaum philosophiere ich den ganzen Nachmittag mit einer Argentinierin über das Leben. Sie erzählt ihre Lebensgeschichte und von ihren Einstellungen. Auf einmal erzählt sie von der Kraft der Gegenwart und dass diese eigentlich jeder in sich trägt. Einfache Alltagsübungen helfen ihr, bewusster zu leben. Ihre Realität gestalte sie selbst und der eigene Weg sei Lebensziel geworden.

Sie erinnert mich an Julietas Buch. Dass mir jemand dasselbe erzählt wie sie damals, ist für mich ein Zeichen, dass die Aura-Seherin mit dem rastlosen Vogel recht gehabt haben muss. Anders als in der Luxus-Oase will ich das Buch jetzt lesen. Wie ich es in Nicaragua finden soll ist mir ein Rätsel. Wieder einmal Zeit für die Übung, keine Gedanken zu verlieren und geduldig auf meine Bestellung beim Universum zu warten.

Nach zehn Tagen verlasse ich die Insel und begebe mich in die Hauptstadt Managua. Auf einem Spaziergang durch die Gassen traue ich eines Abends meinen Augen nicht. Auf dem Boden liegt ein Hundertdollarschein! Der Grund dafür ist sofort klar: Mit einem Smartphone kann man nicht nur telefonieren, sondern auch Bücher herunterladen!

Zwar finde ich ein Smartphone immer noch grundsätzlich unnötig, aber die Möglichkeit, das Buch zu lesen, erachte ich als dringend. Ich sollte wirklich weniger darüber nachdenken, was richtig und was falsch ist, und einfach tun, was mir zurzeit wichtig erscheint. Völlig aufgeregt über die digitale Möglichkeit, kann ich es kaum erwarten, an so ein Gerät zu gelangen. Auf dem Straßenmarkt finde ich am kommenden Morgen bei einem Ersatzteilhändler für Autoteile in einer Kartonkiste mit Elektrogeräten ein neues Tablet für umgerechnet fünfzig Dollar. Bei einem anderen Straßenhändler kaufe ich eine SIM-Karte mit Guthaben und nach einer Weile funktioniert das Gerät tatsächlich. Als erstes schreibe ich Julieta, dass mein Leben ein Widerspruch ist, der Spaß macht.

Freudig wie ein Kind an Weihnachten, schaue ich aufgeregt, wie das Buch auf dem Bildschirm erscheint. Fantastisch! Auf einmal bin ich für die Technologie extrem dankbar und beginne, in jeder freien Minute im Buch zu lesen.

Tage später, während einer erneuten Suche nach einer Schweißanlage und einer neuen Kette, ändere ich meinen Plan in Estelí einmal mehr. Im Quartier, wo Zaumzeug, Pferdesättel und Westernstiefel hergestellt werden, begegne ich Pedro, der eine kleine Schuhmacherei besitzt. Seine schönen Stiefel und das interessante Handwerk faszinieren mich. Schnell vergeht eine ganze Woche. Täglich kehre ich zurück, um jeden Arbeitsschritt der Herstellung mitzuverfolgen.

Die Stiefel werden auf mühsamste Weise komplett von Hand gefertigt. Den ganzen Tag sitzt er auf einem kleinen Hocker in der düsteren Ecke. Den zwischen die Beine geklemmten Schuh bearbeitet er mit seinem uralten Werkzeug. Nach drei Tagen ist ein Paar Schuhe fertig und wird für umgerechnet siebzig Dollar verkauft.

Noch spannender als die Arbeit sind bei diesen Begegnungen die Geschichten aus dem Alltag. Ob sie wahr sind oder nicht ist egal, die Eindrücke der hiesigen Lebensumstände faszinieren. Auf diese Weise gewinne ich eine neue Sichtweise über bisher fremde Themen. Denn schon bald beginnt Pedro zu erzählen, was ihm die letzten Tage Schreckliches widerfahren sei.

Laut seiner Aussage habe der Landespräsident unter Druck seiner Lebensgefährtin, welche eine radikale Frauenrechtskämpferin sei, vor zwei Jahren ein neues Gesetz eingeführt. Frauen hätten neu das Recht, grundlos und ohne vorherige Absprache mit dem Ehemann die Scheidung direkt bei der Polizei einzureichen.

So habe die Polizei ihn letzte Woche ohne Voranmeldung bei der Arbeit abgeholt und direkt zum Anwalt geführt. Von diesem Tag an durfte er sein eigenes Haus nicht mehr betreten. Der ganze Prozess sei in wenigen Tagen bereits vorüber gewesen. Er habe überhaupt kein Mitspracherecht gehabt und nur noch seine Kleider mit Polizeibegleitung abholen dürfen. Er erklärt, das passiere meistens in den Familien, wo der Mann ein Geschäft führe und ein wenig Geld besitze.

»Die Frauen gewinnen immer, weil es das Gesetz so will! Unser Haus wurde an sie überschrieben, das Auto gehört jetzt ihr und einen großen Anteil des Erlöses des kleinen Einmannbetriebes muss ich ihr jetzt monatlich auch noch zahlen. Ich stehe vor dem finanziellen Ruin!«

Zu meinem Erstaunen höre ich vom Hausbesitzer, bei dem ich wohne, und einem weiteren Mann exakt die gleiche Geschichte. Anscheinend nutzen gewisse Frauen das Gesetz für ihren Profit, wie mir diese Männer berichten. Da ich aber nur eine Seite höre, weiß ich nicht, was die wahren Gründe dieser Frauen sind. Wenn ich jedoch den Machismo, diese sehr dominante Männerwelt, betrachte und wie krass die Männer teilweise mit den Frauen umgehen, sind die Scheidungen nachvollziehbar und ist es nur zu hoffen, dass sich bald etwas an den Missständen ändert.

Auch Julieta berichtet, wie sie in der Welt der Machos ihre Mühe hat. Die Umstände sind in Chile zwar nicht dieselben wie in Nicaragua, und doch geht es im Grundsatz um das männliche Verhaltensmuster gegenüber den Frauen. Eine erfolgreiche Frau ist für einen Macho nur schwer zu akzeptieren und das bekommt sie zurzeit heftig zu spüren.

Beim Siedlungsbau in Santiago hat sie als kleine, hübsche und dazu noch tüchtige Geschäftsfrau in der männerdominierten Bau- und Investmentbranche einen harten Stand. Es geht ihr so schlecht, dass sie bereits zu Beginn unseres Telefongespräches weint. Sie scheint wirklich am Ende ihrer Kräfte zu sein.

»Die Machos sind alle die gleichen! Sobald eine Frau zur Konkurrenz statt Hilfe wird, wollen sie einen ausschalten! Sie fühlen sich in ihrem Status verletzt, trotzen wie kleine Kinder und setzen einen mit fiesen Verhandlungsstrategien dermaßen unter Druck, dass ich keine Lösung mehr sehe. Die absurden Bedingungen sind unmöglich zu erfüllen und ich habe das Gefühl, den Überblick völlig verloren zu haben! In der Panik habe ich entschieden, alle Ferienwohnungen sofort zu verkaufen. Ich brauche jetzt das Geld für anderes. Seither lassen mich aber meine Angstzustände gar nicht mehr schlafen. Das Gefühl, in der Hektik falsch entschieden zu haben, plagt mich unglaublich.«

»Weißt du überhaupt zu schätzen, was du hast? So schnell wie du kaufst und verkaufst, kannst du dich noch über Erfolge freuen?«

»Du hast recht. Kaum habe ich etwas gekauft, sinkt der Wert und schon habe ich wieder Angst vor Verlust. Diese stressige Spekulationswelt frisst mich auf. Sobald alle Wohnungen verkauft sind, werde ich mein Kapital in ein anderes Projekt, unabhängig vom ungewissen Immobilienmarkt, investieren. Auf diese Weise hoffe ich, den Angstzuständen ein Ende zu setzen. Ich habe interessante Leute kennengelernt, die eine vegetarische Restaurant-Kette eröffnen wollen.«

»Weißt du was? Du redest mit deinem Spiegel. Die Rastlosigkeit deines Verstandes schickt auch deine Seele in ein Labyrinth. Ohne dir eine Pause zu gönnen, redest du bereits vom neuen Projekt, das bestimmt auch Ungewisses birgt. Ein nahtloser Übergang wird dir kaum helfen, dich von der Angst zu befreien und neue Kraft zu tanken, um erst einmal gesund zu werden. Vielleicht bist du der Vogel, welcher am freien Himmel einen klaren Überblick von oben kriegen sollte und einen einfachen Ast benötigt, um sich erstmal zu erden. Ein Baum, der reduziert mit wenig Ansprüchen in größter Dankbarkeit lebt, so vermute ich, könnte auch dir guttun. Das einzig nötige ist Zeit und weniger könnte auch für dich mehr werden.«

Sie bricht erneut in Tränen aus. Nach einer Weile meint sie schluchzend:

»Mit deiner Ehrlichkeit hast du soeben die Scheinwelt meines Verstandes zerbrochen. Vielen Dank für den Spiegel. Ich erinnere mich, dass die Aura-Seherin Anfang Jahres sagte, dass in diesem Jahr große Veränderungen anstehen und wir einander brauchen werden. Weißt du was? Die neuen Verhandlungen mit den Machos breche ich ab. Wo bist du in einem Monat?«

»Keine Ahnung, aber vielen Dank, dass du mich an die Zukunft denken lässt. Ich gehe davon aus, dass du dir im Klaren darüber bist, auf was du dich einlässt, wenn du in meine Welt eintauchen möchtest. Wenn ich dein Führer werden soll, wird sie bestimmt unbequemer als deine.«

Unfassbar, sie hat tatsächlich die Courage, sich auf dem Feuertiger zwischen das Gepäck zu klemmen. Auch wenn Feuertiger bereits voll beladen ist und eigentlich überhaupt keinen Platz für eine zweite Person hat, weiß ich, dass es der richtige Entschluss sein muss, weil sie aus dem Moment heraus ohne nachzudenken entschieden hat.

Zwei Wochen später sende ich ihr den Reiseplan.

Das Schicksal will es leider so, dass wir uns in Honduras treffen werden. Somit wirst du dich gleich zu Beginn der Reise, mit deinen generellen Ängsten auseinandersetzen müssen.

Einer solch langen gemeinsamen Reise sollte man durchaus

mit Respekt und Achtsamkeit begegnen, denn nur mit diesen Eigenschaften kann man sich sicher fühlen. Angst aber wäre ein ungemütlicher Begleiter. Denn eines ist sicher: Auf der Straße werden unangenehme Situationen entstehen, wo Angst fehl am Platz und kontraproduktiv wäre. Unser Ziel ist es, in vier Wochen via Guatemala und Belize nach Mexiko zu reisen und dort die letzten Tage an der bekannten Playa del Carmen gemeinsam zu genießen. Von Cancún, so denke ich mal, wirst du dann vielleicht wieder nach Hause fliegen.

Zum Gepäck: Ein Vogel besitzt keinen Ballast. So wünsch ich dir, dass du all deine Sorgen zu Hause lässt und auf unbeschwerte Art mit mir über die Straßen fliegen kannst. Dein Gepäck sollte, da schlicht der Platz fehlt, auf das nötigste beschränkt maximal acht Kilogramm wiegen. Dein Rollkoffer muss definitiv zuhause bleiben.«

Am Flughafen von Tegucigalpa, der Hauptstadt von Honduras, herrscht eine Affenhitze. Da der Rucksack zu klein ist, hat sie den gesamten Weg die Motorradbekleidung getragen. Schon von weitem sehe ich sie durch die Zollabfertigung kommen. Sie sieht in Vollmontur köstlich aus und lacht über beide Mundwinkel. Es ist schön, sie so zu sehen.

Im stockenden Verkehr zurück ins Hotel fahrend, rufe ich: »Super wie du in die Kurven liegst, ich bemerke dich beim Lenken kaum!«

»Ich habe keine Ahnung von Zweirädern, bin auch noch nie Fahrrad gefahren und vertraue nur dir!«

»Was? Das wusste ich nicht!« Sofort wird mir klar, dass sie ihre Angstzustände tatsächlich zuhause gelassen hat. Wie schön, dass sich meine größte Sorge nicht bewahrheitet. Denn wenn der Verkehr chaotisch ist, kann ich leider nicht anders, sondern schalte automatisch in Rennmodus, und da wäre Angst falsch am Platz.

Während ich im Hotel die Gepäckhalterung so weit wie möglich nach hinten versetze, um eine größere Sitzfläche zu schaffen, und mit Draht und Schraubenschlüssel ihre Fußrasten kreiere, erledigt sie letzte Arbeiten im Internet. Als ich ihre Sachen verstaue, halte ich mit einem Sack in der Hand inne. Er ist mit den vielen Medikamenten vollgestopft, ohne die sie im Alltag nicht funktionieren würde. Es tut mir so weh zu sehen, was sie seit Jahren täglich an chemischen Mitteln zu sich nimmt, und ich wünsche mir ganz fest, dass wir diese bis zum Ende der Reise reduzieren dürfen. Beim ersten Probesitzen wird aber erstmal zünftig gelacht. Denn zwischen dem überfüllten Gepäck eingeklemmt kann sie unmöglich vom Motorrad fallen!

Wir verlassen die Stadt Richtung Westen auf einem schönen Weg durch die Natur. Oft halten wir an und bestaunen den Ausblick auf die grünen Hügellandschaften. Der erste Reisetag verläuft bisher sehr gemütlich. Später beginne ich, Ausschau für einen geeigneten Schlafplatz zu halten und wähle verschiedene Abzweigungen. Meistens enden sie jedoch bei Siedlungen. Als wären wir auf der Flucht, wende ich rasch und fahre weiter, um möglichst kein Aufsehen zu erregen. Bevorzugt sind Rückzugsorte, wo niemand weiß, dass wir hier sind. Oft ist es schwierig, unbemerkt zu bleiben, da bellende Hunde uns verfolgen. Versteckte Plätze zu finden ist fremd für Julieta. Trotz meines leicht abnormalen Fahrstils vertraut sie mir und lässt mich mein gewohntes Ding tun.

Bei einer Brücke entdecke ich einen alten, zugewachsenen Trampelpfad dem Bach entlang und fahre ohne sie zu fragen oder überhaupt etwas zu überlegen mit ihr auf dem Sattel über die Wiese den steilen Hang hinunter. Sie klammert sich wortlos an mir fest. »Zieh den Kopf ein!« rufe ich und dränge mich mit Schwung durch die Äste und folge dem Weg für zirka zweihundert Meter, bis wir plötzlich auf einer kleinen Waldlichtung direkt am Bach stehen. »Das ist er! Wir haben den Ort für eine sichere Nacht gefunden! Vielen Dank für das tolle Geschenk.« rufe ich dem Himmel entgegen.

Das Zelt aufgestellt, überlasse ich ihr die Einrichtung und kümmere mich um die Küche. Mein alter Benzinkocher mit Lötstellen und verrostetem Metall am Brenner bereits mehrmals neu abgedichtet, ist eines meiner hochgeschätzten Utensilien für mein tägliches Essen. Ebenso mein heißgeliebtes Messer, welches kürzlich bei einem Kunstschmied neu geschliffen wurde. Julieta will beim Kochen helfen. Ich traue meinen Augen nicht. Sie schneidet das Gemüse direkt auf einem Stein!

»So kannst du nicht mit meinem geliebten Messer umgehen! Nimm den Plastikteller darunter!«

Meine Tonlage lässt sie zusammenzucken und sie meint: »So kenne ich dich ja gar nicht.«

»Dann müssen wir uns jetzt in meiner Welt nochmals neu kennenlernen. Für mich ist logisch, dass man mit einem Messer nicht auf Stein schneidet.« Sie verstummt und schneidet auf dem Teller weiter. Alles hergerichtet, fragt sie nach weiteren Tellern zum Essen. »Das ist unnötig. ich besitze keine weiteren und außerdem essen wir direkt aus der Pfanne, so wie ich es meistens tue.«

Als wir uns ins zehnjährige Zelt verkriechen, kriegt sie den Reißverschluss nicht zu und beginnt energisch daran zu zerren. Erneut greife ich dazwischen. Ich will nicht, dass sie ihn kaputt macht. Vorsichtig löse ich ihn vom Zeltstoff und ziehe ihn zu. »Entschuldigung, aber das geht alles mit Gefühl. Ich trage Sorge zu all meinen Gegenständen, um sie solange wie möglich zu nutzen.« In angespannter Stimmung wünschen wir einander gute Nacht.

Als ich am nächsten Morgen aufwache, scheint zunächst alles normal. Dann bemerke ich die Kleider einer anderen Person. Wo ist Julieta?

Schnell krieche ich aus dem Zelt, kann sie aber draußen nirgends sehen und bin verunsichert. Was ist geschehen? Nach über einer Stunde ungeduldigen Wartens kehrt sie in getrübter Stimmung zurück. Sie hat trotz der Schlaftabletten kein Auge zugebracht. Als es endlich hell wurde, hielt sie es im engen Zelt nicht mehr aus und ging spazieren. Ich bin erleichtert, dass sie wieder zurück ist.

Beim Kaffee erwähnt sie unsere Aufgabe, voneinander zu lernen, was eine mehrstündige, emotionale und ehrliche Diskussion entstehen lässt. Ihrer Meinung nach bin ich zu autoritär und in einer hierarchischen statt gegenseitigen Führungsart mit ihr umgegangen, was sie zutiefst verletzt hat. So auf mich alleine fixiert, ohne dabei andere Ansprüche wie einen eigenen Essteller zu tolerieren, sei mein Verhalten absolut rücksichtslos, egoistisch und in keiner Hinsicht gegenseitig.

Ich dachte, bloß direkt meine Meinung geäußert zu haben. Dabei habe ich gar nicht gemerkt, dass ich sie verletze. Kommt das vielleicht daher, dass ich seit zwei Jahren in meiner Welt isoliert und festgefahren zum Einzelgänger geworden bin?

Bereits zu Beginn der Reise stehen wir beide also vor einer großen Herausforderung und tatsächlich ist es so, dass wir uns heute in einer neuen Umgebung neu kennenlernen. Es fließen Tränen und ich nehme sie immer wieder tröstend in den Arm. Mein idiotisches Verhalten von gestern tut mir leid. Denn eigentlich weiß ich, dass sie mental bereits stark angeschlagen und sehr zerbrechlich ist.

Unsere Gegensätze führen mich zu neuem Bewusstsein. Respektvolles Mitgefühl zu zeigen wird aktueller denn je. Auch Toleranz und Akzeptanz anderer Ansprüche und Einstellungen werden durch das Gespräch zur Grundlage für ein friedliches Zusammenleben auf engstem Raum. Dies gilt nicht nur für unser kleines Zelt. Nein, an diesem Tag der Besinnung wird mir im Laufe des Gespräches bewusst, dass es für die ganze

Welt gilt. Denn auf dem begrenzten Planeten, wo es auch zunehmend enger wird, sind Toleranz und Akzeptanz von Andersdenkenden genauso notwendig, um im Frieden miteinander zu leben.

Die Überzeugung, möglichst sparsam zu leben, am Boden zu schlafen und dabei auf jeglichen Komfort zu verzichten, ist mein persönlicher Entscheid, und ich habe nicht das Recht, dies auch von anderen zu verlangen. Wir sitzen auf einem Sattel und müssen jetzt einen gemeinsamen Weg mit Kompromissen finden. Wir einigen uns, das Bach-Badezimmer und das Zelt durch Dusche und Bett zu ersetzen. Sich an meine ganze Welt auf einmal zu gewöhnen ist zu viel verlangt.

Am folgenden Tag halten wir im nächsten Dorf. Ihr Bedürfnis, einen eigenen Teller zu besitzen kann ich nun nachvollziehen und warte bei Feuertiger auf ihre Rückkehr vom Einkauf.

Mit einem Zwanziger-Pack Einwegteller, einem dicken Pack Servietten und einer Flasche Abwaschmittel verlässt sie den Laden. Meine erste Reaktion kann ich gerade noch herunterschlucken. Stattdessen frage ich sie ganz ruhig, wo sie die Sachen in unserem Haushalt verstauen möchte. Darüber hat sie sich im Laden keine Gedanken gemacht. Ich binde den Plastikbeutel außen auf die vollen Gepäcksäcke.

Trotzdem habe ich das Gefühl, ihr meine Meinung dazu sagen zu dürfen, weil sie ja wissen möchte, auf welche Art ich lebe. Ich will nur ehrlich sein und erkläre ganz gelassen: »Weißt du, ohne etwas zu kaufen nutze ich Sand oder Erde mit Wasser, um mein Geschirr zu reinigen. Das liegt auf dem Boden überall gratis. Zudem nimmt es mir keinen Platz im Gepäck und verursacht auch keinen Abfall. Ich weiß, es ist üblich, für alles schnell etwas zu kaufen, weil es praktisch ist. Für mich führt dieses unreflektierte Konsumverhalten zu einem Teufelskreis.

Ich denke, für ein glückliches und gesundes Leben ist viel weniger notwendig. Wenn ich weniger kaufe, lebe ich zwar unbequemer, spare jedoch Geld und folglich Zeit, weil ich weniger für meinen Lebensunterhalt arbeiten muss. Mit weniger Material besitze ich also mehr kostbare Zeit für das, was mir wirklich wichtig ist. Auch wenn einiges mühsamer ist, habe ich das Gefühl, gesünder geworden zu sein.«

Die Fahrt geht friedlich weiter. Im Verlauf des Tages gibt jedoch unser dritter Partner seine Überbelastung zu erkennen, indem auf einmal Ritzel und Kette zu rasseln beginnen. Die Verantwortung liegt bei mir, dass wir es gemeinsam nach Mexiko schaffen, und ich entscheide, dass wir so rasch wie möglich eine Schweißanlage finden müssen. Das Tagesziel ist über den Haufen geworfen. Julieta ist unwohl, und sie möchte zur Sicherheit in die nächstgelegene Stadt fahren. Da finde man doch so etwas viel einfacher. Die Hilfeschreie des überladenen Feuertigers sind jedoch ungewohnt schnell und laut aufgetaucht. Wir würden die Strecke nicht mehr schaffen. Zudem befänden wir uns in Guatemala-Stadt wieder in einem undurchschaubaren Heuhaufen.

Ich rede beruhigend mit ihr: »Wir lösen das Problem hier und jetzt. Schenke dein Vertrauen der Kraft der Gegenwart. Genau solch überraschende Momente sind die ungewissen Veränderungen, von der ich dir schon oft erzählt habe. Es macht keinen Sinn, sich davor zu fürchten und panisch gegen den Strom zu schwimmen, denn wir sind bereits mitten drin. Keine Sorge, es wird alles gut gehen.«

Bis zum Abend löst sich das Problem tatsächlich. Wir finden eine kleine Werkstatt, können das Ritzel neu aufschweißen und dürfen sogar gleich dahinter übernachten. Dass die Situation Julieta erneut eine unbequeme Nacht beschert, tut mir wirklich leid. Dennoch hat auch das überraschende Ereignis von heute einen bestimmten Grund. Denn plötzlich meint sie, dass wir die Situation nicht ändern und akzeptieren müssen und zudem dankbar sein sollten, dass alles gut gegangen ist. Genau das ist es! Das Erlebnis scheint ihr einen ersten Schritt zu Dankbarkeit beschert zu haben! Ihre positive Einstellung freut mich enorm. Als Entschädigung für die Strapazen entscheiden wir, morgen direkt nach Antigua in Guatemala zu fahren, damit sie sich in der sehr schön hergerichteten Altstadt erstmal wieder wohl fühlt und sich erholen kann.

Am nächsten Abend ist sie erleichtert, die Stadt erreicht zu haben, da sie erschöpft und müde ist. Trotzdem setzen wir uns zum Nachtessen bequem in ein Restaurant auf der schönen Plaza und lassen es uns gut gehen. Auch wenn sie kaum Hunger hat, bestellt sie wie üblich aus Anstand ein ganzes Menü, lässt jedoch mehr als die Hälfte stehen und schaut mir beeindruckt zu, wie ich zuerst meinen und dann auch ihren Teller genüsslich leer esse.

»Du isst so langsam und benötigst so viel Zeit, das dauert ja den ganzen Abend. So etwas habe ich noch nie gesehen.«

»Ja, ich weiß. Früher war das bei mir auch anders. Auf dem Weg zur Arbeit habe ich das Frühstück verschlungen und während des Mittagessens E-Mails beantwortet. Heute dauert bei mir der ganze Verdauungsprozess viel länger, weil er bereits beim Kochen beginnt. Indem ich das Gemüse genüsslich schneide und mir die bunten Farben dabei ansehe, wird der Magen bereits aktiviert. Für mich ist heute das Essen keine Nebensache mehr. Ich denke, für meine Gesundheit ist es die Hauptsache. Jetzt handle ich schön nach Anweisung: dreißig Mal kauen, damit genug Speichel beigemischt wird.«

Diese Nacht schläft sie das erste Mal so tief, dass ich dafür kein Auge zu kriege. Sie schnarcht so laut. Egal, es wird ihr guttun und ich freue mich für sie.

Nach drei gemütlichen Tagen in der Altstadt verlassen wir den Ort und ziehen zuversichtlich weiter. Aber der Straßenzustand verschlechtert sich, je weiter wir in Richtung Berge fahren. Es herrscht praktisch kein Verkehr. Der Asphalt endet. Die schmale Schotterstraße ist in einem erbärmlichen Zustand. Die Erosion hat tiefe Gräben in steilere Passagen geschwemmt. Ich kann mir nur schwer vorstellen, wie Fahrzeuge überhaupt über die tiefen Löcher gelangen. Öfters muss Julieta zu Fuß gehen, während ich Feuertiger über die heiklen Passagen führe.

In einem der kleinen Dörfer, die wir durchqueren, haben Straßenarbeiter den Weg mit einem Seil gesperrt. Sie nennen sich *Voluntarios* (Freiwillige) und behaupten, sie seien für den Unterhalt der Straße zuständig. Fünf Männer mit Schaufeln und Pickeln umzingeln uns. Sie verlangen Geld für ihre Arbeit, danach würden sie uns weiterfahren lassen. Sie behaupten, der Staat habe sich noch nie um den Straßenzustand gekümmert, die Arbeit bleibe an ihnen hängen. Der Wegzoll beträgt zwanzig Quetzal. Mir fällt sofort auf, dass nur vor und hinter dem Seil einige Löcher aufgefüllt sind. Für mich ein klassisches Zeichen eines korrupten Spieles.

Ich suche Münzen in meiner Tasche und gebe ihm drei Quezal. Er verlangt mehr, alle treten einen Schritt näher an uns heran. Freundlich erkläre ich, dass meine Spende doch besser als gar keine sei. Außerdem tue es mir leid, aber ich sähe ihre sogenannte Arbeit nur gerade um das Seil herum, bis hierher seien wir auf der reinsten Geländepiste gefahren. Von der leicht arroganten Rechtfertigung sind sie derart überrascht, dass sie die Münzen annehmen, das Seil fallen und uns passieren lassen.

Später erzählt mir Julieta, sie sei wie versteinert hinter mir gesessen und habe gedacht, wir seien den Arbeitern ausgeliefert. Dass ich mich getraut habe, ihnen direkt ins Gesicht zu sagen, was ich von ihnen halte, war unglaublich für sie. Wenn ich auf dem gesamten Weg bereits etliche solche Situationen erlebt habe, versteht sie auch, warum ich mich in gewissen Momenten so radikal und direkt ausdrücke.

»Du hast recht. Korruption ist leider ein Thema, das mich als Gringo in Lateinamerika oft den letzten Nerv kostet. Ich stelle mir vor, dass es in eurer Kultur seit langer Zeit alltäglich ist. Für mich jedoch ist es fremd und sehr anstrengend, wenn Leute auf diese Weise von anderen profitieren wollen. In einer solchen Situation fehlt mir die Zeit nachzudenken. Die Reaktion kommt automatisch, sie ist schneller als meine Gedanken. Auch wenn die Wörter, die einfach über meine Zunge rollen, extrem provokativ sind, vertraue ich ihnen, weil sie direkt aus meinem Inneren kommen.«

Tägliche Überraschungen wie diese lassen Julieta zunehmend so müde werden, dass sie am Abend problemlos in tiefen Schlaf fällt, um die ständig neuen Eindrücke über Nacht zu verdauen. Meine Freude ist groß, wenn ich sie zufrieden schlafen sehe. Offensichtlich fühlt sie sich inzwischen wohl, im Gegensatz zu den ersten Nächten. Das Dreierteam harmonisiert je länger je besser.

Mit dem Abstand vom gewohnten Alltag erlebt sie jetzt laufend Neues, wodurch die alten Sorgen automatisch in den Hintergrund rücken. Ohne Pendenzen und mit dem ausgeschalteten Handy im Gepäck verschwindet ihre nervöse und hyperaktive Art plötzlich. Sie raucht weniger Zigaretten und ist sorgenfreier, entspannter. Auf Feuertiger weht ihr ein neuer Wind um die Ohren.

Der Abstand schenkt ihr Raum und Zeit, sich während der langen Fahrten Gedanken über ihr bisheriges Leben zu machen. Als ausgebrannte Buchhalterin wechselte sie ohne Auszeit ins Ferienwohnungs-Geschäft, dann genauso rastlos zusätzlich in den Immobilienmarkt und jetzt will sie aus Panik bei einer Vegi-Restaurant-Kette einsteigen. Immer in der Hoffnung auf ein besseres Leben, bis sie daran zugrunde geht. Jetzt merkt sie das erste Mal in ihrem Karriereleben, dass ihr die Abwechslung guttut. Öfter als zuvor unterhalten wir uns über grundsätzlichere Lebensthemen und sprechen darüber, was eigentlich ihre wichtigsten Lebensziele sind.

Warum bist du hier? Was ist der Zweck deiner Existenz? Was schenkt dir ein erfülltes Leben?

Zu diesen Fragen habe ich vor kurzem ein Buch von einem deutschen Reisenden geschenkt bekommen, das mich in den Bann gezogen hat. Einfach verständliche Fragen, auf die es aber keine einfachen Antworten gibt. Zuerst muss man sich Zeit nehmen, über das eigene Leben nachzudenken. Als gegenseitige spirituelle Führer, wie Julieta immer sagt, ergänzen wir uns daher im richtigen Zeitpunkt tatsächlich gut, um Neues auf der Lebensreise zu entdecken.

Unser Dauerthema auf dieser Reise ist die Gesundheit. Meine Erfahrung zeigt, dass ich an Gewohnheiten erkrankt war. Seit Beginn der Reise bin ich der Überzeugung, dass Veränderung die beste Heilwirkung zeigt. Bei ihr wurden die Schlafmittel vor fünfzehn Jahren nach einer sehr schwierigen Phase zur Gewohnheit. Aus Angst vor Schlaflosigkeit hat sie sich für die einfachste Lösung entschieden.

Bereits zu Beginn dieser Reise haben wir entschieden, den Versuch zu wagen, als ersten Schritt die Schlafmittel für den ganzen Monat abzusetzen, um zu sehen, was passiert. Inzwischen kann sie sogar auf dem Motorrad einschlafen. Während der Fahrt kommt es in letzter Zeit öfter vor, dass ich ihren regungslosen Helm an meinen Rücken gelehnt spüre, und ich weiß inzwischen, dass sie trotz umwerfender Landschaften, starker Vibrationen und Lärm eingeschlafen sein muss. Zum Glück ist sie so eingeklemmt, dass sie kaum runterfallen wird. Es gibt mir eine gewisse Bestätigung und ein sehr gutes Gefühl, dass sie sich durch die Geborgenheit, die unter uns drei entstanden ist, vertrauensvoll entspannen kann. Am liebsten würde ich mit dem monotonen Motorengeräusch möglichst ohne Unterbruch solange weiterfahren, bis sie von selbst wieder aus ihren Träumen erwacht. Nur merkwürdig, dass sie ohne Schlafmittel jetzt sogar tagsüber müde ist.

Eines Morgens ist die Zeit reif für eine weitere Veränderung. Plötzlich will sie abwechslungsreicher und mehr essen. Ihr war immer bewusst, dass ihre durch den hektischen Alltag einseitig gewordene Ernährungsgewohnheit nicht gesund ist. Morgens kaum aufgestanden, mit einem Joghurt und einem kleinen Fruchtsaft bereits an der Arbeit, ignoriert sie den ganzen Tag ihren Magen und merkt erst spätabends, dass sie vielleicht doch noch eine Kleinigkeit essen sollte. Für eine Veränderung hat bisher der Wille gefehlt.

Die zu Beginn komischen Verdauungsgeräusche nehmen wir mit Humor, denn Lachen ist bekanntlich auch Medizin, was einen Veränderungsprozess nur unterstützt. Interessanterweise verdaut sie mit dem gesunden Schlaf die täglichen Erlebnisse bereits so gut, dass auch ihr Magen plötzlich wieder in Stimmung kommt. Wie sehr sind Hirn und Magen doch miteinander verknüpft. Es gelingt ihr, den Magen zu aktivieren, denn sie verspürt neuerdings sogar großen Appetit auf gewisse Lebensmittel.

Einmal fährt Julieta voll auf die säuerliche Mangosorte ab und kauft am Markt gleich fünf Stück. »Warum gleich fünf?« frage ich. »Weil sie so gut sind«, antwortet sie. Die restlichen vier verstaue ich in der warmen Kiste. Tage später führen wir noch immer zwei Stück mit uns. Ich nehme sie raus, sehe das sie zu schimmeln beginnen und esse gleich beide. Mit großen Augen meint sie, dass ich die nicht mehr essen, sondern wegwerfen soll.

»Wegwerfen? Als ob! Für mich gibt es kein hartes Brot. Nur kein Brot wäre hart für mich.«

Bis wir Playa del Carmen erreichen, funktioniert ihre Verdauung wieder so normal, dass sie entscheidet, auf die Medikamente für Magen und Verdauung zukünftig zu verzichten und dafür lieber die neuen Essgewohnheiten weiterzupflegen. Ihre Freude ist groß, als ich beim Nachtessen zum ersten Mal keine Resten von ihrem Teller bekomme. Zurück im Zimmer werfen wir die beiden Medikamente zeremoniell in den Eimer und feiern den gemeinsamen Erfolg.

Inzwischen sind wir ein eingespieltes Team, haben es lustig und genießen eine wirklich entspannte Zeit miteinander. Als sie in mein Leben trat, sah ich sie als komplizierte Frau, mit der ich mir niemals eine feste Beziehung vorstellen könnte. In den letzten vier Wochen hat sich jedoch herausgestellt, dass sie im Grunde genommen sehr unkompliziert und gelassen wie ein verspieltes Kind ist, und das gefällt mir an ihr. Wir haben uns besser kennengelernt und uns aneinander gewöhnt. Die verflixte Gewohnheit macht mir aber schon wieder Sorgen. Denn die mögliche Entstehung einer Liebesbeziehung aus Gewohnheit ist für mich ein Widerspruch und so frage ich sie, wie sie empfindet.

»Wie du weißt, bin ich nicht an einer festen Beziehung interessiert, da ich zuerst mit mir selbst klarkommen muss. Mir ist bewusst, dass ich mein eigenes Boot lenken muss. Mein Boot kann nicht deines sein. Im Hafen kommen wir zwischendurch zusammen und tauschen uns aus, bevor jedes wieder auf seine eigene Entdeckungsreise aufbricht. Die Aura-Seherin sagte ja bereits zu Beginn, dass es in meinem Leben eine Zeit vor und nach Thomas gibt. In der Gegenwart bist du speziell und darum müssten wir den Moment intensiv miteinander leben. Ich weiß, dass du keine feste Beziehung suchst, und mein Herz nicht zusätzlich verletzen willst. Sie sagte aber auch, dass jede Wunde vernarbt und eine stärkere Haut erzeugt als zuvor. Du weißt ja, wie dünn sie zum Jahresbeginn noch war, und ich bin dir dankbar, dass sie wieder stärker wird.«

Unsere erneute Verabschiedung gestalten wir so kurz und schmerzlos wie immer. Sie das letzte Mal im Arm haltend, flüstere ich ihr ins Ohr: »Der erste Schritt einer Veränderung ist geschafft, ab jetzt rollt sie mit Eigendynamik weiter. Ich bin stolz auf dich. Mach weiter so und vertraue deinem Weg. Das kommt gut.«

Eine große Veränderung alter Gewohnheiten findet auch bei mir plötzlich statt, auch bei mir ist es ein bewusster Entscheid. Mein Weg führt mich zwar weiter, die Richtung ändert sich seit Zentralamerika jedoch neuerdings in die Bücherwelt. Die Vertiefung der inneren Reise ist der neue Fokus. Ich lese Bücher, eines nach dem anderen. Kaum ist die letzte Seite umgeblättert, fliegt mir das nächste einfach zu. Menschen, die mir begegnen werden mit Empfehlungen meine Reiseführer in diese für mich neue Welt. Einfach fantastisch, vielleicht auch Magic, wie mein Interesse mich zu Menschen führt, die exakt dasselbe wie mich beschäftigt, und die mir den weiteren Weg zeigen. Lesen war bisher nur langweilig.

Egal, mit welch ungesunden Gewohnheiten wir im Leben stecken. Was zählt, ist der Wille für den ersten Schritt in eine neue Erfahrung. Veränderung ist gesund und öffnet neue Horizonte.

Mauern trennen Welten

Nach fast drei Monaten in Mexiko funktioniert mein Plan, keinen Plan zu haben, bereits so gut, dass er noch lange andauern könnte. Ohne in Zukunftsgedanken verstrickt zu sein, schenken die Tage eine große Zufriedenheit – bis mir eines Tages bewusst wird, dass mich trotz Abwesenheit eines konkreten Ziels etwas konstant in Richtung Norden bewegt. Ich bin verwirrt. Das sogenannte Land der unbegrenzten Möglichkeiten rückt näher und versetzt mich zurück in den Denkmodus.

Was will ich eigentlich in den USA? Ich kenne Land und Volk doch zur Genüge. Wieso kann es nicht einfach so weitergehen wie bisher? Der einzige Grund, das wunderschöne Mexiko zu verlassen, ist, dass mein Visum bald abläuft. Die Grenze rückt täglich näher. Warum türmen sich in mir bloß Vorurteile und unnötige Gedanken aufeinander? Steht die angespannte Stimmung im Zusammenhang mit einem Festklammern an Beständigkeit?

Ob Magic oder nicht: Als hätte Julieta meine Gedankenstrom-Verkrampfung gespürt, ruft sie an, will wissen, wie es geht und wo ich mich befinde. Sie erzählt, sie habe ihre Projekte abgeschlossen und stehe nun vor einer großen Veränderung. Zuhause in den eigenen vier Wänden sei es schwer, einen freien Geist zu bekommen. Da sie sich ständig über Zukünftiges und vor allem über alte Sorgen den Kopf zerbricht, findet sie, es wäre das Beste, dem inzwischen völlig planlosen freien Vogel einmal mehr zu folgen. Sie will sich meiner Übung, keinen Plan zu haben, anschliessen, um so freien Raum für Neues zu schaffen. Ein Grund, in die USA zu reisen, offenbart sich somit schneller als erwartet. Ich werde meinen *Baum* durch eine surreale Welt, die für ihn nur in Hollywoodfilmen existiert, führen.

Absolut verrückt ist auch, dass ein neu entstandener Plan wie aus heiterem Himmel einen weiteren anzieht. Kaum das Handy auf die Seite gelegt, vibriert es schon wieder. Seit Monaten hatte ich keinen Kontakt mit Roger und genau jetzt flattert eine E-Mail von ihm herein. Da er davon ausgeht, dass ich mich langsam der USA nähern müsste, schlägt er ein gemeinsames Offroad-Abenteuer vor. Sein Scheidungsprozess ist inzwischen Geschichte, nicht aber sein Traum von der Freiheit auf zwei Rädern, auch wenn er sich erstmal mit zwei Wochen Ferien begnügen muss. Er schlägt ein Treffen in New Mexico vor.

Einerseits freue ich mich über die unerwarteten Wegweiser, andererseits verwirren sie mich noch mehr. Werde ich ab- oder tatsächlich auf den richtigen Weg gelenkt? Ich weiß es nicht. Verstand und Gefühl ringen miteinander. Klar freue ich mich, meine Freunde zu sehen. Aber dadurch muss ich meine Tage wieder planen und werde aus meiner zufriedenen Routine herausgerissen. Es muss wohl so sein, und so genieße ich die letzten Tage in Baja California.

Tage später stehe ich am Zoll von Tecate in der Warteschlange. Daneben die Grenzmauer und dahinter die USA. Ein Gefühl von Veränderung kommt hoch, wenn ich daran denke, Lateinamerika nach eineinhalb Jahren zu verlassen und in Kürze in einer anderen Welt wieder Englisch zu sprechen. Es gibt keine Märkte mehr, wo ich mein Essen zusammensuchen kann. Meine Angewohnheiten der letzten eineinhalb Jahren sind jetzt hinfällig. Gedanken schießen kreuz und quer durch meinen Kopf. Ich bin nervös.

Zum ersten Mal überhaupt stehe ich vor einer Grenzmauer. Auch wenn sie hier nur aus verrostetem und mit Slogans bespraytem Wellblech besteht – sie grenzt mehr als zwei Länder voneinander ab. Denn hinter ihr befindet sich eine andere Welt. Ist es nicht in meinem Leben genauso?

Sinnbildlich türmt sich eine innere Mauer mit Vorurteilen auf und verhindert neue Einblicke. Andere Möglichkeiten bleiben unzugänglich und fremd. Bräche man die ganze Mauer nieder, würde mir das wohl unvorstellbare neue Horizonte eröffnen.

Hinter mir hupt es, ich muss nachrücken und werde kurz aus meinen Überlegungen gerissen. Kaum stehen die Räder wieder still, rasen die Gedanken weiter. Wie weit in den Norden wird es mich treiben? Werde ich am nördlichsten Ende Amerikas plötzlich nicht mehr weiterkommen? Was dann?

Eine Situation aus Japan zappt vorbei. Beim Abschied von meinen Schweizer Freunden lachten wir darüber, dass wir in Alaska gemeinsam mit dem Kajak den Yukon River herunterpaddeln würden, falls ich zufällig dort lande. Auf dem gedanklichen Weg dahin leuchtet ein mögliches Zwischenziel auf. Die kanadischen Jungs, mit denen ich Weihnachten am Lagerfeuer in Chile verbrachte, erzählten doch vom Umbau eines alten Schulhauses, das sie kaufen konnten. Die könnten bestimmt zwei weitere Hände brauchen. Endlich werde ich aus der Gedankenspirale befreit. Ich stehe an der Barriere.

Vier Stunden später habe ich den Grenzübertritt dann endlich geschafft. Der Prozess war derart nervenraubend, dass ich am liebsten sofort wenden, wieder in den Süden fahren und weiterhin Spanisch sprechen würde. Nun gut, jetzt bin ich hier. Und was soll ich jetzt tun? Wo schlafe ich heute? Wie beschäftige ich mich die nächsten zwei Wochen bis zum Treffen mit Roger im kleinen Bergdorf Cloudcroft in New Mexiko? Ein Auge schweift über die gigantische Werbetafel eines amerikanischen Autoherstellers mit dem Slogan: *Discover the freedom of America!*

Ein erstes Freudenzeichen im neuen Land. Genau das ist es! Das Land der unbegrenzten Möglichkeiten! Ich muss lauthals Lachen. Logisch, was sonst suche ich hier? Ich fühle mich dank der Werbung sofort entspannter und im Handumdrehen wieder in meiner Welt. An der Tankstelle studiere ich die neue Straßenkarte. Ich lese die Namen der Ortschaften in der eintönigen, kargen Wüstenregion mit quadratisch angelegten Straßenverläufen.

Slab City? Vor meinem inneren Auge erscheint das spezielle Gesicht einer amerikanischen Frau, welcher ich irgendwo im Süden Mexikos in einem Hostal begegnet bin. Sie wirkte mit einer Tätowierung über dem ganzen Kopf, nur Punkte und Striche, wie ein Alien aus einem Film, aber ganz sympathisch. Sie hat mir von Slab City erzählt und gesagt, falls ich einmal ein anderes Amerika sehen wolle, müsse ich in dieses abgefahrene Wüstendorf in der Nähe der mexikanischen Grenze. Das sei eine andere Welt, wie bei Mad Max, und werde auch der letzte freie Ort genannt. Ich weiß, wohin ich heute noch fahren werde.

Bis ich den Ort finde wird es bereits dunkel. Zu meiner Rechten erscheint in der kargen Landschaft ein bunt bemalter Hügel mit der Aufschrift: *GOD IS LOVE!* Aber etwas scheint nicht ganz in Ordnung zu sein. Denn einige Meter weiter sehe ich abgebrannte, schwarze Stellplätze von ehemaligen Wohnwagen. Nackte Chassis stehen auf blanken Felgen im Sand. Im Schritttempo fahre ich durch ein Chaos von Müll und schaue mich verunsichert nach einem möglichen Platz zum Campieren um. Ein richtiges Dorf ist nirgends zu sehen. Auf einmal springen zwei Menschen wie Hyänen auf allen vieren über den Weg und verschwinden im Busch. War das soeben Einbildung oder Realität? Denn weit und breit sehe ich keine weiteren Menschen. Alles scheint ausgestorben. Als wäre ich in einem Land, das von Wohlstand und Konsum geprägt ist, in einer anderen, fremden Welt des Zerfalls gelandet.

Am Ende des Weges hängt ein Schild: *Slab City Hostel*. Tatsächlich ist jemand hier. Ein Typ öffnet die Stacheldrahttüre und lässt mich rein. Er heißt McFly und freut sich über meinen spontanen Besuch. Er lädt mich ein, bei ihm zu schlafen, essen und trinken so lange ich will. Da draußen könne ich nicht frei campieren, da würde mir alles geklaut.

Sein Hostel-Camp besteht aus drei alten Schulbussen, Wohnwagen und einem Zeltplatz. Ringsherum eine Brettermauer mit Stacheldraht obendrauf, wie im Krieg. Hier sei ich in Sicherheit, verkündet er. Im Freiluftbett liege ich noch immer völlig verblüfft unter dem gigantischen Sternenhimmel. Meine erste Nacht im angeblichen Land der Freiheit, weit draußen in der Wüste, aus Sicherheitsgründen hinter einem Stacheldrahtzaun. Kann es noch widersprüchlicher sein?

McFly und ich verstehen uns auf Anhieb so gut als wären wir alte Freunde. Der Grund dafür ist sicher, dass er nach dem Verkauf seines Geschäfts, das vierzig Mitarbeiter beschäftigte, mit dem Motorrad um die ganze Welt fuhr. Auf seinem sehr langen Weg wurde ihm auf einmal bewusst, wofür er im Leben da ist. Nämlich dafür, hier das Schoolbus-Camp als Hostel für Besucher von Slab City zu gründen und dafür, die Trinkwasserversorgung für die Bewohner des ganzen Caravan-Dorfs zu gewährleisten. Zurzeit ist er im Umbau. Ein weiterer ausrangierter Bus wird sein Wohnungs-Angebot erweitern. Er infiziert mich mit seinem Tatendrang. Unbedingt will ich ihn bei der Neugestaltung der Stellplätze unterstützen.

Während meines gesamten Aufenthalts in diesem Hammerprojekt vergeht kein Tag, ohne eine neue Story von McFly zu hören. Der Ort hat schon viele Geschichten geschrieben, unter anderem wurde ein Teil von *Into the Wild* hier gedreht. Slab City wurde 1968 als Ort der Freiheit, der Liebe, des Frieden und ohne Gesetze auf einer ehemaligen Militärbasis des 2. Weltkrieg gegründet. Der *Salvation Mountain*, wie der farbig bemalte Hügel am Dorfeingang heißt, gilt als Wahrzeichen dieser wilden Zeit. Touristen kommen, um Fotos zu schießen, schauen jedoch kaum hinter die Kulissen dieser unvorstellbar anderen Welt.

Das Verrückteste im Land der Gegensätze ist, dass wir uns am Rand eines riesigen Armee-Testgeländes befinden. Täglich sehe ich Helikopter und Armeekonvois vorbeifahren, ab und zu hört man sogar Explosionen.

Als angenehm warmer Schlupfwinkel für sogenannte *Winter Birds* bekannt, leben während der Wintermonate über viertausend Leute aus der ganzen USA in ihren Campern hier. Für Schauspieler aus Hollywood ist es ein Hype, für die unterschiedlichsten Leute wie Kriegsveteranen, Künstler, Musiker, Pensionierte und Freischaffende ist es noch heute ein Ort der freien Entfaltung.

Seit über vierzig Jahren schleppt der Mensch so einiges an Material hierher. Alles Mögliche bleibt liegen. In der Folge ist fast jeder hier auf seine Art ein Künstler. Zusammengesuchter Müll erwacht zu neuem Leben, und einzigartige Kunstobjekte erblühen. Der Kreativität sind keine Grenzen gesetzt. Fasziniert bin ich täglich auf neuer Entdeckungsrunde.

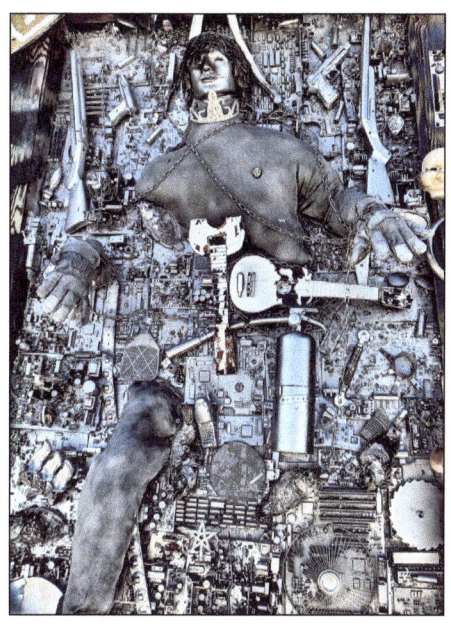

Eines Abends hören wir Musik in der Ferne und besuchen spontan den ältesten Musiker des Orts. Der weiß- und langhaarige Mann freut sich über Gesellschaft, denn seit die Saison vorüber ist, sitzt er oft alleine hier. Neben seinem Wohnwagen stehen die große Showbühne und eine Bar. Seit 25 Jahren wohnt er das ganze Jahr hier, ist während der Wintermonate leidenschaftlicher Konzertveranstalter und weiß entsprechend auch zutiefst beeindruckende Geschichten zu erzählen.

»Hierhergekommen sind alle freiwillig. Den Ort wieder zu verlassen, ist jedoch nicht für alle möglich. Einige stecken fest. Soziale Umstände, Verlust des Zuhauses, Armut und Drogen sind mögliche Gründe. Während der Saison sind sie mit Essresten der *Winter Birds* reichlich versorgt. In den brütend heißen Sommermonaten kämpfen sie jedoch täglich ums Überleben.

Zum Glück lässt die Armee nach ihren Übungen übriges Material einfach in der Wüste liegen. Einige sind tagelang zu Fuß durch die Wüste unterwegs und suchen solche Plätze, um altes Büchsenfutter, das bereits mehrmals von der Sonne gekocht wurde, zu finden. Eine Dusche ist ihnen fremd. Sie leben unter Sträuchern, besitzen nur die Kleider, die sie tragen, und suchen den ganzen Tag nach Drogen, Essen und Wasser.

Auch Kriegsveteranen leben hier. In der Stadt eine Wohnung zu mieten ist mit der staatlichen Minimalrente für sie oft unmöglich. Dabei haben sie für unser wohlhabendes Land gekämpft, ihr Leben riskiert, und als Dank kümmert sich nach der Ausmusterung niemand um sie.

Der einst bunte Ort der Lebensvielfalt hat sich die letzten Jahre in einen düsteren verwandelt. Denn der letzte freie Ort Amerikas hat von Anfang an bewusst keine Regeln eingeführt. Bis zum Zeitpunkt, als Crystal Meth aufgetaucht ist. Seither gibt es ein einziges Gesetz: Menschen, die anderen Schaden zufügen, haben kein Recht hier zu leben und werden der Polizei übergeben.

Wenn einer ausgeliefert wird, versammelt sich nachher die Dorfgemeinschaft und brennt das Camp des Durchgeknallten nieder, sodass er hier kein Zuhause mehr hat. Heute ist fast jeder vierte Platz abgebrannt. Im Unterschied zu anderen Drogen, kann diese einem das Hirn richtig schnell zur Sau machen. Die sogenannten *Meth Heads* verwandeln sich schnell in Zombies und wissen nicht mehr, was sie tun. Sie vergiften Hunde, klauen alles, um es dem Nachbarn für einige Dollars zu verkaufen, schießen auf vorbeifahrende Autos und ermorden auf brutalste Art unschuldige Menschen. Trotz der gravierenden Missstände ist es dennoch ein friedlicher Ort, an dem man Optimisten wie euch beiden weiterhin spontan begegnet. Was für ein wunderbarer Moment.«

Auf sogenannt Hängengebliebene treffe ich unter einer gespannten Plane im improvisiert hergerichteten Internetcafé neben einem Wohnwagen. An diesem Treffpunkt steckt jeder derart tief in seiner eigenen Welt, dass niemand zu bemerken scheint, dass ich das erste Mal hier bin.

Ein Alter will die News am Radio hören und rastet aus, weil er im Lärm nichts verstehen kann. Mit dem Wort *Fuck* artikuliert er seinen Ärger lauthals, worauf es auf der Stelle ruhig wird. Dann läuft er davon und will die News doch nicht mehr hören. Einer mit zwei übereinander gekreuzten Munitionsgürtel um die Schultern sieht aus wie Rambo und bastelt sich ein Skateboard. IT-Freaks mit Hornbrillen bauen aus Einzelteilen Computer zusammen. Einer ist so schmutzig, dass man seine Hautfarbe kaum sieht. Er trägt Frauenkleider und redet ununterbrochen mit sich selbst. Ein anderer rennt auf einmal schreiend in die brütend heiße Wüste hinaus und verschwindet von der Bildfläche.

Jetzt habe ich auch eine Erklärung für meine Erlebnisse bei der Ankunft. Auf allen vieren über die Straße zu rennen scheint auch ein Symptom des Drogenkonsums zu sein, und der Stacheldraht macht jetzt auch Sinn. Während meiner Arbeit bei McFly höre ich von außerhalb des Camps täglich Schreie, Streit, Ärger oder schlicht Verzweiflung. Das Ende der Auseinandersetzungen will ich lieber nicht kennen. Die aggressiven Wortgefechte bedrücken mein glückliches Gemüt schon genug. Die Entwicklung dieser anderen Art von Armut in einem wohlhabenden Land, das im unbewussten Konsumverhalten zu versinken scheint, ist beängstigend.

McFly jedoch lebt glücklich mitten im Chaos hinter der Mauer in seiner eigenen, freien Welt. Dankbar weiß ich die Zeit bei ihm sehr zu schätzen, vor allem, dass er mir sein vollstes Vertrauen schenkt. Wir pushen uns gegenseitig mit neuen Ideen, was deutlich zum Ausdruck bringt, dass wir am selben Strang ziehen und das Projekt, neu vier Busse im Betrieb zu haben, rasch voranbringen.

Er erklärt mir, dass er auf seinen Reisen gelernt hat, den Weg ohne Gedanken an das Ziel offen zu lassen und sagt mir, ich solle einfach das tun, was mir im Moment in die Hände falle. Denn oftmals ist er mit Trinkwasser-Lieferungen und anderen Hilfestellungen bei Leuten beschäftigt, sodass ich alleine arbeite und in Eigenverantwortung entscheide.

Ich nehme mir seine Worte zu Herzen und erfahre zum ersten Mal, dass es möglich ist, mit freien Händen eine Arbeit ohne vorherige Planung zielführend abzuschließen. Gedankenverloren streife ich durch sein Sammelsurium. Plötzlich sticht mir etwas ins Auge, die Hände ergreifen es, betrachtend kommt eine Idee, der Gegenstand wird an einem Ort positioniert oder montiert. Sogar oft ohne ihn zuzusägen oder anzupassen, passt er auf Anhieb perfekt! Das ist faszinierend.

Meinen Händen bei der Arbeit freien Lauf zu lassen bringt eine solche Freude, dass die Zeit vor lauter Begeisterung im Blindflug vorbeizieht. Als wäre der Plan bereits irgendwo gespeichert, erschaffen sie kreative Dinge, die jeweils zu Tagesbeginn unmöglich vorstellbar gewesen wären. Bei dieser bewusst gegenwärtigen Tätigkeit realisiere ich, dass meine Hände als ausführendes Werkzeug für innere Impulse dienen. Die Entstehung einzigartiger Werke zu sehen, schenkt ein unglaublich gutes Gefühl und überzeugt mich davon, dass die Kraft der Intuition Dinge erwachen lässt, die bei strikter Planung kaum so zum Ausdruck kämen.

Neue Strom- und Wasserleitungen installiert, davor dekorierte Sitzplätze mit Schatten erschaffen, fehlt es zum Schluss einzig an Vorhangstoff gegen die brütende Hitze im neuen Bus. Im Vorbeigehen bleiben mir Farbkübel im Auge hängen und ich finde aus Jux, dass wir diese verwerten könnten. Genauso schnell wie die Idee kam, holt McFly Pinsel hervor und schon streiche ich sämtliche Scheiben blau. Der Lichteffekt im Innenraum wirkt fantastisch. Wir beide sind begeistert und taufen das Zimmer *Open Sky*.

Am Abend am Feuer meint McFly: »Weißt du, ich glaube,

wenn alle Mitarbeiter eines Unternehmens sich ihrer Ziele im Leben bewusst wären, danach leben und arbeiten und wie wir am selben Strick ziehen würden, das gäbe die abgefahrenste Teamdynamik, was sich auch im Umsatz zeigen würde. Wenn alle mit Herzblut und nicht nur des Lohnes wegen zur Arbeit gingen – das wäre eine Unternehmensführung mit enormem Steigerungspotenzial. Die gesammelte Kraft aller Mitwirkenden als Ganzes ist unvergleichbar, nicht messbar und wird darum in der Geschäftswelt kaum diskutiert.

Es ist erstaunlich, dass in der heutigen Zeit der Globalisierung das fremd scheinende Potenzial noch nicht entdeckt wurde und damit gehandelt wird. Man optimiert lieber und schiebt Zahlen umher, um mit Kosteneinsparungen künstlich zu wachsen, anstatt mit den verborgenen Kräften jedes Einzelnen als ein Ganzes zu wachsen, um gesund und natürlich zu expandieren. Schau nur, was wir diese Woche erreicht haben. Hättest du nicht dieselbe Einstellung, wären Monate vergangen und die Qualität wäre kaum dieselbe.«

Der Freidenker McFly steckt gerade in den Vorbereitungen mit einem Filmteam, das in der Zwischensaison im Hostel eine Realityshow fürs Fernsehen produzieren will. Jetzt will er mich unbedingt als Allrounder in der Bewohnergruppe dabeihaben und sagt, ich solle in drei Monaten wieder zurückkehren!

Dass Mexiko und die USA zwei verschiedene Welten sind, war klar. Dass ich jedoch gleich zu Beginn in einer solch fremden Realität lande, die auch noch von Kameras festgehalten werden soll, hätte ich mir nur in einem Hollywoodfilm vorstellen können. Die Auswirkungen der Wohlstandsgesellschaft ändern meine Weltanschauung von neuem.

Slab City verlasse ich über die Sandpiste, den Bahngeleisen entlang. Siebzig Kilometer weiter auf fest geteertem Untergrund stecke ich sofort wieder in meiner eigenen Realityshow.

In zwei Tagen lege ich 1300 Kilometer zurück und gelange gegen Abend an die Bergkette in New Mexiko, wo ich mit Roger verabredet bin. Bis hierher war es angenehm warm. Hier fühle ich die Kälte mit jedem Höhenmeter mehr und oben in Cloudcroft stehe ich tatsächlich im Schnee. Das Zelt errichtet, schlafe ich in der ungewohnten Kälte kaum. Trotzdem baue ich die nächsten zwei Tage Feuertiger zur geländetauglichen Sportmaschine um und warte gespannt auf Roger. Hupend kündigt er sich durch den Wald an. Einfach der Hammer, ihn nach fast zehn Jahren wieder zu sehen. Es fühlt sich an, als existiere keine Zeit. Vom ersten Moment an ist es, als hätten wir uns gestern verabschiedet.

Als ich vor Jahren bei einer amerikanischen Firma arbeitete, war Roger mein Kollege und wir verbrachten nach Feierabend gemeinsam viel Zeit auf der Motocross-Piste. Jetzt will er seine zwei Wochen Urlaub voller Tatendrang auskosten. Der Plan ist, überwiegend abseits der Straßen durch fantastische Gebirge und Wüstenlandschaften bis Denver in Colorado zu gelangen. Wir registrieren die Fahrzeuge beim *Bureau of Land Management*, was bedeutet, dass wir uns auf öffentlichem Staatsland, anscheinend mit dem amerikanischen Jedermanns-Recht, frei bewegen und campieren dürfen. Als die Vignette aufgeklebt ist, lacht Roger und ruft:

»This is the land of freedom with our public land! Let's go and play!«

An einigen Orten sind riesige Motorsport-Mekkas weit in der Natur draußen entstanden. Wir finden zur Freude von Roger präparierte Motocross-Strecken mit großen Sprüngen. Er nutzt jede Gelegenheit, um sich mit einer Schanze in die Luft zu katapultieren. Ich hingegen vermisse das bewusst gesuchte Adrenalin kaum mehr und bin bereits zu Genüge verzaubert von der einzigartigen Landschaft. Bewaldete Bergregionen auf technisch anspruchsvollen Wegen oder skurrile Sandsteinformationen wie von einem anderen Planeten lassen meine Freude erblühen.

Zwischendurch verladen wir die Motorräder und ziehen in Rogers Pick Up zu weiteren Standorten. Ungewöhnlich bequem sitzend, genieße ich diese Fahrten am meisten. Es ist fantastisch, zur Abwechslung nur Passagier zu sein und die vorbeiziehenden Landschaften zu bestaunen.

An idyllischen Orten errichten wir das Camp für die Nacht. Regelmäßig geht das Holz fürs Lagerfeuer vor dem Gesprächsstoff aus. Von den verschiedenen Lebenswegen und unterschiedlichen Welten in denen wir heute beide leben, sind die Geschichten grenzenlos. Roger erzählt oft von seinem Arbeitsalltag.

»Bei Tests mit LKW-Prototypen liegt der Fokus bald stärker darauf, die Mitarbeiter kontrollieren zu müssen, als darauf, mich meiner eigentlichen Arbeit, der Planung und Umsetzung von neuen Projekten, zu widmen. Den Leuten, für die ich verantwortlich bin, ist alles gleichgültig, und sie haben keine Motivation. Um punkt vier Uhr lassen sie ihr Werkzeug wie ferngesteuert fallen und gehen einfach. Wieso ist das wohl so?«

»Vielleicht sind es Mauern.«

»Was meinst du?«

»Dass sie die Zusammenhänge der Projektabläufe abteilungsübergreifend nicht kennen. Sie sehen nicht dahinter, fühlen sich darum unwichtig und sind deshalb demotiviert. Vielleicht ist ihnen zu wenig bewusst, dass sie Teil eines Unternehmens sind. Alles, was fremd und unzugänglich bleibt, schränkt ein mögliches Mitdenken ein, meinst nicht auch? Ganzheitlich im Betrieb dabei zu sein, fördert doch das Verantwortungsbewusstsein mehr als auf eine Tätigkeit kanalisiert zu sein. Wie wäre es, wenn sie eine Zeit lang in einer anderen Abteilung arbeiteten und dadurch einen anderen Blickwinkel bekämen?

Wie soll einer die Zusammenhänge verstehen, wenn er jahrelang nur Reifen wechselt?«

Eines Abends erzähle ich Roger von McFlys anderer Art von Führungstheorie.

»Es mag für dich irre klingen, aber stell dir Folgendes vor: Jeder Mitarbeiter ist sich seiner Berufung bewusst. Jeder übt seine Funktion mit Eigeninteresse aus, weil es der persönlichen Passion entspricht. Stell dir vor, was das für die Gruppendynamik bedeuten könnte. Das Team wird ein Ganzes, dem man vertraut. Die Kontrolle wird überflüssig und das würde dir viel Zeit schenken für das, was du gerne tust. Planung und Umsetzung der Tests würde auch dir selbst wieder mehr Motivation und Freude schenken.«

»Von was redest du da überhaupt? Berufung? Wir alle müssen zur Arbeit, um unsere Familien zu ernähren.«

»Ja schon, müssen bedeutet jedoch Zwang und ein Zwang macht doch grundsätzlich schon keine Freude.«

»Ich verstehe nicht, was du damit meinst.«

»Was hat dir als Kind am meisten Freude bereitet?«

Er denkt kurz nach und sagt: »Fahrrad fahren bis es auseinanderfällt.«

»Eben, und jetzt kannst du andere Fahrzeuge malträtieren, bis du die Schwachstellen gefunden hast. Dein Traumjob, oder?«

Hellwach im Schlafsack stelle ich mitten in der Nacht fest, dass ich seit mehr als zwei Jahren nicht mehr mit der westlichen Arbeitswelt konfrontiert war. Roger erzählt Dinge aus seinem organisierten Arbeitsalltag, die ich von früher haargenau kenne, heute jedoch differenzierter betrachte. Spannender findet er meine Abenteuer-Geschichten und will immer mehr hören. Sobald ich jedoch von Magic rede, komme ich mir vor, als rede ich an eine undurchlässige Mauer, die unsere Welten trennt. Sie ist ihm fremd. Meine veränderten Ansichten sind ihm fremd. Ich bin nicht mehr derselbe wie damals, als wir gemeinsam ohne Ende feierten.

»Roger, schläfst du schon? Weißt du, was mir auffällt? Auf meinem Weg habe ich eine andere Sichtweise auf vieles bekommen. Zum Beispiel habe ich gelernt, dass die Freiheit nicht auf dem Weg ans Ende der Welt zu finden ist. Wenn ich daran denke, wie frei wir uns früher fühlten, als wir immer höher und höher über Schanzen flogen! Die Zeiten des Verlangens nach Limit sind für mich vorbei. Ich brauche diese Kompensation, dieses Ausbrechen aus dem gefangenen Alltag nicht mehr. Ist ein Ausbrechen nicht immer auch eine Flucht? Oder gar eine Sucht? Seit ich mehr in Einklang mit meinem Inneren komme, erlebe ich eine langfristige Zufriedenheit und einen ausgeglichenen Alltag. Es mag für dich jetzt vielleicht verrückt klingen, aber heute bin ich der Ansicht, dass du Freiheit auch Zuhause auf deinem Sofa findest – wenn du dich dafür entscheidest.«

»Von was redest du da? Lass uns jetzt schlafen. Wir reden morgen weiter.«

»Ich weiß, du denkst wohl, ich bin langsam irre. Aber wenn du es selbst einmal erlebst, kannst du mich vielleicht besser verstehen. Gute Nacht.«

Auch wenn wir nicht mehr so gleichgestrickt sind wie früher und manchmal etwas aneinander vorbeireden, möchte niemand von uns diese gemeinsame Zeit missen, die leider schon allzu bald vorbei ist.

In Denver angekommen heißt es in Flughafennähe einmal mehr Abschied nehmen von meinem alten Freund. Wir laden mein Material auf dem Parkplatz vor dem Hotel ab, ich checke ein. Nachdem wir uns versprochen haben, uns wieder zu sehen, fährt er los. Nach zwei Tagen quer durch ganz Amerika sollte er zuhause an der Ostküste ankommen.

Meine nächste Aufgabe ist der Rück-Umbau von Feuertiger auf Reisemodus. Auf dem Parkplatz entsteht am Boden mit großer Auslegeordnung meine Werkstatt. Die vorbeifahrenden Menschen schauen mich an, als wäre ich von einer anderen Welt. Mir egal. Nein, ich freue mich sogar über die schrägen Blicke, denn ich bin stolz zu wissen, aus welcher Welt ich komme, und in welche ich bald zurückkehren werde.

Ein paar Tage später warte ich am Flughafen auf Julieta. Ich bin aufgeregt, ihr bereits zum vierten Mal und jetzt in einer anderen Welt, die sie nur aus dem Fernseher kennt, zu begegnen. Durch die Schleuse kann ich sie sehen. Sie scheint schon jetzt verzaubert. Mit großen Augen aufgeregt umherschauend, übersieht sie mich vor lauter Staunen sogar. Dann ist die Freude groß, einander wieder in die Arme zu nehmen.

So wie ich in Mexiko unterwegs war, ist auch jetzt der Plan wieder, bewusst keinen zu haben. Es ist nur klar, dass wir in vier Wochen in Vancouver ankommen wollen. Auf dem Weg dahin praktizieren wir das, was wir beide die letzten Monate gelesen haben. Mit allem was geschieht, versuchen wir, unseren Weg möglichst ohne Gedanken frei entstehen zu lassen. Was nachher ist, das schauen wir dann. Gedanken würden womöglich nur Sorgen bereiten. Ist es nicht so, dass unnötige Zukunftsängste entstehen, wenn man das Auge auf Ungewissheiten richtet? Der Verstand will auch wissen, was nachher mit uns beiden geschieht. Gerade deshalb wird es zur Übung des Monats, ihn so oft wie möglich auszuschalten.

Ihr gelingt unsere Übung bereits zu Beginn recht gut. Denn als ich im Hotelzimmer Kocher und Zelt zusammenpacke, schaut sie mich humorvoll an und meint, sie habe Lust, diesmal einen Schritt tiefer in meinen Film einzutauchen und wünsche sich jetzt, in der freien Natur zu campieren. Daran, wie kalt es da draußen nächste Nacht sein wird, denkt sie wohl kaum. Es ist jetzt im Moment ihr Bedürfnis, dem wir Folge leisten.

Auf Shoppingtour im gigantischen Einkaufszentrum von Denver rüstet sie sich mit dickem Schlafsack, Isoliermatte, sowie ihrer heißgeliebten Daunenjacke aus. Sie staunt und staunt und meint: »Alles ist riesig! Das Angebot in den Läden ist unendlich und überhaupt, es ist wie im Film!« Ihre Augen oft so groß wie alles andere in den USA, sind wir danach startklar für unsere erste Nacht in den Rocky Mountains mit Temperaturen um den Gefrierpunkt.

Auf dem Weg Richtung Berge beginnt es heftig zu regnen, es ist windig und kalt. Die Camping-Ausrüstung gleich zu Beginn durchnässen wollen wir in der jetzigen Gegenwart dann doch nicht und entscheiden uns für ein trockenes Bett. In Idaho Springs oder Georgetown sehen wir im Vorbeifahren überdimensionale Leuchtreklamen von Hotelketten. Sie ruft nach vorne, ob wir hier übernachten. Ohne nachzudenken rufe ich: »Nein, wir finden einen besseren Film«, und fahre unbekümmert weiter. Ich bin überzeugt, dass unbequemes Ausharren belohnt wird.

In Silver Plume, einem alten Silberminen-Dorf, scheint die Zeit stehengeblieben. Wir meinen, einen Saloon aus einem Western vor uns zu haben. An dem alten Holzhaus hängt ein kleines Hotelschild. Wir freuen uns über den speziellen Fund und fragen nach einem freien Zimmer. Die Freude ist gleich wieder vorbei, denn das Hotel ist ausgebucht. Halb so schlimm, denn wir sind gleich wieder in der neuen Gegenwart präsent. Wir hören lachende Menschen und Musik. Zum Glück leisten wir unserer Neugierde folge, denn ausgerechnet heute findet die letzte Party in der ältesten und noch einzigen Bar des Dorfes statt. Ab Morgen ist sie geschlossen. Es herrscht Hochbetrieb. Die Leute sind nostalgisch angezogen, tragen Ringelschnäuze und Bärte, Hosenträger und runde Brillen. In die Goldgräberzeit zurückversetzt, genießen wir den Moment, bis uns wieder einfällt, dass wir noch immer nicht wissen, wo wir schlafen. Spontan fragen wir die nächste Person neben uns. Wie es das Glück will, kennt er jemanden und ruft gleich an. Fünf Minuten später haben wir eine Unterkunft.

Spätabends folgen wir den Anweisungen des freundlichen Herrn, verlassen das Dorf, fahren durch dunkeln Wald und suchen das Haus. Wir sehen ein einziges Licht zwischen den Bäumen hindurchschimmern. Jetz fühlen wir uns in einen Horrorfilm versetzt. Aber das unheimliche Gefühl verschwindet, als uns eine ältere Frau die Tür öffnet und sehr freundlich willkommen heißt. Die umwerfend schöne Ferienwohnung bezogen, sitzen wir zur späten Stunde im warmen Sprudelbad. Dank des hilfsbereiten Herrn haben wir die noble Übernachtung sogar zum Sonderpreis bekommen. Schön zu wissen, dass wir ohne Gedanken der Kraft der Gegenwart vertrauen dürfen.

Die zwei darauffolgenden Nächte frieren wir mehr als wir schlafen mitten in den Rocky Mountains. In der Wüstenregion von Moab ist es wieder wärmer. Wir setzen uns erneut in die Wildnis ab, campen für einige Tage und üben den ganzen Tag, bewusst gegenwärtig zu sein. Die Idee ist, aus der Zeitdimension auszutreten. Stillschweigend wandeln wir in der Gegend umher. Fasziniert wie Kinder, die etwas zum ersten Mal in vollem Bewusstsein betrachten, zieht es unsere Aufmerksamkeit auf alles, was wir sehen, riechen oder hören. Sandsteinformationen schauen uns wie Gesichter der Natur in die Augen. Zu unserer Freude bemerken wir, wie unendlich frei sich der geschaffene Raum ohne Gedanken anfühlt.

Plötzlich meint sie lachend: »Außenstehende würden behaupten, dass da zwei Verrückte umherirren.«

»Alles gut. In Slab City habe ich gemerkt, dass hier im Land der Freiheit alles möglich und normal ist.«

Sobald sich jeweils der Proviant im Camp dem Ende zuneigt, geht es wieder weiter. Die Gegensätze der Momente erscheinen

Julieta, als zappe sie durch die unterschiedlichsten Fernseh-programme. Vom ausgetrockneten Salzsee in der Wüste von Nevada, einer weiß blendenden, unendlich scheinenden Flä-che, fahren wir jetzt in den Nationalpark am Lake Tahoe. Im Norden von Kalifornien errichten wir in den Bergen oberhalb eines Sees im grünen Tannenwald unser Camp. Heute haben wir uns ein Festessen auf chilenische Art geleistet. Wir haben zwei Lachsstücke im Gepäck, die wir auf dem Feuer mit To-mate und Käse überbacken.

Gerade als wir uns mit größter Freude an den Tisch setzen, werden wir aus dem Moment abgelenkt. Leute fahren vorbei und rufen panisch aus dem Auto: »Ein Bär kommt!«

Ich will mich nicht beunruhigen lassen und finde: »Wir üben diesen Monat, nur im Moment zu sein, also dürfen wir uns nicht beunruhigen lassen, bevor eine Gefahr sichtbar ist. Üb-rigens würde unser Essen kalt. Guten Appetit.«

»Ein Bär, ist denn das möglich hier?«, fragt mich Julieta ver-unsichert.

»Ja, schon. Der Fisch ist übrigens hervorragend. Wie schmeckt es dir?«

Ich stopfe einen Bissen in den Mund, blicke mich um, kaue kaum, schlucke, schiebe die nächste Gabelvoll nach, lauere auf den Bären, schlinge so viel und so schnell herunter, wie nur mög-lich. Plötzlich taucht der Bär tatsächlich auf. Schnell schließen wir alle Nahrungsmittel in die Bärenkiste und ziehen uns in die Nähe einer Toilette zurück. Obwohl sich das Tier sehr ge-mütlich bewegt, ist es erstaunlich schnell bei unserer Feuerstelle und steigt direkt auf den Esstisch. Der feine Lachsgeruch lockt es wohl an. Der Bär schreckt nicht vor dem heißen Grillrost zurück, sondern kratzt mit den Krallen daran in der Hoffnung, etwas zu finden. Dann inspiziert er Feuertigers Alukisten.

»Lass ihn in Ruhe!«, rufe ich ihm aufgeregt zu. Aber er ver-steht wohl kein Schweizerdeutsch oder hört nicht auf mich.

Jedenfalls stellt er sich auf die Hinterbeine, ebenso groß wie ein Mensch beugt er sich über den Sattel zur Kiste auf der anderen Seite und bringt Feuertiger aus dem Gleichgewicht. Beide zusammen fallen zu Boden. Alles andere als eingeschüchtert, versucht er mit seinen Krallen die arme Kiste zu öffnen.

Julieta ist im Schock erstarrt, ihre großen Augen fallen fast aus dem Schädel. Vielleicht ist es eine nützliche instinktive Reaktion ihres Körpers. Ich weiß es nicht. Auch mein Verstand schaltet aus, aber auf andere Art. Den Schalter auf Verteidigung meines geliebten Feuertigers gelegt, fordere ich ihn mit energischen Worten auf, jetzt zu gehen.

Bisher auf seine Spürnase fixiert, wird er von mir abgelenkt und blickt jetzt direkt zu uns. Nein, er schaut nicht nur. Er bewegt sich schnurstracks auf uns zu. Ich packe die versteinerte Julieta am Arm, und wir rennen in die Toilette.

Weder Licht noch Türschloss! Verdammt! Mit aller Kraft drücken wir schweigend in der Dunkelheit gegen die Türe. Wir sind höchst präsent für jede Art von Veränderung. Mehr in der Gegenwart zu sein als in diesem Moment ist unmöglich. Totenstille ohne Zeitgefühl. Nichts passiert. Einen Moment später öffne ich ganz langsam die Tür und linse mit einem Auge hinaus. Niemand im Blickfeld. Ich öffne die Tür weit genug, um meinen Kopf hinauszustrecken und schaue mich um. In der unglaublichen Stille des Waldes ist der Bär nirgends zu sehen. Vorsichtig gehe ich raus, um mich zu vergewissern. Er ist weg. Wie vom Erdboden verschwunden, als wäre er nie da gewesen.

Die immer noch versteinerte Julieta lässt sich überzeugen, aus der Toilette zu kommen und beruhigt sich langsam. Wir sind von unseren Emotionen überwältigt. Erstmal stellen wir Feuertiger wieder auf die Räder, dann stehen wir beide eine ganze Weile sprachlos da und starren in den Wald. Plötzlich fragt sie: »Was tun wir, wenn er in der Nacht wiederkommt und wir im Zelt liegen?«

Ich schaue sie an und sehe in ihren Augen ein kleines, ahnungsloses Mädchen, das Angst hat. Wie einem Vater, der keine Antwort auf die schwierige Kinderfrage weiß, rollen mir beruhigende Worte direkt vom Bauch über die Zunge.

»Alles ist gut. Du musst dir keine Sorgen machen, ich bin ja hier. Wenn es dunkel ist, hat der Bär auch fertig gegessen und wird schlafen gehen, genau wie wir. Bei uns hat er nichts gefunden. Es gibt also keinen Grund, dass er zurückkommt.«

Auch wenn ich selbst nicht wirklich daran glaube, es funktioniert. Wir sind beide beruhigt und schlafen diese Nacht ausgezeichnet.

Während eines mehrtägigen Aufenthalts in San Francisco stellen wir fest, dass wir nicht die einzigen sind, die den Verstand abstellen wollen. *No-Mind*-Meditation scheint hier ein Hype zu sein. Die Idee dabei ist, ein Bewusstsein jenseits des Denkens zu erlangen.

Nachdem wir die Stadt verlassen haben, fahren wir auf dem Highway Nr. 1 durch saftig grüne Hügel. Mit achtzig Stundenkilometern stecken wir im naturbelassenen Oregon plötzlich in einer dicken Nebelwand. Mein Verstand ist von weißem Licht umhüllt, kann nichts sehen, sich die Umgebung nicht vorstellen und entsprechend ist es sogar schwierig zu wissen, was oben und unten ist. Eine Raumdimension ohne Anfang und Ende entsteht. Das bodenlose Gefühl raubt mir den Gleichgewichtssinn, sodass ich anhalten muss. Mitten auf der Straße stehend nutze ich die Gelegenheit sofort als Übung, den Kontrollverlust meines Verstandes für eine Weile aufrecht zu halten. Eine neue, natürliche *No-Mind*-Technik! Buchstäblich auf der Straße gefunden und dazu noch kostenlos!

Die nächsten zwanzig Kilometer kommen wir auf der kurvigen Straße nur langsam vorwärts. Mit leicht erhöhtem Puls schweben wir durch eine Wolke. Es fühlt sich an, als ständen wir still, auch wenn wir uns fortbewegen. Nach einer gefühlten Ewigkeit lassen wir die Nebelhügel hinter uns. An der Küste werden wir von Sonnenschein empfangen.

Das Camp oberhalb eines Cliffs errichtet, scheint Julieta bereits wieder in ihrem eigenen Film zu stecken. In weiter Entfernung sehe ich sie an der Brandung stehen, wo Wellen auf den Felsen aufschlagen und hohe Wasserfontänen zu Boden fallen. Als ich nachschaue, was sie da tut, kniet sie direkt am Wasser und schaut regungslos auf den Boden. Die aufschlagenden Wellen scheinen sie nicht zu interessieren. Ich rufe ihr zu. Sie schaut nur kurz auf und scheint abwesend auf etwas fixiert. Völlig aufgeregt ruft sie plötzlich:

»Heute kochen wir Muscheln nach chilenischer Tradition! Hier hat es jede Menge!«

Dann verstummt sie wieder. Ihr Bewusstsein ist komplett auf die Muscheln gerichtet, alles andere ist ausgeblendet. Mir gefällt, wie sie den Moment genießt, und ich denke mir: Auch das Sammeln von Meeresfrüchten ist eine natürliche *No-Mind-*Meditation.

Eine riesige Welle bricht sich an einem Felsen, der Sprühregen wirft Julieta zu Boden. Das Abstellen der Gedanken hat so gut geklappt, dass sie platschnass wieder aufsteht und seelenruhig weiter nach Muscheln sucht!

Das Sammeln lässt einen tatsächlich auf eine sehr einfache Art gedankenlos im Jetzt sein. Oder ist es doch nur die perfekte Ablenkung? Oder vielleicht sogar die Sucht, immer mehr zu wollen? Wie auch immer, wir bemerken erst bei Einbruch der Dunkelheit, dass wir die Zeit vergessen haben.

Beim Kochen der Muscheln findet sie, dass es schade wäre, das Kochwasser wegzuschütten, weil dort die volle Energie der Muscheln drinstecke. Also geben wir eine Karotte, eine Zwiebel und etwas Salz in die gräulich schäumende, erbärmlich riechende Flüssigkeit, und fertig ist die Suppe. Etwas Sand und

Algen sind ja schon darin. Anfangs schmeckt sie scheußlich, aber ich lache: »Was so schrecklich schmeckt, kann nur gesund sein«, und mach die Pfanne mal wieder leer. Dafür sind die Muscheln mit Brot zum Hauptgang ein Leckerbissen.

Am nächsten Morgen schnalle ich wie unzählige Male zuvor das Gepäck auf Feuertiger. Plötzlich sagt Julieta: »Weißt du, was mir bewusst wird, wenn ich dir zuschaue? Alles als vergänglich zu akzeptieren, ist ein Balsam für die Seele und schafft freien Raum für Neues.«

»Von was redest du genau?«

»Fast täglich verabschieden wir uns von Menschen oder tollen Plätzen wie diesem hier. Kaum an einen Ort gewöhnt, vergeht der Moment schon wieder. Nichts scheint für immer beständig. Wir verlassen das Vertraute konstant und setzen uns ungewissen Situationen aus. Was meinst du, was das für eine freie Glückseligkeit schaffen würde, wenn wir alles im Leben als vergänglich akzeptieren könnten? Gewohnheiten würden sich auflösen, weil man sich nicht mehr daran festklammert. Meinst nicht auch?«

»Kann schon sein. Ständige Abschiede, das weiß ich inzwischen, sind kein Zuckerschlecken und trotzdem die Realität. Mit ein wenig Übung gewöhnt man sich aber auch daran. Ob gut oder schlecht. Man weiß nicht, was nachher sein wird. Das Gute daran ist: Es ist jetzt schön.«

Im Abendverkehr schlängeln wir uns durch das verregnete und kalte Vancouver und freuen uns auf eine heiße Dusche. Müde und überglücklich haben wir es an unser Ziel geschafft. Am folgenden Tag am Hafen schauen wir Schiffen beim Ein- und Auslaufen zu und fragen uns, wohin die Reise jetzt geht. Unsere Übung, so gut wie möglich in der Gegenwart zu sein, ist erfolgreich abgeschlossen und hat uns eine vogelfreie Zeit geschenkt. Jetzt ist der Zeitpunkt gekommen, von gestern und morgen zu reden.

»Auf dieser Reise ist mir extrem aufgefallen, wie oft ich dich wie ein sorgenfreies kleines Mädchen betrachten konnte. Du hast so viel mit großen Augen und voll präsent neugierig gestaunt, mir kam es vor, als sehest du die Welt zum ersten Mal.«

Sie wird verlegen und meint: »Darum sagte ich ja immer, dass hier alles wie im Film ist.«

»Du trägst für mich wie ein neues Gesicht, das ich von der dauergestressten Geschäftsfrau mit der Falte zwischen den Augen nicht kannte. Wenn du mich fragst, schreit es in dir nach Veränderung. Was wirst du jetzt tun, wenn du nach Hause zurückkehrst?«

Sie verstummt für einen Augenblick, blickt mich dann an und sagt: »Ich erinnere mich an eine Eingebung beim Umherwandeln in der Wüste von Moab. Es war ein Gedanke, den ich damals unserer Übung folgend schnell zur Seite schob. Bis jetzt, wo du mich fragst, habe ich es tatsächlich geschafft, nicht an dieser Zukunftsvision festzukleben.

Kannst du dich an das Vegi-Restaurant-Projekt erinnern? Dieselben Leute betreiben ihr Hauptgeschäft im Skigebiet nahe Santiago und vermieten Winterbekleidung für Touristen. Einer der Jungs sagte damals, dass sie immer Mitarbeiter für die Wintersaison suchen. Genau das ist mein neuer Weg. Ich werde zum ersten Mal in meinem Leben Angestellte sein, warme Schuhe vermieten und sie jeden Abend feinsäuberlich trocknen.«

»Welch mutiger Entscheid, in deinem Land in eine neue Welt einzutauchen! Eine fantastische Idee! Auch wenn ich noch Mühe habe, mir dich mit stinkenden Schweißschuhen vorzustellen.«

»Wo auch immer diese Idee mich hinführen mag. Es ist ungewiss und zugleich spannend, denn ich werde jetzt mit neuen Erfahrungen auf eine andere Art reich werden!«

Wir beide müssen aus vollem Herzen lachen und umarmen

uns fest. Arm in Arm sitzen wir eine ganze Weile wortlos am Pier, wohl beide in der eigenen Welt der Visionen versunken. In meinem Kopf läuft im Schnelldurchlauf die zurückgelegte Strecke von Ushuaia bis hierher, und bin stolz auf mich, es bis hier geschafft zu haben. Aber was soll ich jetzt tun?

Einfach weiterfahren, um pünktlich im Hochsommer den Yukon in Alaska zu paddeln, oder den Weg Richtung Ost wählen, um beim Umbau des Schulhauses mitzuhelfen? Einmal mehr weiß ich nicht, was ich will und soll.

Ushuaia? Moment einmal. Ein kanadischer Motorrad-Reisender auf der Fähre nach Puerto Natales hat mir vor eininhalb Jahren erzählt, die kanadische Fluggesellschaft biete im Frühling jeweils eine Aktion für Motorrad-Transporte. Preis und speditive Abwicklung seien unschlagbar. Er schwärmte von seiner Europareise, die er sich so leisten konnte.

Die Gedankenspirale entwickelt sich weiter. Die Vision meiner Mikrofarm in Portugal taucht wieder auf. Gerne wüsste ich, ob die Fluggesellschaft die Aktion noch immer im Angebot hat. Denn es ist ja zufällig Frühling.

Auch nach einem ausgiebigen Fußmarsch durch die Stadt lässt mir der Gedanke keine Ruhe. Im Hotel schaue ich im Internet nach. Und siehe da! Ich fass es nicht! Die Monatsaktion ist seit drei Wochen publiziert und läuft jetzt in der letzten Woche! Ist das jetzt Zufall oder ein Zeichen, das mich meiner Vision einen Schritt näher bringt? Drei Pläne spielen in meinem Kopf Ringelreihen. Ich kann mich nicht entscheiden.

Am nächsten Tag wird mir bewusst, dass meine Freude über die Aktion so groß ist, dass es eigentlich keine Frage ist: Ich buche den Flug.

Der Tag eines weiteren schwierigen Abschieds ist gekommen. Ein Wiedersehen ist, wie bis jetzt immer, ungewiss. Julieta und ich gehen erneut unserer eigenen Wege in verschiedenen Welten und drücken uns am Flughafen das letzte Mal ganz fest.

Regungslos schaue ich hinterher, bis sie nach der Passkontrolle plötzlich hinter der Mauer verschwindet. Ich starre noch einen Moment auf die weiße Wand und denke an unser Gespräch über die Vergänglichkeit.

Mauern grenzen Welten voneinander ab. Mit dem Streben nach Beständigkeit verbaue ich mir selbst den Weg, mich frei zu entfalten, meinen Horizont zu erweitern und auch unvorstellbare Möglichkeiten zu entdecken. Sie bleiben unzugänglich und fremd.

Mit voller Akzeptanz der Vergänglichkeit als Zündstoff, zerfällt die Mauer und schafft Freiraum für Neues. Eines ist gewiss. Die Neugier für das eigene Leben bleibt mein Antrieb.

Aufbruch zum Neustart

Der schnelle Entscheid zur nächsten Reise beschäftigt mich im Flugzeug.

Liegt mein großer Wunsch nach einem Zuhause mit Garten, den ich seit Nicaragua in mir trage, auf der Iberischen Halbinsel verborgen? Werde ich ihn finden? Meinen plötzlichen Entscheid deute ich als Zeichen. Seit Beginn der Reise sind Umwege an der Tagesordnung. Verirren hilft ja bekanntlich, sich selbst wiederzufinden. Umwege bescheren oft neue Erkenntnisse. Da sich die Sonderaktion auf England und Frankreich beschränkt, steht der nächste Umweg via Paris bereits bevor. Außer dem günstigen Flug sehe ich keine weiteren Gründe für einen Aufenthalt in Frankreich. Am besten ist es, so rasch wie möglich den Fuß auf spanischen Boden zu setzen und mir den Rest des Jahres Zeit zu nehmen, meinen Schatz zu finden.

Eine neue Art von Suche, eine neue Reise beginnt. Aber wo und vor allem wie fange ich dieses Mal bloß an? Gedanken werden Dinge, habe ich einmal gelesen. Sie erschaffen anscheinend die eigene Realität. Also versuche ich doch jetzt einmal, auf diese Weise mein Ziel zu finden. Im Flugzeugsessel beginne ich mit geschlossenen Augen meine Traumruine im Kopf zu visualisieren und stelle mir vor, wie ich das Haus wiederaufbaue und den Garten zu neuem Leben erwecke.

Dass mir Julieta lebenslang als symbolischer Baum hinterherreist ist unmöglich. So wie ein freier Vogel seinen persönlichen Baum als Basis um sich zu erden hat, wünsche ich, mein ruhiges Zuhause im tief verwurzelten, grünen Garten zu finden. Einen Ort, an dem ich zur Ruhe komme und neue Kraft tanke. Neugierig fliege ich dem langersehnten Traum entgegen und kann es kaum erwarten, wieder Spanisch zu sprechen.

Vancouver kaum verlassen, stecke ich am nächsten Tag auf dem Umfahrungsring von Paris im Stau und suche den direkten Weg Richtung Süden. Ich kann es kaum erwarten, erste Ruinen, die zum Verkauf stehen, zu besichtigen. Die Räder drehen bis es eindunkelt. Weg von der Straße, über Feldwege zum Waldrand gefahren, finde ich einen Platz für die Nacht. Am nächsten Tag geht es gleich weiter.

In der Nähe zu Spanien ändert das Klima plötzlich. Ich bin in der sommerlichen Hitze des Südens angekommen. Mit geöffneter Jacke kann ich den Sandstrand, die Abkühlung im Meer und erstmal erholsame Tage im neuen Land kaum erwarten.

Die Freude wird beim Landesübertritt noch grösser. Denn seit langem überquere ich wieder einmal eine Grenze ohne nervenraubende Kontrolle! Wie schön ist das denn in Europa! Das muss gefeiert werden. Um die Freude zusätzlich zu versüßen, halte ich spontan beim Burger-Laden, wo ich mir einen Becher Eis mit Cola leiste. Ohne bestimmten Grund greife ich nach meinem Telefon und nutze wie gewohnt die WLAN-Gelegenheit, um mich mit der Außenwelt kurz zu verbinden. Sich kurz einzuloggen ist reiner Zeitvertreib. Üblicherweise befindet sich im Posteingang nur Werbung, die ich gleich lösche. Heute ist etwas merkwürdig anders. Es hat keine Werbung. Nur eine einzige, völlig unerwartete Nachricht meines Vaters leuchtet auf.

Großmutter ist im Notfall des Krankenhauses. Ihr Herz ist in sehr schwachem Zustand, und sie hat nur noch einen Puls von 35. Ich lese die Nachricht erneut.

Das gibt's doch nicht. Fassungslos rufe ich Vater sofort an. Seine angespannte Stimme klingt sehr traurig. Falls ich Großmutter noch sehen möchte, sei es vielleicht besser, jetzt nach Hause zu kommen, meint er. Meine Freude ist von einem Moment zum Nächsten wie weggeblasen.

Trotzdem fahre ich weiter Richtung Westen. Obwohl ich weiß, dass ich Großmutter sehr gerne wiedersehen würde, entferne ich mich völlig abwesend weiter von ihr. Mitten in San Sebastian suche ich vergeblich nach einem Campingplatz und zwar solange, bis ich realisiere, was ich hier überhaupt tue. Die Stadt liegt von Hügeln umgeben am Meer. Für ein Zelt hat es keinen Platz in dieser zubetonierten Umgebung! Einige Täler weiter westlich werde ich spätabends dann doch noch fündig.

Immer noch komplett neben den Schuhen, schaffe ich es kaum, mich an der Rezeption des Zeltplatzes anzumelden. Meine Spanischkenntnisse scheinen mir plötzlich abhandengekommen. Sprachlos stehe ich in einer anderen Welt, als in der ich emotional bin. Zum Glück verstehe ich wenigstens, dass der Mann mir sagt, ich reise zu einem ungünstigen Zeitpunkt an. Das sonnige Wetter der letzten Tage werde von einer Schlechtwetterfront verdrängt. Der Wind künde das baldige Unwetter schon an. Also muss ich mein altes Zelt mit einem Überdach trockenhalten und suche Holz für das Gerüst. Wie ein Irrer wühle ich mich mit der Stirnlampe durch die dunklen Büsche. Der Wind nimmt zu. Es ist, als ob mir auch das Wetter mitteile, ich sei momentan hier nicht willkommen. Kaum habe ich die Plane gespannt, prasselt der Regen auf mich herab.

Im Trockenen zusammengekauert in den Regen starrend, fällt mir die Theorie wieder ein: Gedanken schaffen Dinge. Bei jedem Briefwechsel mit Großmutter dachte ich daran, sie wiederzusehen. Kaum einen Fuß auf den heimischen Kontinent gesetzt, höre ich, dass es ihr nicht gut geht. Alles hängt miteinander zusammen. Äußerliche Einflüsse können zwar täuschen und leicht vom Weg ablenken. Genauso führen sie mich aber auch. Sie sind verborgene Wegweiser, eine andere Art von Navigation. In x-welcher Form geben sie sich zu erkennen und ich folge ihnen, trotz ganz anderer Ideen im Kopf.

Es läuft oft nicht nach meinen aktuellen Plänen, aber irgendwie trotzdem nach Plan. Die Gedanken an Großmutter habe ich schon zu Beginn der Reise gesät, lange vor der Mikrofarm-Idee. Die Erntezeit scheint jetzt gekommen. Über längere Zeit gepflegte Gedanken sind das GPS für meinen Lebensweg.

Die ungeheure Kraft, die meine Gegenwart bestimmt, ist Magic. Alles passt perfekt zusammen. Von mächtigem Blitz und Donnergrollen umgeben, überkommt mich Demut. Ich spüre das Verlangen, mich mit Julieta auszutauschen. Mitten in der Nacht erreiche ich sie per Internet im Aufenthaltsraum.

Sie ist gut nach Chile gereist und schwebt in Gedanken in den fantastischen Erlebnissen der vergangenen Wochen. Dank der aufgestellten Stimme fühle ich mich gleich in die Welt zurückversetzt, in der noch alles anders war. Der Moment tut gut. »Und wie läufts bei dir?«, will sie wissen.

Nachdem ich erzählt habe, wie es Großmutter geht, ist sie erstmal sprachlos. Dann sagt sie:

»Deine spontane Erinnerung an die Flug-Aktion hat also ein anderer Sinn. Worauf wartest du? Jetzt ist der Moment für deine neue Aufgabe gekommen. Seit wir uns kennen, erzählst du, wenn einmal Hilfe nötig sei, werdest du dich um sie kümmern. Die Ruinen warten auch noch etwas länger auf dich.«

»Du hast recht. Mein Traum von meiner Großmutter zu Beginn der Reise in Neuseeland, bewahrheitet sich. Pünktlicher geht's nicht!«

Trotz unbequemen Wetters entscheide ich, mich nach der anstrengenden Reise wenigstens einen Tag am Meer zu erholen, bevor ich die 1230 Kilometer in die andere Richtung in Angriff nehme. Am nächsten Morgen bereite ich nach meiner Rückengymnastik wie gewohnt das Frühstück zu. Ich versuche, Ruhe zu bewahren, schaffe es aber nicht. Mit meinem Tagebuch am Strand entlang gehend, um irgendwo unter einem Dach einige Sätze aufzuschreiben, kehre ich plötzlich um. Wenn nicht jetzt, wann dann? Ruhetag hin oder her. Es herrscht nun mal keine

Ruhe, es ist einfach so. Unüblich spät, erst nach zwei Uhr, breche ich auf. Der Plan ist, auf direktem Weg so schnell wie möglich in die Schweiz zu gelangen. Das erste Mal überhaupt fahre ich möglichst mit Höchstgeschwindigkeit ein derart langes Stück Autobahn. Koste es, was es wolle.

Im regen Verkehr sind Konzentration und schnelles Reagieren gefragt. Ohne den Risiken und Fremdeinwirkungen Beachtung zu schenken, weiß ich, was ich tue. So denke ich zumindest. Auf dem verstopften Umfahrungsring von Bordeaux nutze ich jede freie Lücke, um in Bewegung zu bleiben. Hat es keine, dient auch der Pannenstreifen als Linienwahl. Genauso, wie ich es aus Lateinamerika gewohnt bin.

Aber heute ist etwas merkwürdig. Neuerdings reagiere ich, bevor Gefahren überhaupt entstehen. Als wüsste ich, was als nächstes um mich herum geschieht, weiche ich unbewusst brenzligen Situationen aus und gewinne Sicherheitsabstand. Als ich zum Beispiel auf dem Pannenstreifen fahre, platziere ich mich plötzlich hinter einen LKW und rolle im Schritttempo mit. Warum tu ich so ein Schwachsinn? Drei Fahrzeuge weiter vorne biegt gerade ein Polizeiauto bei der Ausfahrt ab. Beinahe hätte ich es überholt. Es ist, als führe eine magische Hand den Motorradlenker.

Ich fühle mich ferngesteuert. Es ist unbeschreiblich.

Verspielt schlängle ich mich durch die Blechlawine. Wie ein Kind, das auf einer Mauer balanciert, fahre ich auf dem Mittelstreifen und schaue nur auf ihn. Plötzlich biegt er vor mir nach links ab, wohl ein Fehler, denn die Straße führt weiter geradeaus. Da die Überholspur gerade frei ist, folge ich dem Bogen. Urplötzlich schwenkt der LKW zu meiner Rechten auf meine Seite aus! Sofort erwache ich aus meinen Spielereien, denn ich realisiere, dass ich von vierzig Tonnen zerdrückt worden wäre, wenn ich nicht die Kurve genommen hätte. Der Fehler in der Straßenbemalung am perfekten Ort hat mich gerettet.

Während Erinnerungen an die zurückgelegte Strecke in mir drehen, überspringt der Kilometerzähler die 80'000-er Marke. Bin ich nun also unbewusst während dreißig Monaten dem jetzigen Ziel entgegengefahren? Bin ich darum immer in Bewegung und nie länger als drei Wochen am Stück an einem Ort geblieben, um zum perfekten Zeitpunkt zu Hause einzutreffen? War meine freie Reise trotzdem seit Beginn irgendwo geplant? Wieder fühle ich mich als sehr kleinen Teil des Ganzen.

Das Tageslicht nimmt ab. Zusätzlich verdunkelt sich der Himmel schon wieder mit auftürmenden Wolken. Ich fahre einer schwarzen Wand entgegen. So rasch wie möglich verlasse ich die Autobahn und suche einen Unterschlupf im Wald.

Im Eiltempo die Plane unter den Ästen einer alten Tanne aufgespannt, das Gepäck und mich selbst darunter verkrochen, blitzt und donnert es schon in der Nähe. Dem starken Wind und Regen ausgesetzt, versuche ich, wenigstens auf einem Quadratmeter möglichst im Trockenen zu Essen. Der finstere Wald erhellt und bewegt sich mächtig. Die geballte Ladung Energie, welche sich über mir entlädt, ist unheimlich und zutiefst beeindruckend. Schon wieder sitze ich ganz klein zusammengekauert unter der wild umherflatternden Plane und werde demütig. Ich friere und schlottere am ganzen Körper. Die Müdigkeit setzt ein. Ich versuche, im Sitzen zu schlafen. Jedoch vergebens. Das kräftige Unwetter findet kein Ende, bis sich um sechs in der Früh mit den ersten Lichtstrahlen alles beruhigt. Ich funktioniere weiter. Das Ziel vor Augen schenkt gewaltige Energie. Schnell noch ein Frühstück, alles zusammenpacken und sogleich bin ich zurück auf der Autobahn.

Anstelle von Müdigkeit kontrolliert mich plötzlich die Gefühlswelt. Ich bin denkunfähig. Grundlos beginne ich laut zu schreien, bis die Tränen fließen, ich weine und heule wie ein

Wolf. Ich weiß nicht warum. Dann lache ich wieder und singe lauthals im Helm. Fast den ganzen Tag dauert dieses Gefühlschaos an. Aber irgendwie fühlt es sich sogar gut an. Als würde ich vieles loslassen, irgendwie befreiend.

Dann rieche und sehe ich meine alte Heimat: die saftig grünen Wiesen, zur Rechten die Alpen, dazu den netten Beigeschmack von Gülle. Die Schönheit der Schweiz wird mir auf eine neue Art bewusst und ich verspüre erstmal große Dankbarkeit.

Bei Großmutter ist niemand zu Hause. Erst jetzt realisiere ich, dass sie noch immer im Spital sein muss. Rasch bin ich auf dem Weg zum nächsten vertrauten Zuhause, dem meiner Mutter. Da ich mich nicht angekündigt habe, ist sie von meiner plötzlichen Anwesenheit komplett überrascht. Die Wiedersehensfreude ist riesig.

Mir scheint alles unreal und ich hätte mir vor drei Tagen niemals vorstellen können, jetzt hier zu sein. Aber es fühlt sich extrem gut an, mich in heimischer Umgebung frisch geduscht erstmal zur Ruhe zu legen. Ich habe es geschafft. Eine der vielen kleinen Freuden ist, endlich wieder einmal in andere Kleider zu schlüpfen.

Am nächsten Tag begegne ich einem Großteil der Familie um Großmutters Spitalbett. Ihr blasses Gesicht scheint auf den ersten Anblick sehr müde und schwach. Nachdem ich alle begrüßt habe, umarme ich sie. Jetzt bemerke ich in ihren glänzend kleinen Augen eine kräftige Freude.

»Eigentlich wollte ich mich von euch verabschieden. Aber so ändern die Pläne manchmal schnell. Schön, bist du hier.«

Wieder draußen warte ich vor geschlossener Tür nachdenklich auf den Lift.

Soeben hat sie erzählt, sie habe gespürt, dass es allmählich dem Ende zu geht, und daraufhin den Dorfpfarrer für die letzte

Ölung zu sich nach Hause bestellte. Sie war bereit und wollte auf dem Sofa sterben. Jetzt hat man ihr einen Herzschrittmacher eingebaut. Um Himmels Willen, werden wir mit äußerlichen Einflüssen bereits derart fremdbestimmt, dass der eigene Lebensweg und die natürliche Veränderung, ja sogar der Schritt in die Ewigkeit verhindert wird? Selbstbestimmt auf dem eigenen Weg zu bleiben ist tatsächlich herausfordernd in unserer Welt.

Zwei Wochen später kehrt sie gut erholt zurück nach Hause. Einzig die Kraft, den Haushalt alleine zu bewältigen, fehlt ihr. Für mich ist es selbstverständlich, dass wir jetzt die Rollen tauschen. Ich werde mich um sie kümmern wie sie sich früher um mich. Zurück in der Schweiz beginnt im kleinen Haus bei Großmutter einquartiert ein völlig neuer Zeitabschnitt. Er wird ein wichtiger Teil der gesamten Reise. Hier finde ich Ruhe und Erholung und kann erstmal die Erlebnisse der letzten dreissig Monaten verarbeiten.

Wie in eine andere Zeit versetzt beziehe ich mit 36 Jahren, von der großen Welt herkommend, mein altes Kinderzimmer, in welchem ich meine ersten Lebensjahre verbrachte. Der Moment ist speziell. Mir ist, als reise ich mit einem Haufen gesammelter Erfahrungen zurück in die Vergangenheit. Seit Jahrzehnten ist hier alles unverändert und steht am selben Ort. Auch der Geruch ist exakt derselbe wie damals.

Trotzdem beginnt ein neuer Weg, diesmal bei meinem Ursprung. Ich entdecke dabei zwar nichts Neues, sondern sehe Altbekanntes mit ganz anderen Augen.

Rasch erkenne ich, wo ich mich befinde. Ich bin in meinem eigenen Leben und genau hier beginnt die Herausforderung meiner bevorstehenden, neuen Art von Reise. Jetzt gilt es, zuhause im gewohnten Umfeld meinem neugefundenen, persönlichen Weg weiterhin treu zu bleiben, ganz egal, was andere darüber denken.

Denn seit meinem Traum in Neuseeland stellte ich mir vor, wie bereichernd so eine Zeit für Großmutter und mich sein könnte. Seit dem Tod des Großvaters fehlt ihr eine Lebensaufgabe, deshalb sieht sie keinen Sinn mehr im Leben. Dies ist meine Motivation, das zu tun, was ich jetzt tue. Denn ich bin der Überzeugung, dass junge Menschen wichtig für die alten sind – und umgekehrt. Wir alle sind Teil des Ganzen und ergänzen uns gegenseitig. Dank Großmutters Gelassenheit komme ich erstmal zur Ruhe und im selben Atemzug nimmt sie einen Teil meiner vitalen Lebenskraft für sich entgegen.

Das zu teilen steigert doch eine ausgeglichenere Lebenskraft um ein Vielfaches. Dazu kommt, dass wir gegenseitig voneinander lernen könnten. Ihr großes Wissen über das Gartenhandwerk interessiert mich. Auch sie kann bestimmt von meinen Erfahrungen etwas lernen, wenn sie es will. So stell ich es mir bis jetzt zumindest vor.

Wir sitzen müde im selben Boot der Erholung. Wir beide sind dankbar, füreinander da zu sein, und genießen jeden Moment, den wir miteinander verbringen. Müde vom konstanten Unterwegssein, verspüre ich rasch die Geborgenheit, die ich von Kindesbeinen an hier gefunden habe. Wir helfen uns gegenseitig. So weiß sie zum Beispiel, dass Essig eine ziehende Wirkung hat und empfiehlt mir, bei jeder Mahlzeit auf getränkter Watte zu sitzen. Angenehme Mahlzeiten sind das nicht. Denn es brennt bestialisch. Die alte Hausmedizin hilft mir jedoch, das Ekzem, oder wie man es nennen will, in den ersten Monaten tatsächlich langsam aus meinem Hintern zu ziehen. Endlich, was für eine Erlösung!

Unser Tagesablauf richtet sich nach ihren Lebensgewohnheiten. Täglich begrüße ich sie um acht Uhr für den neuen Tag an ihrem Bett. Die Unterhaltung ist meist dieselbe und wir lachen jedes Mal. Denn wir besprechen bereits das Mittagessen, bis ich vorschlage, doch erstmal das Frühstück in Ruhe zu genießen. Wir haben ja alle Zeit der Welt. Nach der ersten Mahlzeit legt sie sich wieder einen Moment hin. Währenddessen nutze ich die eigene Zeit für einen Waldspaziergang. Mit der auf der Reise gefundenen Entdeckerlust ist es spannend, die alten Pfade aus der Kindheit wieder ausfindig zu machen. Der Wald hilft mir, entspannt und zufrieden zurück ins Haus zu gehen. Nach der konkreten Menüplanung gehe ich meist ins Dorf, um dies oder das zu besorgen und daraufhin wieder in die Küche, wo wir gemeinsam das Mittagessen kochen. Nach einer weiteren kurzen Ruhepause gibt es um halb zwei Kaffee und Kekse. Im Prinzip dreht sich unser Alltag um köstliches Essen. Was will man mehr?

Ich brauche nur Zeit und weniger wird mehr.

Denn was neben dem Essen sehr große Lebenskraft schenkt, ist die Freude. Meine kleinen Tätigkeiten rund ums Haus erfreuen sie derart, dass sie zum Beispiel die neu lackierte Haustüre jedem Besuch stolz präsentiert und sich dabei immer wieder aufs Neue freut. Das Schöne an der neuen Aufgabe ist zu sehen, dass sie, die nicht laufend Neues erlebt, sich umso mehr über kleine Dinge freuen kann. Und das Schönste daran ist, dass sich ihre Freude auf mich überträgt.

Jeden Tag spazieren wir langsam ums Haus. Dabei fallen Großmutter Vögel, frische Blumen oder neue Früchte auf. Anhand solcher Freude schenkenden Momente auf unserer Runde realisiere ich, dass ich hier früher an all den kleinen Wundern vorbeigerannt bin, ohne ihnen Beachtung zu schenken. Es sind kleine, aber kraftvolle Dinge, die am gesamten Lebensweg liegen und Freude bereiten könnten! Wieso ziehen wir an ihnen vorbei, ohne sie zu bemerken, bis wir alt sind und keine Kraft für große Sprünge mehr haben?

Trotz allem ist die neue Aufgabe als Haushälter auch eine Herausforderung. Akzeptanz ist gefragt. Denn in meinem Alltag inzwischen völlig normal, scheinen Veränderungen jeglicher Art in ihrem fast unmöglich.

Falls mich der Klinikpsychologe von damals erneut fragen würde, wo ich meine Kraft auftanke, hätte ich heute eine einfache Antwort dafür: In den vielen kleinen Freudemomenten, die sich überall am Wegrand befinden. Dank Großmutter habe ich meine Tankstelle gefunden.

Aus dem Alltag ausbrechen, um Energie zu tanken, oder das Wochenende als Ausgleich zu sehen ist Vergangenheit. Alles, was ich brauche, befindet sich direkt vor der Haustür! Wir zelebrieren die kleinen Dinge und anerkennen sie bewusst mit Freude. Dabei entsteht als willkommener Nebeneffekt eine gewisse Gelassenheit. Da ich weiß, dass die Freude vor der Tür und nicht nur weit draußen in der Welt, an wilden Konzerten oder auf steilen Berggipfeln zu finden ist, kehrt eine zufriedene Ruhe in mir ein.

Solange ich innerlich nicht loslasse und an Erwartungen festhalte, kann ich draußen die Freiheit noch lange suchen.

Einfach leben. Das Ziel der Reise ist erreicht.

Das Zusammenleben mit Großmutter hält noch ein weiteres Geschenk für mich bereit, das ich vielleicht im Rausch der ständigen Suche blind übersehen hätte. Dank ihr lerne ich das wichtigste aller Handwerke für mich neu und ganz praktisch kennen: die Kunst des Gärtners.

Dessen Arbeit ist wie das eigene Leben. Voraussetzung für gesundes Wachstum im eigenen Garten sind Vertrauen, Geduld und Zeit. Man kann nicht früh genug mit der Arbeit am eigenen Leben beginnen, doch besser spät als nie.

Von alten Auswüchsen befreit, entsteht neuer Freiraum. Der frisch angereicherte Boden ist die solide Basis für Fruchtbarkeit, sodass sich jeder neue Sprössling tief darin verwurzeln und wachsen kann. Jetzt ist einzig und allein des Gärtners Entscheid, was er fürs Leben gerne ansät, rege hegt und pflegt, bis es sich hin zur Ernte bewegt.

Aber eigentlich ist doch eh alles Freestyle. Wächst eine gepflanzte Idee gerade schlecht, gedeiht dafür eine andere umso besser. Apropos mein Freestyle von heute:

Statt das Leben zu riskieren,
riskieren zu leben.

An dieser Stelle möchte ich mich bei all den Menschen bedanken, die mich auf meinem Weg in unterschiedlichsten Formen unterstützt haben. Denn ohne Euch wäre ich nicht da, wo ich heute im Leben stehe.

Mama Esther, für all Deine Hilfe bei meinen vielen Projekten gibt es keine Worte, ausser Danke.

Ein grosses Dankeschön für das aufwendige Lektorat geht an Kathrin Wohlgemuth. Nach intensiver Zusammenarbeit ist es nun möglich, die Geschichte mit den Leserinnen und Lesern zu teilen.

Und ich bin Dir dankbar dafür, dass Du Interesse an meinem Buch gezeigt und es bis hierhin gelesen hast.

Falls Du mich live erleben möchtest, Fragen zu Vorträgen oder Buchvorstellungen hast, findest du Informationen und Kontaktdaten auf meiner Homepage. www.rootbase.ch

Der Autor

Thomas Heimberg, geboren 1980 im Aargau, Schweiz.

Auf einem Bauernhof aufgewachsen, entdeckt er früh seine handwerklichen Interessen. Er absolviert eine Ausbildung zum Landmaschinenmechaniker und arbeitet später als Organisator im Sport- und Eventbereich. Nach seiner lebensverändernden Reise lebt er heute seinen Traum als freier Handwerker.